Industrial Development Report of Tian
—the Emergir

U0577521

# 天津滨海新区工业发展报告

## ——崛起中的现代制造业和研发转化基地

■ 南开大学产业经济研究所

经济管理出版社
ECONOMY & MANAGEMENT PUBLISHING HOUSE

**图书在版编目（CIP）数据**

天津滨海新区工业发展报告：崛起中的现代制造业和研发转化基地/南开大学产业经济研究所 . —北京：经济管理出版社，2012.12

ISBN 978—7—5096—2156—1

Ⅰ.①天⋯  Ⅱ.①南⋯  Ⅲ.①经济开发区—工业发展—研究报告—天津市  Ⅳ.①F427.21

中国版本图书馆 CIP 数据核字（2012）第 264936 号

组稿编辑：郭丽娟
责任编辑：郭丽娟
责任印制：黄　铄
责任校对：超　凡

出版发行：经济管理出版社
（北京市海淀区北蜂窝 8 号中雅大厦 A 座 11 层　100038）
网　　址：www.E-mp.com.cn
电　　话：(010) 51915602
印　　刷：三河市沟河印刷厂
经　　销：新华书店
开　　本：720mm×1000mm/16
印　　张：18.25
字　　数：298 千字
版　　次：2012 年 12 月第 1 版　　2012 年 12 月第 1 次印刷
书　　号：ISBN 978—7—5096—2156—1
定　　价：45.00 元

# 前　言

　　滨海新区工业历经百年历史积淀和改革开放，已经形成了规模庞大、优势突出、前景广阔的现代工业基础，面对国际制造业竞争格局变化和国内经济发展方式转型等多重发展环境变革，滨海新区工业需要树立新视野、开拓新思维、谋求新发展。当前，滨海新区以"十大战役"为引领，正在加快产业的转型发展，提升产业能级，努力推动先进制造业与现代服务业良性互动，构建具有持久竞争优势的现代产业体系。

　　在这一承前启后、秉承优势、创新发展的新时期，南开大学经济与社会发展研究院产业经济研究所作为一直关注并连续数年追踪研究滨海新区工业发展的学术机构，在 2011 年 10 月受滨海新区经济和信息化委员会、滨海新区统计局的委托，启动课题研究，希望通过编写《滨海新区工业发展报告》，从客观的视角对滨海新区的工业发展进行全面梳理。

　　本书紧紧把握国际制造业发展的大趋势以及国内工业的发展格局，对滨海新区优势主导产业面临的国际国内竞争态势、发展特征和问题进行梳理，对未来的发展方向进行趋势性的预判。此外，还对滨海新区的区域创新体系和工业创新能力、循环经济、制造业与服务业的"双轮驱动"三个方面进行了专题研究。本书较为系统、全面地描绘了滨海新区正在崛起中的现代制造业和研发转化基地现状，期望能为关注滨海新区工业发展的社会各界提供一本翔实的资料文献。

　　本书是政、产、学、研合作的成果，历时一年，经过充分调研，并与由滨海新区政府及相关职能部门、功能区领导组成的研究顾问及编委会，重点企业和相关研究机构进行了多次研讨与交流。本书是集体智慧的结晶，对编写过程中给予课题组悉心指点和帮助的课题组诸位顾问和编委、滨海新区经济和信息化委员会与滨海新区统计局等部门的主要领导以及给予课题组大力支持的相关政府部门、企业和研究机构，在此一并表示感谢。

本书在课题组负责人兼执行主编白雪洁的统筹组织下实行分章主编，最后由执行主编负责全面修改和编撰。分章主编具体分工如下：第一章、第二章、第七章主编刘维林；第三章主编王燕，参编人员谢蕊蕊、吴蒙；第四章主编王燕，参编人员徐妍；第五章、第六章主编庞瑞芝；第八章主编白雪洁，参编人员王晶；第九章、第十三章主编杜传忠；第十章主编白雪洁，参编人员李宁；第十一章、第十九章主编白雪洁，参编人员闫文凯；第十二章主编庞瑞芝，参编人员李丹；第十四章、第十五章主编庞瑞芝，参编人员闫文凯；第十六章主编白雪洁，参编人员杨畅；第十七章主编丁明磊；第十八章主编王磊。

# 目　录

## 第一篇　综合篇

# 第一篇　综合篇

# 第一章
## 滨海新区工业的发展历程

　　天津滨海新区是国家综合配套改革试验区和国家级新区，地处天津东部沿海，环渤海经济圈的中心地带，拥有中国最大的人工港，是我国北方地区进入东北亚，通向太平洋的重要门户和对外通道，亚欧大陆桥最近的东部起点，也是与我国北方相邻的内陆国家如蒙古的重要出海口。滨海新区规划面积 2270 平方公里，海岸线 153 公里，截至 2010 年底，常住人口达到 248 万人。工业是滨海新区地区经济增长的主要驱动力，在滨海新区的成长和壮大过程中发挥了关键性作用。

## 第一节　滨海新区的历史沿革

　　"天津滨海新区"这一概念虽然在 1994 年才正式提出①，但这一区域人类活动的历史可以追溯到 2300 年前，历经 2000 多年的演变形成一片退海之地，滨海新区区域范围内大部分为盐碱滩涂。1949 年新中国成立后先后设置汉沽、塘沽和大港三个行政区，成为后来滨海新区的重要组成部分。1984 年天津经济技术开发区的成立拓宽了天津经济发展和城市空间布局，也开启滨海新区发展的一个新起点。

---

　　① "滨海新区"概念正式提出于 1994 年 3 月 2 日，天津市第十二届人民代表大会第二次会议的决议，即在"三五八十"战略中，提出"用十年左右的时间基本建成滨海新区"，自此开始，天津滨海地区开始被"天津滨海新区"这一新的概念取代。

## 一、改革开放初期的探索与建设

1978 年，中共十一届三中全会揭开了中国改革开放的序幕。1984 年 4 月，天津被国家列为全国首批 14 个沿海开放城市之一，12 月 6 日，国务院首批批准建立了天津经济技术开发区（Tianjin Economic-Technological Development Area，TEDA）实行特殊经济政策，成为以举办外商投资企业为主体的外向型经济区域，这在滨海新区发展史上具有重要的里程碑意义。1985 年天津市第七届人民代表大会第三次会议正式提出"整个城市以海河为轴线，改造老市区，作为全市的中心，工业发展重点东移，大力发展滨海地区"。1986 年《天津市城市总体规划方案》得到国务院原则批准并做出批复，批复强调，天津市工业发展的重点要东移，要大力发展滨海地区，逐步形成以海河为轴线、市区为中心，市区和滨海地区为主体的发展格局。同年 8 月 21 日，中国改革开放的总设计师邓小平同志到天津经济技术开发区视察，并题词"开发区大有希望"，为开发区的发展描绘了崭新的愿景。随后天津经济技术开发区迅速发展，综合实力一直在全国各开发区中名列前茅。1991 年 5 月 2 日，天津港保税区经国务院批准正式设立。这一区域迅速成为中国乃至整个亚洲最具投资吸引力的区域之一，一大批外资企业特别是跨国公司纷纷涌入，滨海新区以开发区、保税区为龙头迈入了崭新的发展阶段，为其后来的不断加速发展奠定了基础。

## 二、"十年基本建成滨海新区"阶段性奋斗目标的提前实现

随着 1992 年邓小平同志南方谈话发表，中国迎来对外开放的新高潮，开发区、保税区以及天津港快速发展起来，开始担当起滨海新区开发建设的生力军。1994 年 2 月 12 日，天津市政府成立了滨海新区领导小组，2 月 16 日召开第一次会议，领导小组办公室成立。1994 年 3 月 2 日，天津市第十二届人民代表大会第二次会议通过决议，确立天津市"三五八十"四大阶段性奋斗目标，明确了用"10 年左右时间基本建成滨海新区"的跨世纪发展战略，明确提出"滨海新区地区生产总值达到全市的 40%，外贸达到全市的 50%"的目标。确定了滨海新区的空间范围，包括两个层次：一是涉及 5 个行政区的 2270 平方公里，包括塘沽、汉沽、大港的全部和东丽、津南的部分；二是重点建设的 3 个功能区，即天津经济技术开发区、天津港保税区、天津港区，3

个行政区，即塘沽区、汉沽区、大港区的城区部分以及海河下游冶金工业区（东丽区无瑕街、津南区葛沽镇），总共约 350 平方公里的土地，作为滨海新区开发用地①。1995 年，成立了天津市滨海新区办公室。此后，滨海新区很快进入了新一轮开发建设高潮。2000 年 2 月，天津市政府发出《关于进一步加快滨海新区发展的通知》；2000 年 9 月，天津市委市政府为加强对新区建设的组织领导，加大新区开发建设的力度，下发《关于组建中共天津市委滨海新区工作委员会和天津市滨海新区管理委员会》的通知，滨海新区工委和滨海新区管委会正式成立。滨海新区管委会作为市政府的派出机构，代表市政府行使有关滨海新区建设的管理权。同时赋予管委会八项职责，在中共天津市委七届七次全会上进一步表述为"规划布局、宏观管理、综合服务、提高办大事的能力"。到 2002 年，天津提前一年实现"三五八十"四大战略目标，滨海新区全年实现国内生产总值和外贸出口额分别占全市的 40.2% 和 62%，这标志着滨海新区十年基本建成的目标提前一年实现。

### 三、纳入国家发展战略与大项目加速聚集

2003 年，滨海新区新一轮的发展开始酝酿。在津全国政协委员多次提案，并组织《天津市滨海新区发展战略研究》等课题研究。2004 年 11 月，全国政协向国务院建议尽快规划和建设天津滨海新区，国务院总理温家宝在这个建议上作出重要的批示。②滨海新区开发开放进入国家议事日程。② 2005 年，中国共产党和国家领导人密集到天津调研滨海新区发展情况。2005 年 10 月，在中共十六届五中全会上，中共中央做出了将天津滨海新区开发开放纳入国家发展战略布局的重大决策，加快滨海新区发展被写进国家"十一五"规划建议，该建议明确表述："继续发挥经济特区、上海浦东新区的作用，推进天津滨海新区等条件较好地区的开发开放，带动区域经济发展。"以此为标志，天津滨海新区的发展正式从天津地方战略上升为中央层面的国家战略。2006 年 6 月，国务院发布《国务院推进天津滨海新区开发开放有关问题的意见》（以下简称《意见》），天津滨海新区成为全国综合配套改革试验区。《意见》指出："推进

---

① 宋联新：《见证第三增长极的崛起——天津滨海新区不平凡的发展历程纪实》，经济科学出版社 2009 年版。

② 天津市档案馆编：《天津滨海新区经济发展实录》第 1 卷，天津人民出版社 2009 年版。

天津滨海新区开发开放，是在新世纪新阶段，党中央、国务院从我国经济社会发展全局出发做出的重要战略部署。"明确了对天津滨海新区的功能定位：依托京津冀、服务环渤海、辐射"三北"、面向东北亚，努力建设成为我国北方对外开放的门户、高水平的现代制造业和研发转化基地、北方国际航运中心和国际物流中心，逐步成为经济繁荣、社会和谐、环境优美的宜居生态型新城区。滨海新区是继深圳经济特区、浦东新区之后，又一带动区域发展的新的经济增长极。2007年，天津市成立了加快滨海新区开发开放领导小组，按照中央部署并从天津滨海新区的实际出发，先行试验了一些重大的改革开放举措，包括金融改革和创新、土地管理改革、设立东疆保税港区等。2008年3月13日，《滨海新区综合配套改革试验总体方案》获得国务院正式批复。支持天津滨海新区在企业改革、科技体制、涉外经济体制、金融创新、土地管理体制、城乡规划管理体制、农村体制、社会领域、资源节约和环境保护等管理制度以及行政管理体制十个方面先行试验。① 这一阶段，滨海新区纳入国家发展战略的效应逐渐显现，一批投资规模大、带动效应强，符合高端化、高质化、高新化方向的大项目纷纷落户滨海新区，空客A320总装线项目、新一代运载火箭产业化基地、中船重工造修船基地等项目陆续开工建设，中新生态城项目选址滨海新区，大批跨国企业、国内大型企业集团到滨海新区投资，为滨海新区新一轮发展积蓄发展后劲。

## 四、综合配套改革纵深推进与"十大战役"的全面开发

2009年10月21日，国务院批复同意天津市调整部分行政区划，撤销天津市塘沽区、汉沽区、大港区，设立天津市滨海新区。② 东丽区和津南区的部分区域不划为滨海新区的行政区范围，但仍为滨海新区产业规划区域。③ 同年12月27日，中共天津市滨海新区第一次代表大会召开，标志着滨海新区管理体制改革迈出了历史性的一步。伴随着滨海新区行政管理体制的建立，滨海新区各项改革全面推进，在拓宽融资渠道、搭建资本交易平台、建设大通关体系、完善技术创新体系、推进集体建设用地流转试点、构建循环经济产业体系、探

---

① 《天津日报》2008年3月21日第2版。
② 《天津日报》2009年11月10日第1版。
③ 《天津日报》2009年11月13日第17版。

索生态城市制度创新等方面迈出了更快的步伐。滨海新区行政管理体制建立后，为贯彻胡锦涛总书记"两个走在全国前列"、"一个排头兵"和"五个下工夫、见成效"的指示精神以及中共天津市委"构筑三个高地、打好五个攻坚战"的重要要求，旨在打响滨海新区开发开放攻坚战的"十大战役"正式启动，滨海新区步入全面开发阶段，各项改革全面推进，制度创新迈出更快的步伐。

# 第二节　滨海新区的区域经济概况

近 20 年来，滨海新区坚实的发展基础与不断改革开放的动力相结合，使得区域经济快速发展，地区生产总值高速增长，产业结构和空间结构不断优化，如今已经成为天津市经济增长的主要动力和环渤海经济区增长的重要引擎，对天津市成为中国北方经济中心的支撑作用日益显现。

## 一、滨海新区的经济总量变化

在 1994 年"三五八十"战略提出时，滨海新区国内生产总值仅为 168.66 亿元，固定资产投资 108.03 亿元，外贸出口 5.9 亿美元，仅占全市的 24.6%，远远落后于深圳和浦东，其 GDP 仅仅相当于浦东新区的 45%，深圳的 19.8%。此后，经历了几次大的跨越，到 2002 年滨海新区的 GDP 就达到全市的 40%，提前完成了在 1994 年定下的十年发展目标。再到 2010 年，滨海新区地区生产总值达到 5030.11 亿元，比 2009 年增长 25.1%，同年浦东新区地区生产总值为 4708 亿元，滨海新区经济规模总量超过浦东新区。

1994 年以来，滨海新区的区域经济总量保持高速增长态势，年均增长率最低的年份为 13.8%，最高的年份为 28.3%，17 年间年均增长率为 21.1%，远远超过全国的平均增长率 10.13%，已经成为中国经济最为活跃、增长最为迅速的地区之一。近 20 年间滨海新区经济总量和增长率的变化如表 1.1 所示。

**表 1.1　滨海新区地区生产总值增长情况**

| 年份 | 地区生产总值（亿元） | 增长速度（％） |
|---|---|---|
| 1994 | 168.66 | 27.6 |
| 1995 | 241.61 | 27.3 |
| 1996 | 320.29 | 28.3 |
| 1997 | 382.04 | 20.0 |
| 1998 | 416.58 | 13.8 |
| 1999 | 467.89 | 14.7 |
| 2000 | 571.74 | 18.3 |
| 2001 | 685.32 | 17.8 |
| 2002 | 862.45 | 20.1 |
| 2003 | 1046.30 | 20.4 |
| 2004 | 1323.26 | 20.1 |
| 2005 | 1633.93 | 19.8 |
| 2006 | 1983.63 | 20.2 |
| 2007 | 2414.26 | 20.5 |
| 2008 | 3349.99 | 23.1 |
| 2009 | 3810.67 | 23.5 |
| 2010 | 5030.11 | 25.1 |

资料来源：《天津市统计年鉴》（2011）。

## 二、滨海新区的产业结构变动

滨海新区的产业结构中，第一产业所占比重极小，1997 年仅占新区国内生产总值的 1.3％，到 2010 年下降到 0.2％，这与滨海新区的自然资源禀赋条件有关。滨海新区 2200 多平方公里的土地中，有 1200 平方公里为盐碱地，大部分为不适宜耕种的重度盐碱地，发展农业的空间相对较小。第二、第三产业构成了滨海新区的经济主体，二者的比例基本稳定，增加值之比一直保持在 2∶1 的水平上下。2010 年滨海新区第二产业所占比重为 68.2％，比全国第二产业比重 46.8％高出 21.4 个百分点。这一方面是由于天津市工业战略东移，新建项目向滨海新区倾斜，在冶金、石化、海洋化工等传统支柱产业进一步增强的同时，形成一批在全国具有重要影响的产业群；另一方面是外商投资的产业以及新兴技术产业更多的是在制造环节上，从而形成滨海新区第二产业比重较高的特征。2010 年滨海新区第三产业所占比重为 31.6%，低于全国第三产业所占比重 43%。总体而言，这主要是由于改革开放以来，全球产业转移的趋势是以制造业为主，滨海新区作为天津市对外开放的前沿，所承接的大部分是制造业的直接投资，服务业尽管近年来的发展速度很快，但相对比重仍然偏低。未来滨海新区第三产业还面临加快从传统第三产业向现代服务业、特别是生产性服务业转型的任务，以适应日益提升的现代产业发展和城市生活需求。近十几年来，滨海新区产业结构的变动情况如表 1.2 所示。

表 1.2　滨海新区三次产业结构情况

| 年份 | 地区生产总值（亿元） | | | | | 三次产业比例（%） | | | |
|---|---|---|---|---|---|---|---|---|---|
| | 滨海新区生产总值 | 第一产业 | 第二产业 | 第二产业 工业 | 第三产业 | 第一产业 | 第二产业 | 第二产业 工业 | 第三产业 |
| 1997 | 382.04 | 4.9 | 262.72 | 245.37 | 114.42 | 1.3 | 68.8 | 64.2 | 29.9 |
| 1998 | 416.58 | 5.36 | 264.41 | 243.81 | 146.81 | 1.3 | 63.5 | 58.5 | 35.2 |
| 1999 | 467.89 | 4.83 | 299.8 | 280.64 | 163.26 | 1.0 | 64.1 | 60.0 | 34.9 |
| 2000 | 571.74 | 5.2 | 383.45 | 359.13 | 183.09 | 0.9 | 67.1 | 62.8 | 32.0 |
| 2001 | 685.32 | 5.67 | 454.22 | 428.35 | 225.43 | 0.8 | 66.3 | 62.5 | 32.9 |
| 2002 | 862.45 | 6.09 | 576.06 | 545.85 | 280.3 | 0.7 | 66.8 | 63.3 | 32.5 |
| 2003 | 1046.3 | 7.3 | 697.66 | 657.85 | 341.34 | 0.7 | 66.7 | 62.9 | 32.6 |
| 2004 | 1323.26 | 7.91 | 878.85 | 833.86 | 436.5 | 0.6 | 66.4 | 63.0 | 33.0 |
| 2005 | 1633.93 | 7.15 | 1092.55 | 1035.03 | 534.23 | 0.4 | 66.9 | 63.3 | 32.7 |
| 2006 | 1983.63 | 7.25 | 1354.4 | 1284.55 | 621.98 | 0.4 | 68.3 | 64.8 | 31.4 |
| 2007 | 2414.26 | 6.78 | 1669.86 | 1556.92 | 737.63 | 0.3 | 69.2 | 64.5 | 30.6 |
| 2008 | 3349.99 | 7.02 | 2304.37 | 2145.87 | 1038.6 | 0.2 | 68.8 | 64.1 | 31.0 |
| 2009 | 3810.67 | 7.43 | 2569.87 | 2385.54 | 1233.37 | 0.2 | 67.4 | 62.6 | 32.4 |
| 2010 | 5030.11 | 8.17 | 3432.81 | 3215.39 | 1589.12 | 0.2 | 68.2 | 63.9 | 31.6 |

资料来源：《滨海新区统计年鉴》（2011）。

### 三、滨海新区的空间结构调整

1994 年至今，滨海新区的经济总量增长了 30 多倍，工业结构不断升级，对外开放不断深入，在这一发展过程中，新的因素不断出现，经济社会发展对于空间的需求在密度和范围上都有了质的变化，天津市对滨海新区的空间规划思想和实践也在继承的基础上不断发展。

滨海新区的空间布局最早源于 1985 年提出的"一根扁担挑两头"的战略构想①，从 1994 年编制《天津市滨海新区城市总体规划（1994~2010）》开始，逐渐明确了滨海新区独具特色的空间布局形态。在《天津市滨海新区城市总体规划（1994~2010）》中，首次提出"一心三点式"组合型布局结构的构想，包括"一个中心城区、三个外围城镇、十四个一般建制镇，以塘沽地区（包括塘沽城区、天津经济技术开发区、天津港、天津港保税区）为中心，向汉沽城区、大港城区和海河下游工业区辐射，形成'一心三点'组合型城市布局结构"②。

2005 年，《天津市城市总体规划（2005~2020）》进一步完善了城市内部空间结构，运用了轴带发展空间理念，提出以沿海河和京津塘高速公路为城市发展主轴，以东部滨海区域为城市发展带，以滨海新区核心区、汉沽新城和大港新城为三大城区，简称为"一轴、一带、三城区"的城市空间结构③。2006 年，《天津滨海新区国民经济和社会发展"十一五"规划》进一步加入七个产业功能区，即"一轴、一带、三个城区、七个功能区"④。2009 年，在《天津市空间发展战略》中，结合天津市"双城双港"的空间发展战略，滨海新区又提出"一核双港九区支撑"的发展策略⑤。从"一心三点"、到"一轴一带三城区"、"一核双港九区支撑"，充分体现了滨海新区空间发展从点到面的变迁，目前滨海新区发展的空间格局基本形成。各区域的功能定位及产业发展重点如表 1.3 所示。

---

① 1985 年 4 月，天津市第七届人民代表大会第三次会议提出"整个城市以海河为轴线，改造老市区，作为全市的中心，工业发展重点东移，大力发展滨海地区"，并被写入 1986 年《天津市城市总体规划方案》中，此后进一步总结为"以海河为轴线，一根扁担挑两头"。

② 详见《天津市滨海新区城市总体规划（1994~2010）》。

③ 详见《天津市城市总体规划（2005~2020）》。

④ 详见《天津滨海新区国民经济和社会发展"十一五"规划》。

⑤ 详见《天津市空间发展战略规划》。

**表1.3　滨海新区各区域功能定位及产业发展重点**

| | 功能定位 | 产业重点 |
|---|---|---|
| 塘沽 | 建成国际现代服务业聚集区,以海洋产业为代表的先进制造业聚集区,沿海都市型精品渔农业示范区,生态宜居的国际港口新城区 | 商业商贸、科技与信息服务、文化产业和现代物流等服务业,油气开采设备制造、海洋高新技术等先进制造业,现代都市渔农业 |
| 汉沽 | 建成一流的海滨休闲旅游区、健康产业聚集区,沿海都市型农业观光区和生态宜居的现代化城区 | 休闲旅游、医疗保健、养老服务,葡萄种植与加工、水产养殖、农产品加工、节能环保等产业 |
| 大港 | 建成国家级石油化工基地、南港工业区配套产业及配套生活基地,生态农业示范基地及天津南部生态区 | 石油化工及中下游产业、石油化工相关技术研发、橡胶制品及汽车配件、清洁能源、新型建材、现代农业及生态湿地观光产业 |
| 天津经济技术开发区 | 建成滨海新区重要标志和国际化门户枢纽,中国高端服务产业示范区,世界高水平先进制造业和研发转化基地,高端制造业总部基地 | 航天设备制造、电子信息、汽车和机械制造、生物技术与现代医药、食品饮料、新能源新材料等现代制造业,金融服务、现代商务、高端商业、服务外包等服务业 |
| 南港工业区 | 建成世界级生态型重化工业基地和区域级现代冶金基地 | 石油化工产业、冶金及相关配套产业,港口物流以及相关配套服务产业 |
| 天津港保税区(天津空港经济区) | 建成具有保税特色的国际物流中心和国际贸易集聚区;建成航空等战略性新兴产业集聚区及高端服务业集聚区 | 天津港保税区发展国际贸易、现代物流,保税临港加工业;天津空港经济区发展航空制造、高端装备制造、新一代信息技术等战略性新兴产业,总部经济、现代商贸、融资租赁、航空展览、科技研发等高端服务业 |
| 天津滨海高新技术产业开发区 | 建成未来科技城,国家高新技术自主创新示范区,世界级新能源产业基地,国家生物医药研发基地。与开发区共同建成国家航天产业基地 | 新能源产业的研发、生产和应用,新一代信息技术、生物医药、航天等战略性新兴产业,总部经济、信息服务、文化创意等知识密集型服务业 |

| | 功能定位 | 产业重点 |
|---|---|---|
| 东疆保税港区 | 建成北方国际航运中心和国际物流中心的核心功能区，向自由贸易港区转型 | 出口加工制造业，港口物流、国际航运、离岸金融、融资租赁、国际商品交易等现代服务业，以邮轮游艇为特色的休闲旅游业 |
| 中新天津生态城 | 建成国家综合性生态环保、循环经济示范区，节能创新技术应用推广平台，国家级文化产业基地和国际宜居示范新城 | 文化创意、动漫影视、环保科技研发与转化、服务外包、教育培训、金融服务和会展旅游等高端服务业 |
| 滨海旅游区 | 建成以旅游服务业为主导，旅游产品与旅游装备制造为补充，面向东北亚的生态宜居国际旅游城 | 旅游制造业，游艇经济、主题公园、商务会展、特色商业、餐饮娱乐业 |
| 临港经济区 | 建成中国北方先进装备制造业基地、粮油食品基地和港口物流基地，生态型的国家循环经济示范区 、 | 陆上装备制造及配套产业、海上装备制造、造修船、粮油食品综合加工，现代港口工业物流及相关配套服务 |
| 中心商务区 | 建成中国金融创新基地、国际贸易中心和信息服务中心，现代金融、国际商务和总部经济聚集区，滨海新区核心商业区 | 金融保险、商务商业、内外贸易、会展旅游、咨询服务等高端服务产业，外省市和央属大型企业总部、区域总部，国家级与区域级金融服务机构 |
| 北塘经济区 | 建成中小企业总部聚集区，集餐饮娱乐、旅游度假、会议服务于一体，具有中国北方特色的宜居风情古镇 | 国内外中小企业总部，以及餐饮娱乐、旅游会议等现代服务产业 |
| 中心渔港经济区 | 建成中国冷链物流与水产品加工集散中心和北方游艇产业中心 | 冷链物流、水产品加工和游艇制造展销、游艇休闲旅游等产业 |
| 轻纺经济区 | 建成中国北方重要的轻纺工业基地和轻纺商品流通基地 | 轻工、纺织、新型建材等石化中下游制造业 |

资料来源：天津市滨海新区人民政府文件（津滨政发〔2012〕21号）《关于明确滨海新区各区域功能定位及产业发展重点的指导意见》。

# 第三节　滨海新区工业的发展历程与未来愿景

纵观滨海新区工业的发展历程，从早期现代工业的兴起到"十大战役"下新区工业结构的全面升级，大体可划分为五个阶段，而为了更好地践行国家赋予的现代制造业基地和研发转化基地的功能定位，滨海新区正在朝着世界级制造业核心区的发展愿景迈进。

## 一、计划经济时期的北方重要工业基地

滨海地区工业的发端可以追溯到 1880 年大沽船坞的兴建，是当时中国北方最早、最大的近代船舶修造工厂。1914 年著名爱国实业家范旭东在塘沽筹办了中国第一个精盐厂，1915 年久大精盐厂动工并在 1916 年正式投产。1918年范旭东又创办永利制碱公司，是中国第一个纯碱厂，被誉为中国制碱工业的摇篮和近代化学工业的发源地。1939 年在海河口北岸修建新港，并建立大沽化工厂。新中国成立以后，从 20 世纪 50 年代到 70 年代，伴随着天津的城市化发展，天津港口的发展重心沿海河东移，完成了由河港向海港的转变。与此同时，塘沽港口工业得到了快速发展，建立起了以制盐、造船、海洋化工和机械制造为主体的工业体系，汉沽也依托大型化工企业天津化工厂的发展而建设成为一个带有生活居住功能的工业小城区。大港因油田开发逐渐建成石油生产基地，石油化工城初具规模。再加上军粮城作为天津三个工业卫星城镇之一，滨海地区已经形成了四个独立的工业点（镇），成为计划经济时期中国北方重要的工业基地。这一时期区内各功能组团多直接与天津中心市区联系，相互之间基本处于独立成长阶段。改革开放以后，随着开放创新的活力日益注入经济发展之中，滨海新区的工业发展呈现出新的局面。

## 二、开发区的起步与初期发展

滨海新区的开发建设开始于天津经济技术开发区的成立。1984 年 3 月天津被列入全国首批 14 个沿海开放城市之一，12 月 6 日，国务院首批批准建立了天津经济技术开发区，实行特殊经济政策，成为以举办外商投资企业为主体

的外向型经济区域①。为了在盐碱滩上迅速起步建设，这一阶段主要是为产业发展营造良好的园区环境，1984～1989 年开发区利用国家低息贷款、财政收入以及出让土地收入，完成"七通一平"等大量的公共基础设施建设，使盐碱荒滩变为设施完备、环境优美的工业园区，具备了产业发展的基本条件。同时积极实行一系列优惠政策，进行法制建设，建立健全适应外向型经济发展的运行机制，大举引入外资、财团、大项目进行开发，取得了土地开发和招商引资两个方面的快速进展。

1990 年以后，滨海新区工业快速发展。1991 年 5 月 21 日，经国务院批准天津港保税区正式成立②。滨海新区以石油化工、海洋化工、现代冶金及现代电子为重点的工业体系已初具规模，大型工业基地初步形成。1992 年，摩托罗拉（中国）电子有限公司在开发区独资建立，成为中国改革开放以来引进的投资最大的高科技产业项目。此后，滨海新区利用外资的大项目数量增多，质量进一步提高，一批电子电器、生物工程、新型材料等技术水平高、投资规模大的投资项目进入滨海新区。从原对外贸易经济合作部公布的 1994 年中国最大的 500 家外商投资工业企业（按销售收入排序）看，天津市有 35 家，其中天津开发区占有 16 家，占全市入围企业的 45.7%，摩托罗拉（中国）电子有限公司、顶益国际食品有限公司、北海粮油（天津）工业有限公司分别排在第6 位、第 27 位和第 39 位③。

1996 年，滨海新区工业总产值达到 701.44 亿元，比上年增长 40.2%，占全市工业总产值比重达 27.8%。大型外商投资企业和大型国有工业企业共同构成滨海新区工业的两大支柱。外向型经济的主导作用日趋突出，按照国家改革开放的总体战略，经济技术开发区在初期采取了"以工业为主、以利用外资为主、以出口创汇为主"的工业发展方针，所入驻企业具有较明显的外生供给特点。截至 1996 年底，滨海新区批准"三资"企业 6718 家，占全市的 64%，仅经济技术开发区"三资"企业完成工业总产值就达 364.66 亿元，占滨海新区工业总产值的 51.98%。

①② 天津市档案馆：《天津滨海新区经济发展实录》，天津人民出版社 2009 年版。
③ 《中国对外经济贸易年鉴》编辑委员会：《中国对外经济贸易年鉴》（1995～1996），中国社会出版社 1996 年版。

## 三、现代化工业基地初具规模

伴随着滨海新区经济实力的不断增强，从1997年起，以开发区为重点的滨海新区基础设施建设进一步扩大，投资环境水平不断提高，"九通一平"向"新九通一平"发展，一些大的能源项目和连接市区与滨海新区的津滨轻轨等重大交通市政设施、生活设施项目相继开工建设。投资环境的不断完善加速了相关产业的聚集，大量外资企业进入，逐步形成电子信息、石油和海洋化工、汽车及装备制造、石油钢管和优质钢材、生物技术和现代医药、新型能源和新材料等优势产业，占工业总产值的比重达到88%。园区的基础设施初具规模，企业数量增长迅速，但企业活动主要以高科技产品的标准化生产为主。跨国公司在园区内占有重要的地位，把园区作为他们在全球生产或销售的据点。

除制造业以外，生产性服务业逐步发展，产业公共服务体系在这一阶段不断完善，先后形成了技术开发平台、检验检测平台、金融服务平台、市场开拓平台、现代物流服务平台和人才培养平台。但咨询服务、信息及技术服务等新兴第三产业发展仍相对滞后。

2005年，滨海新区第二产业增加值为1092.55亿元，增长22.0%，工业增加值首次超过浦东新区；第三产业增加值534.22亿元，增长15.7%；三次产业比重为0.4：66.9：32.7。

## 四、高端、高质、高新项目加快向新区聚集

2006年，滨海新区发展步入"十一五"时期，滨海新区上升为国家发展战略，滨海新区产业的大发展态势得以形成，开发建设明显提速，综合配套改革全面推进。空客A320总装线、新一代运载火箭、100万吨乙烯等一系列标志性超大项目落户新区，新区作为环渤海地区重要增长极的辐射力和带动力得以显现。

在一系列超大项目的带动下，以航空航天、石油化工、装备制造、电子信息、生物医药、新能源新材料等为代表的优势支柱产业逐步形成并加速聚集，有力地支撑滨海新区向现代制造业高地迈进。

到2010年，航空航天、电子信息、汽车及装备制造、石油和海洋化工、现代冶金、现代医药、新材料、新能源、现代服务业等产业基地初步形成，滨

海新区的现代制造业和研发转化基地建设取得显著成就。

## 五、"十大战役"带动产业全面升级

伴随着滨海新区行政管理体制建立与"十大战役"的启动，新区工业也开始新一轮的加速发展。一系列重大项目的相继实施增强了新区发展后劲，同时工业发展质量得以进一步提升。一方面，以高新技术产品组装和工业产品的制造为主的工业生产总值超过 10000 亿元，主导产业进一步聚集，出现了石化产业工业总产值超 3000 亿元，电子信息、装备制造、现代冶金三个工业总产值超 1000 亿元的主导产业群；另一方面，产业价值链由制造向高端演化和攀升的趋势明显，产业聚集和带动作用显著增强。制造业的发展也带动了以金融、物流、商贸、信息及总部经济为代表的现代服务业的加速发展。

## 六、迈向世界级制造业核心区的愿景蓝图

"十大战役"全面展开后，滨海新区已经由从产业体系形成阶段进入到高端要素聚集阶段，科技含量不断提高，经济效益、资源效率和环境保护水平均位居全国前列，通过以信息化带动工业化、以工业化促进信息化，已建立起新的技术基础。在滨海新区现代制造业的发展平台日益坚实的同时，其经济功能和发展潜力也被赋予新的内容，成为迈向新高峰的起步点。因此，根据滨海新区工业已经形成的基础、面对的机遇与挑战、国家对滨海新区的定位，滨海新区未来的工业发展愿景可以描绘为"经过十年左右的努力，通过现代制造中心、产业交汇中心、创新集成中心的发展与融合，打造规模优势、品牌优势、绿色优势、精益优势、顶端优势，建设起一批产业氛围良好，具有高凝聚力、高辐射力、高创造力的国际化制造业基地；再经过若干年努力，最终发展成为技术实力雄厚的世界级制造业核心区"。

# 第二章
## 滨海新区工业的结构分析

工业是滨海新区经济发展的基本支撑和重要驱动力量，作为定位为国家级高水平现代制造业和研发转化基地，滨海新区工业的发展不仅是总量上的扩张，更重要的是结构的优化升级，以此来提升滨海新区在环渤海乃至东北亚区域的辐射力与影响力。

## 第一节　滨海新区的工业结构

滨海新区的工业结构在总量规模快速发展的过程中不断实现优化升级，体现在产业结构、资本结构和企业规模三个方面。

### 一、主导产业体系日益完善

2010年滨海新区统计局公布的35个工业细分行业的统计数据显示，总产值排名前五位的分别是石油天然气开采业、交通运输设备制造业、电子通信设备制造业、黑色金属冶炼及压延加工业、石油加工炼焦及核燃料加工业，这5个细分行业占新区工业总产值的比例接近60%。而在1999年，仅电子通信设备制造一个行业就占滨海新区工业产值的38.3%，由此可见，过分依赖电子信息以及石油化工两大产业领域的工业结构体系已经得到明显改变。伴随着近年来一批大型工业项目的引进和陆续建成投产，在已有优势产业的基础上，滨海新区工业产值的构成进一步多样化，航空航天、石油化工、装备制造（含汽车、冶金）、电子信息、生物医药、新能源新材料、粮油食品、轻工纺织等优势支柱产业正在形成（见表 2.1）。

表 2.1　滨海新区 1999 年、2010 年产值排名前五位细分产业

| 排序 | 2010 年 | | | 1999 年 | | |
|---|---|---|---|---|---|---|
| | 细分产业 | 产值（万元） | 比重（%） | 细分产业 | 产值（万元） | 比重（%） |
| 1 | 石油天然气开采业 | 14313149 | 14.2 | 电子通信设备制造业 | 2923279 | 38.3 |
| 2 | 交通运输设备制造业 | 13167005 | 13.0 | 石油天然气开采业 | 876421 | 11.5 |
| 3 | 电子通信设备制造业 | 12327198 | 12.2 | 石油加工炼焦及核燃料加工业 | 641341 | 8.4 |
| 4 | 黑色金属冶炼及压延加工业 | 10801966 | 10.7 | 化学原料及化学品制造业 | 567023 | 7.4 |
| 5 | 石油加工炼焦及核燃料加工业 | 9097086 | 9.0 | 农副食品加工业 | 368433 | 4.8 |
| | 合计 | | 59.1 | 合计 | | 70.4 |

资料来源：《滨海新区统计年鉴》（2000、2011）。

## 二、国有、外资、私有的多元化发展格局初步形成

　　滨海新区工业的资本构成早期主要以国有工业企业和开发区的外商投资企业居多，如今已逐步向国有、外资、私有经济多种经济成分协同发展的格局转变。从新区规模以上工业企业数量来看，私有经济企业增长十分迅速，2010年私有经济企业 713 家，占全部工业企业数量的 32%。除港澳台商投资企业外，外商投资企业数量为 708 家，占全部工业企业数量比重为 31%（见图2.1）。国有企业 104 家，占全部工业企业数量的 5%。

　　从工业总产值来看，2010 年私有经济工业总产值达到 515 亿元，占规模以上全部工业产值比重为 5%。除港澳台商投资企业外，外商投资经济工业总产值达到 4039 亿元，占规模以上全部工业产值比重为 40%。港澳台商投资经济的工业总产值为 1122 亿元，占规模以上全部工业产值比重为11%。国有经济的总产值达到 1820 亿元，占规模以上全部工业产值比重为18%（见图 2.2）。

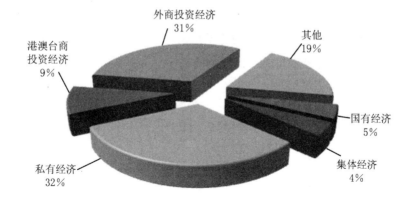

**图 2.1　2010 年不同类型经济企业数量比例**

资料来源：《滨海新区统计年鉴》(2011)。

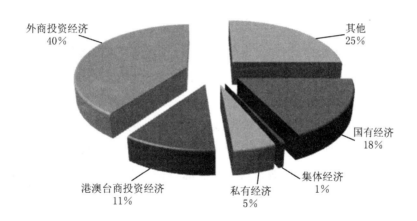

**图 2.2　2010 年不同类型经济企业产值比例**

资料来源：《滨海新区统计年鉴》(2011)。

## 三、企业规模化发展态势良好

　　滨海新区的企业主体以外资企业和国有大中型企业为主，2010 年规模以上工业企业的平均产值规模为 4.46 亿元，远高于全国 1.26 亿元的平均水平，企业规模较大有利于发挥企业的规模经济优势，但从区域工业体系的建设来看，中小型企业数量过少则不利于形成专业化的企业分工协作体系。2010 年滨海新区规模以上企业中小型企业数量达到 1949 家①，比 2008 年的 1588 家有较大幅度增长，占地区工业产值的比重也从 17％增加到 20％，可以看出，滨海新区的企业规模已经呈现逐步优化的态势。

# 第二节　滨海新区产业的空间结构分析

伴随着滨海新区规模的迅速扩张，以"十大战役"为平台，以功能区开发建设为载体，滨海新区的空间布局从最初的点状开发逐步向"东港口、西高新、南重化、北旅游和中服务"的产业发展格局转变，而工业是滨海新区产业的重要组成部分，因此，本节从相对宏观的层面对滨海新区产业的空间结构进行分析。

## 一、南部重型装备、能源和化工产业区域

重点涉及"十大战役"中的南港区域战役、临港经济区战役。主要包括南港工业区、轻纺经济区、临港经济区、大港工业（园）区、南部新兴产业区（天津太平工业区）等。其中南港工业区重点发展石油化工、现代冶金、装备制造等产业；轻纺经济区重点发展高端纺织、轻工建材、新材料、电子汽配、生物医药等产业；临港经济区重点发展依托港口功能的造修船、海上工程设备、交通运输设备、工程机械设备、新能源装备、大型航天装备等装备制造业，集加工、储存、贸易、物流于一体的大粮油产业链，以及相关研发、物流等生产性服务业；开发区南部新兴产业区（天津太平工业区）重点发展装备制造、新能源、新材料、食品加工等产业；大港工业（园）区重点发展石油化工及中下游产业、石油化工相关技术研发、橡胶制品、金属制品、电子、机电设备、汽车配件、新能源及新型建材；等等。

## 二、西部高新技术产业区域

重点涉及"十大战役"中的西部区域战役。主要包括空港经济区、滨海高

①　根据 2003 年国家统计局制定的《统计上大中小型企业划分办法（暂行）》，以从业人员数、销售额和资产总额三项指标为依据，将工业企业划分为大、中、小型，其中小型企业指从业人员数 300 人以下或销售额 3000 万元以下或资产总额 4000 万元以下。

新区（滨海科技园）、经济技术开发区西区，以及胡家园产业园区、海河下游冶金工业区。其中空港经济区重点发展航空产业、新一代信息技术、高端装备制造产、生物医药及医疗器械等的研发制造；滨海高新区（滨海科技园）重点发展航天、新能源、新一代信息技术、生物医药等产业；经济技术开发区西区重点发展电子信息、汽车、装备制造、航天、新能源新材料、生物医药等产业；胡家园产业园区以高端金属制品加工起步，积极发展都市型产业；海河下游冶金工业区现代冶金产业不再扩大规模，以改进技术、优化结构、向高端发展为主。

## 三、中心服务区域

重点涉及"十大战役"中的核心区战役和中心商务区战役。主要包括经济技术开发区东区、中心商务区、塘沽海洋高新区、塘沽老城区。其中经济技术开发区东区重点发展新一代信息技术、生物医药研发、新能源、新材料、汽车、高端装备制造、食品加工产业等现代制造业，金融服务、现代商务、服务外包等生产性服务业；中心商务区积极发展金融、信息、商务商贸以及总部经济等服务业；塘沽海洋高新区重点发展研发、设计、商务商贸、信息以及总部经济等生产性服务业，适度发展低污染、低耗能、低耗水、地均产出高的都市型产业；塘沽老城区聚集调整大沽化等化工企业及污染扰民企业。

## 四、东部港口物流产业区域

重点涉及"十大战役"中的东疆保税港区战役。主要包括东疆港区（含保税港区）和天津港保税区。其中东疆港区（含保税港区）重点发展综合航运服务、金融、租赁等高端服务业，积极发展特色游艇产业，引进培育以低能耗、环保型、轻结构为特点的出口加工业；天津港保税区重点发展保税临港加工业和海洋运输、现代物流、保税仓储、分拨配送等生产性服务业，存量现代冶金、食品加工等传统产业以优化产品结构、推动产业升级为主。

## 五、北部生态旅游区域

重点涉及"十大战役"中的中新天津生态城战役、滨海旅游区战役、北塘经济区战役和中心渔港经济区战役。主要包括中新天津生态城、滨海旅游区、北塘经济区、中心渔港经济区、经济技术开发区现代产业区、汉沽工业（园）区等。其中中新天津生态城重点发展动漫、影视等文化创意产业及云计算、物联网等新一代信息技术的研发应用，构建绿色、低碳、循环的新型产业结构；滨海旅游区重点发展休闲旅游产业，积极发展旅游装备、旅游房车、露营设施等旅游工具，以及酒店用品、旅游纪念品、旅游用品等制造业；北塘经济区重点发展会议论坛服务产业；中心渔港经济区重点发展水产品加工集散与冷链物流产业，集游艇制造、会展、俱乐部等业态联动发展的游艇产业集群；经济技术开发区现代产业区重点发展汽车、电子信息等主导产业以及新能源新材料等战略性新兴产业，发展生产性服务业；汉沽工业（园）区重点发展都市型工业。

## 第三节　滨海新区工业的技术结构分析

滨海新区 2010 年初成为首批国家创新型城区试点之一，正在向国家级高水平现代制造业和研发转化基地的目标迈进。近年来滨海新区工业通过集聚创新资源，支持高新技术成果转化，在技术创新方面取得了显著成就。

### 一、工业技术结构不断优化提升

滨海新区工业的技术结构不断向高新化方向发展，2010 年滨海新区工业总产值的 48% 来自于高技术产业，产值达到 4844 亿元，占全市近 80% 的比重。2010 年有 634 家企业已通过国家高新技术企业认证，到 2011 年已经增长到 664 家，这些企业较多地分布于滨海高新区和经济技术开发区，两个功能区的国家级高新企业数量总共约占新区比重的 80% 以上，产业的聚集效应显著。涌现了一批如赛象科技、力神电池、曙光计算机等具有自主知识产权的区域品牌企业。

### 二、科技型中小企业数量与质量快速增长

滨海新区科技型中小企业发展迅速，截至 2011 年底，新区经认定的科技型中小企业累计达到 6799 家，其中 2011 年新增科技型中小企业 2823 家，同比增长 199%。这些企业大部分分布在滨海高新区、开发区和保税区，主要集中在高新技术产业和战略性新兴产业领域。随着滨海新区载体功能不断完善，

企业规模和盈利能力都持续扩大，2011年企业总资产达到5288.4亿元，实现总收入1706.7亿元，净利润111.8亿元。科技型中小企业在财政、就业方面发挥了重要的积极作用，2011年上缴税费总额达到68.6亿元，同比增长160%，吸纳从业人员29.3万人，同比增长132%，其中科技人员总数为9万人，是2010年的2.5倍。如今科技型中小企业已成为新区科技创新和经济发展活力的代表者，成为推动经济发展、自主创新、引领高新技术产业和战略性新兴产业发展的生力军。

## 三、"科技小巨人"带动作用彰显

为了不断推进科技型中小企业发展，滨海新区按照天津市委市政府的相关部署，率先启动实施了"科技小巨人"成长计划。截至2011年，滨海新区"科技小巨人"企业累计达到269家，全年落实支持科技型中小企业发展专项资金6亿元，各功能区落实资金总额超过8亿元。如今，"科技小巨人"已经成为新区科技型中小企业中最具发展潜力的核心力量，2011年新区"科技小巨人"企业数量仅占新区科技型中小企业的4%，但实现总收入1222.5亿元，占新区总数的71.6%，净利润、上缴税费总额、从业人员等指标占新区总数的比例也都远远高于企业数所占比例，"科技小巨人"企业的快速发展对于新区科技型中小企业总体水平的提升具有至关重要的作用（见图2.3）。

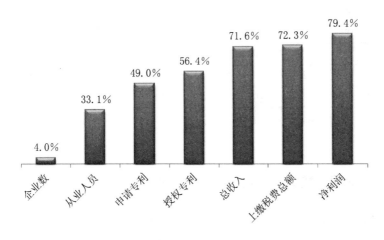

**图2.3 2011年新区"科技小巨人"企业各项指标占总数的比例**

资料来源：滨海新区科学技术委员会。

## 四、企业在技术创新中的主体作用显著增强

滨海新区企业作为技术创新主体的作用十分显著。2010 年滨海新区企业申请专利 5286 项，占全部专利申请量的 85.4%，企业授权专利 3489 项，占全部专利授权量的 90.3%，企业有效专利 8061 项，占全部有效专利量的 87.1%。从近三年的趋势来看，三项指标企业所占的比例一直呈现上升的势头，表明企业是滨海新区提升产业技术水平、增加经济效益的主要力量，是滨海新区技术创新体系的主力军，也更加凸显了滨海新区作为高水平现代制造业和研发转化基地的战略定位。近年来，滨海新区培育了一批以赛象科技、力神电池、膜天膜等为代表的自主创新龙头企业；在基因药物、信息安全产品、新一代信息技术、膜材料等高端技术领域取得突破，开发出世界上首套特巨型子午线轮胎一次法成型机、国内首台超百亿次曙光 5000A 高性能计算机等新产品，拥有了一批具有自主知识产权的技术和产品，以企业和科研机构为主体的研发体系不断形成和完善（见表 2.2）。

表 2.2 　滨海新区专利申请、授权和有效情况　　　　　　　单位：项

| 项目 | 专利申请量 | | | 专利授权量 | | | 有效专利量 | | |
|---|---|---|---|---|---|---|---|---|---|
| | 2008 年 | 2009 年 | 2010 年 | 2008 年 | 2009 年 | 2010 年 | 2008 年 | 2009 年 | 2010 年 |
| 大专院校 | 225 | 192 | 294 | 18 | 35 | 69 | 21 | 16 | 193 |
| 科研单位 | 44 | 201 | 236 | 22 | 75 | 135 | 53 | 225 | 382 |
| 企业 | 1714 | 3138 | 5286 | 889 | 1661 | 3489 | 2064 | 3829 | 8061 |
| 机关团体 | 38 | 18 | 48 | 6 | 4 | 23 | 13 | 39 | 39 |
| 个人 | 317 | 209 | 325 | 169 | 139 | 149 | 454 | 454 | 577 |
| 合计 | 2338 | 3758 | 6189 | 1104 | 1914 | 3865 | 2605 | 4563 | 9252 |

资料来源：滨海新区统计局。

## 五、技术研发的投入和产出增长迅速

从研发投入来看，2010 年滨海新区大中型工业企业中科技活动经费支出达到 155 亿元，比 2009 年增长 15.8%，企业科技活动项目达到 5006 项，比 2009 年增长 11%。2010 年滨海新区科学技术领域的财政支出 9.6 亿元。整个

"十一五"期间，滨海新区科技活动经费筹集、科技活动人员等主要科技活动投入指标增幅远高于全市平均增幅，占全市的比重大幅度提高。研究与实验发展经费占生产总值的比重达到2.5％，财政科技投入占地方财政收入的比重约为4％。从科技产出来看，2010年滨海新区专利申请量为6189项，专利授权量3865项，有效专利量9252项，三项指标分别比2009年增长64.7％、101.9％和102.8％，占天津市比重分别为25％、35％和31％。新产品销售收入达到2351亿元，比2009年增长26.4％。科技投入和产出两个方面均取得较大进步，表明滨海新区的技术研发活动日益活跃。

## 六、创新人才集聚，加快人才高地形成

滨海新区高度重视人才队伍建设，先后出台了一系列引进人才、开发人才、留住人才的措施，高科技人才队伍不断壮大。如今已经集聚了一批能力较强的高素质人力资源，拥有一支专业门类较为齐全的人才队伍。2010年滨海新区规模以上工业企业从事科技活动的人员已经达到3.1万人。高端人才成为新增人口的重要组成部分。从分布情况看，科技活动人员主要集中在开发区和滨海高新区，这两个功能区科技活动人员占到新区一半以上。通过对两院院士、有突出贡献的中青年专家、享受国务院特殊津贴人员、国家科技奖项负责人等高层次人才的引进和培育，设立博士后科研工作站、博士后创新实践基地，以及对海外留学归国人员、外籍专家的引进，人才集聚高地效应初步显现，但相对于产业发展对高端人才的需求还存在一定差距。

## 七、核心技术领域有待突破

从全球范围来看，制造业的国际竞争主要体现在产品的技术含量与高附加值上。制造企业如果缺乏核心技术，只能赚取低附加值利润。先进制造企业和后进制造企业之间的重要差距就在于是否拥有核心技术。目前滨海新区制造业的核心技术优势不足，电子信息、装备制造等重要产业的自主核心技术有待开发。发挥引领作用的科技大项目数量不够多，科技型中小企业群体较少，缺乏带动力强的创新型领军企业。制造业与研发机构之间的平台搭建还需进一步完善，技术创新的能力和效益也有待提升，因此，滨海新区未来应将核心技术的研发和成果转化作为产业技术发展的重点。

# 第三章
# 天津及滨海新区工业竞争力评价

"十二五"时期是天津深入贯彻落实科学发展观,加快转变经济发展方式的重要时期,也是滨海新区以"十大战役"为平台载体,加速推进开发开放,实现功能定位的关键时期,因此提升天津及滨海新区工业竞争力成为推动转型发展的重要内容。

## 第一节 工业竞争力评价的基本思路

工业竞争力的评价涉及生产要素、需求条件、相关和支持产业以及同业竞争等多方面的影响因素,并体现出市场竞争结果、直接影响因素、间接影响因素等多层级的因果关系。

### 一、工业竞争力评价的依据

工业竞争力是产业竞争力中的重要组成部分,其评价的依据主要来自两个方面,一是对产业竞争力内涵的理解,二是对产业竞争力的来源和结果的认识。

对竞争力的理解是多角度和多层面的。从财富创造的角度来看,竞争力是"竞争主体(国家、产业或企业)创造出比其他竞争对手更多财富的能力"[1];从生产力的角度来看,竞争力是竞争主体为追逐超额利润而不断提高生产力的

---

[1]　IMD. World Competitiveness Year Book. 1994.

过程；从能力的角度来看，竞争力是"比其他竞争对手能够提供更低成本和更高质量产品的能力"[①]；从要素占有的角度来看，竞争力是竞争主体对劳动、资本、技术等生产要素的吸引和聚集能力；从市场占有的角度来看，竞争力是竞争主体的产品在市场上的占有率和盈利能力。从不同层面看，竞争力包括宏观层面的国家竞争力，中观层面的区域竞争力、产业竞争力，微观层面的企业竞争力和产品竞争力等。综上所述，产业竞争力的基本内涵为产业所具有的开拓市场、占有市场并以此能够获得比竞争对手更多利润的能力。

产业竞争力可以从竞争优势来源和现实竞争结果两个视角来刻画，从结果的视角来看，产业竞争力的主要影响因素是该产业生产的产品在市场上的占有水平以及占领市场过程中获得的综合经济效益；从原因的视角来看，产业竞争力的主要影响因素与生产效率、比较优势、竞争优势、集聚优势、创新能力等密切相关。两个视角的研究成果为本课题工业竞争力评价的指标设计提供了重要的理论依据。

## 二、工业竞争力评价的指标设计

以上述理论依据为指导，评价一个区域的工业竞争力水平，既要全面测度该区域工业竞争力的现实基础，又要以发展的眼光全面衡量该区域工业竞争力的发展潜能，因此，本课题从现实竞争力和潜在竞争力两个角度构建评价指标体系，这两类竞争力具有相互促进、相互转化、自我强化的功能。

现实竞争力是区域工业与其他竞争区域相比所具有的显性优势，主要体现区域工业在市场拓展、投入产出、生产效率、增长速度和主要经济效益等方面的竞争结果或能力。现实竞争力采用的主要指标包括：国内市场占有率、人均销售收入、投入产出比、全员劳动生产率、工业增长率、总资产贡献率、成本费用利润率、资产负债率以及产品销售率来衡量。其中，市场占有率和人均销售收入集中体现了区域工业的竞争结果，投入产出比反映了区域资本的产出效率，全员劳动生产率反映了区域人员的生产效率，而总资产贡献率、成本费用利润率、资产负债率和产品销售率等主要经济效益指标则揭示了资产获利能力、经营耗费所带来的经营成果、利用债权人提供的资金从事经营活动的能力

---

① Schwab K. The Global Competitiveness Report 2009-2010. World Economic Forum Geneva，2009.

以及产品符合社会现实需要的程度。

潜在竞争力则是区域工业与其他竞争区域相比所具有的潜在优势，主要体现了区域工业在创新能力、结构优化、专业化程度及可持续性等方面的发展潜力，这类潜在优势积聚到一定水平就能转化为现实竞争力。潜在竞争力采用的主要指标包括：R&D 投入比重、科研人员比重、新产品开发能力、高技术产值结构、服务业产值结构、区位熵、Hoover 专业化系数、单位产值工业三废、单位产值能源消耗来衡量。其中，R&D 投入比重和科研人员比重反映了加快技术进步的要素积累水平，新产品开发能力表明了技术创新的成果转化程度，高技术产值结构和服务业产值结构体现了产业结构高级化和合理化的进程，区位熵和 Hoover 专业化系数代表了产业专业化发展水平和集聚效应，而单位产值工业三废和单位产值能源消耗则表明克服资源短缺和环境污染所取得的成效。表 3.1 给出了区域工业竞争力评价指标及其指标解释。

表 3.1　区域工业竞争力评价指标及其指标解释

| 类别 | 指标 | 指标计算公式 |
|---|---|---|
| 现实竞争力 | 国内市场占有率 | 地区工业销售总额/全国工业销售总额 |
| | 人均销售收入 | 工业销售收入/工业从业人员 |
| | 投入产出比 | 工业增加值/工业固定资产净额 |
| | 全员劳动生产率 | 工业增加值/工业从业人员数 |
| | 工业增长率 | 工业增加值年均增长率 |
| | 总资产贡献率 | 息税前利润总额/平均资金总额 |
| | 成本费用利润率 | 利润总额/成本费用总额 |
| | 资产负债率 | 负债总额/资产总额 |
| | 产品销售率 | 销售产值/工业总产值 |
| 潜在竞争力 | R&D 投入比重 | R&D 支出/产品销售收入 |
| | 科研人员比重 | R&D 人员/全部从业人员 |
| | 新产品开发能力 | 新产品销售收入/全部产品销售收入 |
| | 高技术产值结构 | 高技术产业*增加值/工业增加值 |
| | 服务业产值结构 | 服务业 GDP/区域生产总值 |
| | 区位熵 | （地区工业产值/地区生产产值）/（全国工业产值/全国 GDP） |

| 类别 | 指标 | 指标计算公式 |
|---|---|---|
| 潜在竞争力 | Hoover 专业化系数 | $\frac{1}{2}\sum\limits_{i}^{n}(\frac{\sum\limits_{i}E_i^k}{\sum\limits_{i}\sum\limits_{k}E_i^k}-\frac{E_i^k}{\sum\limits_{k}E_i^k})$，其中 $E_i^k$ 表示地区 $i$ 产业 $k$ 的工业产值 |
| | 单位产值工业三废 | 工业废水、废气、废物排放量/工业 GDP |
| | 单位产值能源消耗 | 地区能源消耗总量/区域工业 GDP |

注：*高技术产业包括医药制造业、航空航天器制造业、电子及通信设备制造业、电子计算机及办公设备制造业、医疗设备及仪器仪表制造业等。

资料来源：笔者研究整理。

需要说明的是，在评价天津及滨海新区工业竞争力的过程中，一方面受到数据可得性的限制，另一方面工业竞争力这样一个复杂系统也很难用有限指标完全描述清楚，因此采用了相应的定性分析加以补充。

# 第二节　天津工业竞争力：国内区域间比较

"十一五"期间，天津积极发展战略性新兴产业，巩固壮大优势支柱产业，加快振兴装备制造业，改造提升传统产业，并以大力实施大项目好项目建设为导向，不断增强自主创新能力，初步形成了以高端化、高质化、高新化为特征的产业体系，产业竞争力不断提升。

## 一、人均销售收入全国领先，市场占有率逐步扩大

天津工业主营业务收入由 2005 年的 7125.93 亿元提高到 2010 年的 17319.62 亿元，五年间增长了 143 个百分点，年均增长率达到 19.44%，其中 2005 年、2006 年和 2008 年的环比速度均达到 20%以上，2009 年受国际金融危机的影响增幅有所回落，但 2010 年的环比速度再次大幅提高，达到 30.78%（见图 3.1）。在主营业务收入绝对量不断增长的条件下，2010 年天津工业从业人员人均主营业务收入达到 116.31 万元，在全国处于绝对领先地位。从 2005～2010 年的人均主营业务收入均值看，天津仅次于北京，位居全国第二位（见表 3.2）。

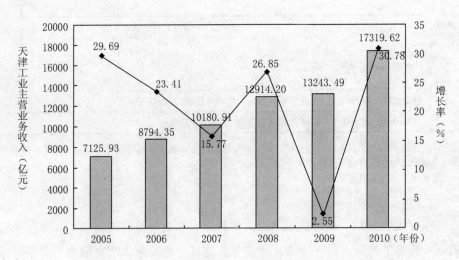

图 3.1　2005～2010 年天津工业主营业务收入及变动趋势

资料来源：根据《天津统计年鉴》（2006～2011）相关数据整理。

表 3.2　2005～2010 年省级地区工业从业人员人均主营业务收入前 10 名

单位：万元

| 地区 | 2005 年 | 2006 年 | 2007 年 | 2008 年 | 2009 年 | 2010 年 | 均值 | 均值排名 |
|---|---|---|---|---|---|---|---|---|
| 北京 | 62.23 | 75.96 | 87.55 | 91.39 | 101.10 | 119.27 | 89.58 | 1 |
| 天津 | 58.33 | 75.60 | 84.31 | 97.01 | 96.79 | 116.31 | 88.06 | 2 |
| 上海 | 62.99 | 72.20 | 81.92 | 85.71 | 89.47 | 110.02 | 83.72 | 3 |
| 海南 | 37.17 | 49.05 | 76.01 | 85.47 | 84.11 | 106.34 | 73.03 | 4 |
| 内蒙古 | 36.45 | 46.36 | 61.91 | 81.00 | 94.29 | 106.94 | 71.16 | 5 |
| 新疆 | 46.09 | 57.21 | 64.62 | 76.75 | 68.69 | 91.27 | 67.44 | 6 |
| 山东 | 40.67 | 48.36 | 59.23 | 67.97 | 76.44 | 89.82 | 63.75 | 7 |
| 河北 | 36.77 | 43.27 | 56.43 | 70.93 | 75.39 | 91.77 | 62.43 | 8 |
| 江苏 | 45.58 | 52.96 | 61.08 | 60.22 | 69.90 | 78.93 | 61.44 | 9 |
| 辽宁 | 38.86 | 46.35 | 54.77 | 66.55 | 72.09 | 89.73 | 61.39 | 10 |
| 全国 | 36.04 | 42.62 | 50.76 | 56.58 | 61.43 | 73.10 | 53.42 | — |

资料来源：根据《中国统计年鉴》（2006～2011）相关数据整理。

　　从市场占有率的走势看，2005～2010 年天津工业增加值占全国工业增加值的比重从 2.44％上升至 2.74％（见图 3.2），呈现出不断扩大的趋势，表明天津工业在全国总体工业中的地位不断提高，具有广阔的发展前景。

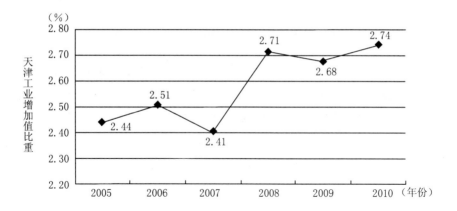

**图3.2 2005～2010年天津工业增加值占全国工业增加值趋势**

资料来源：根据2006～2011年《天津统计年鉴》和《中国统计年鉴》相关数据整理。

从分行业市场占有率的走势看，食品制造业、烟草制品业、石油加工、炼焦加工业、黑色金属冶炼及延压加工业、有色金属冶炼及延压加工业、专用设备制造业、仪器仪表及文化、办公用机械制造业等表现比较突出，2010年与2005年相比，分别上涨0.87、0.10、0.16、1.45、0.32、0.13和0.43个百分点，这些行业多数属于资金密集型和高技术行业（见图3.3）。

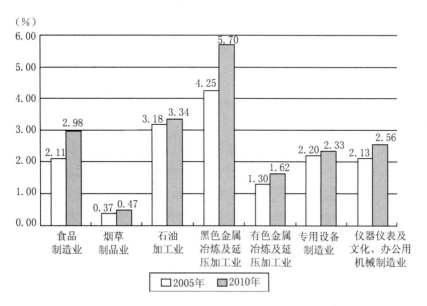

**图3.3 2005年和2010年天津工业主要行业国内市场占有率对比**

资料来源：2006年、2011年《天津统计年鉴》和《中国统计年鉴》。

## 二、投入产出规模不断扩张，技术结构优势明显

经过多年的建设，天津市工业初步构建起了以滨海新区现代化工业为主、中心城区都市型工业和各区县特色工业相互补充共同发展的工业格局，建立了经济技术开发区汽车产业示范基地、电子信息产业示范基地、滨海新区石油化工产业示范基地、空港经济区航天产业示范基地以及子牙循环经济产业区资源综合利用产业示范基地 5 家国家新型工业化产业示范基地，产业规模不断扩张（见表 3.3）。

表 3.3  2005～2010 年天津工业投入、产出规模的状况

| 年份 | 2005 | 2006 | 2007 | 2008 | 2009 | 2010 | 年均增长（%） |
| --- | --- | --- | --- | --- | --- | --- | --- |
| 固定资产投资（亿元） | 599.1 | 776.6 | 1023.4 | 1458.5 | 2124.5 | 2892.0 | 37.01 |
| 从业人员数（万人） | 122.2 | 116.3 | 120.8 | 133.1 | 136.8 | 148.9 | 4.04 |
| 增加值（亿元） | 1885.0 | 2292.7 | 2661.9 | 3533.9 | 3622.1 | 4410.7 | 18.53 |

资料来源：根据《天津统计年鉴》（2006～2011）相关数据整理。

在天津工业规模扩张的同时，促进工业技术结构合理化、高级化的进程也在不断推进。技术结构是影响产业发展的重要因素，是提升产业竞争力的重要途径。从静态来看，如果产业的技术结构合理，与外部市场需求和技术发展相适应，并且主导产业是劳动生产率增长较快的产业，那么投入产出效益就大，资源配置效率就高，从而促进产业增长和竞争力提升；从动态来看，在产业生命周期中，如果具有较高收入弹性、较低相对成本的产业不断取代已走向衰落的产业，那么经济系统就能够将衰退产业的资源存量调整到新的经济增长点，把资源增量有效地注入新兴产业、支柱产业，从而带动经济增长和竞争力提升。表 3.4 给出了 2005～2010 年天津高技术行业产值占工业总产值比重。

表 3.4  2005～2010 年天津高技术行业产值占工业总产值比重　　　　单位：%

| 年　份 | 2005 | 2006 | 2007 | 2008 | 2009 | 2010 | 均值 |
| --- | --- | --- | --- | --- | --- | --- | --- |
| 高技术行业产值占工业总产值比重 | 29.87 | 30.46 | 26.89 | 26.41 | 29.29 | 27.95 | 28.48 |
| 全国平均水平 | 13.66 | 13.27 | 12.45 | 11.25 | 11.02 | 10.69 | 12.06 |

资料来源：《天津统计年鉴》（2006～2011）、《中国统计年鉴》（2006～2011）。

如表 3.4 所示，2005～2010 年天津医药制造业、航空航天器制造业、电子及通信设备制造业、电子计算机及办公设备制造业、医疗设备及仪器仪表制造业等高技术行业产值占工业总产值平均比重为 28.48%，高出全国平均水平（12.06%）16 个百分点，其技术结构优势十分明显。

## 三、工业增加值成长速度快，全员劳动生产率高

2005 年和 2010 年天津市规模以上工业企业增加值分别为 1885.04 亿元和 4410.85 亿元（见图 3.4），"十一五"期间年均增长率达到 16.41%（以 2006 年为基年），2010 年对全市经济增长的贡献率达到 63.5%。

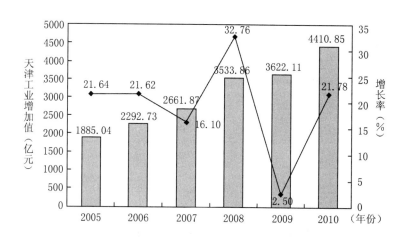

**图 3.4　2005～2010 年天津工业增加值及变动趋势**

资料来源：根据《天津统计年鉴》（2006～2011）相关数据整理。

天津工业不仅增速快而且效率高，从 2005 年到 2010 年，天津工业的全员劳动生产率从 15.43 万元/人连续上升到 29.62 万元/人，提高了近一倍，远远高于全国 16.16 万元/人的平均水平，表现出较高的工业生产技术水平、经营管理水平和价值创造能力。

## 四、R&D 投入强度大，新产品市场化水平高

技术创新能力是产业内部各技术创新要素相互作用的结果，在很大程度上受到产业所处环境及所具备的条件的影响，只有在适合创新成果产业化和商业

化的市场环境中，才能提高企业对于技术创新投入的积极性，从而获得产品创新的经济效益。表 3.5 给出了 2008～2010 年全国各省级地区 R&D 投入强度[①]与新产品市场化水平[②]前 10 名的排名情况。

表 3.5　2008～2010 年各省级地区 R&D 投入强度与新产品市场化水平前 10 名

| 省份 | R&D投入强度均值（%） | 排名 | 省份 | 新产品市场化水平均值（%） | 排名 |
|---|---|---|---|---|---|
| 北京 | 5.52 | 1 | 重庆 | 28.75 | 1 |
| 上海 | 2.74 | 2 | 北京 | 23.07 | 2 |
| 天津 | 2.44 | 3 | 天津 | 22.19 | 3 |
| 陕西 | 2.19 | 4 | 上海 | 21.01 | 4 |
| 江苏 | 2.01 | 5 | 吉林 | 20.70 | 5 |
| 浙江 | 1.70 | 6 | 湖南 | 13.01 | 6 |
| 广东 | 1.61 | 7 | 广东 | 12.63 | 7 |
| 山东 | 1.55 | 8 | 湖北 | 12.47 | 8 |
| 湖北 | 1.54 | 9 | 浙江 | 12.44 | 9 |
| 辽宁 | 1.50 | 10 | 广西 | 12.21 | 10 |
| 全国平均 | 1.67 | — | 全国平均 | 10.93 | — |

资料来源：根据 2009 年、2011 年《全国科技经费投入统计公报》，《第二次全国科学研究与试验发展（R&D）资源清查主要数据公报》（第一号），《中国统计年鉴》（2009～2011）相关数据整理。

如表 3.5 所示，2008～2010 年天津研究与试验发展（R&D）经费支出的平均投入强度为 2.44%，远高于全国 1.67% 的平均水平，在全国各省级地区排名第 3，和北京（5.52%）相比差距较大，与上海（2.74%）相比水平相近。相应的，2008～2010 年天津新产品市场化平均水平达到 22.19%，在全国省级地区排名名列第 3，明显高于全国平均水平（10.93%），仅次于重庆（28.75%）和北京（23.07%）。

① R&D 投入强度为地区 R&D 经费支出占地区 GDP 的比重。

② 新产品市场化水平为地区新产品销售收入占全部产品销售收入比重。

### 五、环境竞争力稳步提升，节能减排初见成效

"十二五"时期是产业转变发展方式的关键时期，天津工业始终坚持"绿色制造"理念，实践以低能耗、低排放为基础的可持续发展。2005～2010年，天津以年均10.78%的能源消费增速支持了全市经济年均15.8%的高速增长，平均能源消费弹性系数为0.68，并有逐步走低的趋势，能源消费的增幅远低于国民经济的增长速度。天津国内生产总值标准煤能耗从2006年1.07吨下降至2010年的0.83吨，提前一年完成了国家考核的"十一五"节能减排任务，初步建立了节能减排体制和可持续发展模式。同时天津工业的"三废"治理投资力度不断加大，"三废"综合利用产值逐年增加，单位产值能耗持续下降（见表3.6）。

表3.6　2006～2010年天津工业环境竞争力发展情况

| 年份 | "三废"综合利用产值（万元） | 工业污染治理投资（万元） | 单位生产总值能耗（吨标准煤/万元） | 单位工业增加值能耗（吨标准煤/万元） |
|---|---|---|---|---|
| 2006 | 171747.8 | 149534.2 | 1.07 | 1.35 |
| 2007 | 110850.9 | — | 1.02 | 1.28 |
| 2008 | 113838.2 | 168270.4 | 0.95 | 1.16 |
| 2009 | 187882.1 | 180054.0 | 0.84 | 1.06 |
| 2010 | 192650.0 | 164684.0 | 0.83 | 1.05 |
| 年均递增（%） | 2.91 | 2.44 | -6.15 | -6.09 |

资料来源：根据《中国统计年鉴》（2007～2011）相关数据整理。

## 第三节　滨海新区工业国内竞争力与国际竞争力

2006年天津滨海新区纳入国家发展战略，按照国家对滨海新区功能定位的要求，坚持项目集中园区、产业集群发展、资源集约利用、功能集成建设的发展思路，走出了一条独具特色、率先发展的新路子，取得了显著的阶段性成

果，在国内和国际形成了明显的竞争优势。为了更好地落实中央"全力打好开发开放攻坚战、努力成为贯彻落实科学发展观排头兵"的指示精神和天津市委提出的"构筑三个高地、打好五个攻坚战"的决策部署，滨海新区将打好开发开放攻坚战细化为"十大战役"，涉及总投资 1.5 万亿元，涵盖功能区开发、产业结构提升、社会事业发展、生态环境改善以及人民生活水平提高等众多领域，为巩固和加强滨海新区工业国际竞争力和国内竞争力创造了良好的条件。

## 一、中国北方最具发展前景的经济核心区

滨海新区作为我国对外开放的前沿，其经济总量、工业规模和专精化水平均位于全国前列，标志着滨海新区已发展成为中国北方最具发展前景的经济核心区之一。

### （一）投入产出水平不断提高

如表 3.7 所示，滨海新区固定资产投资在 2005 年仅为 693.31 亿元，到 2010 年已经增加到 3352.71 亿元，年均增长率高达 33.54%，远高于浦东新区和全国平均水平。滨海新区快速的资本投入积累为其保持持续的增长后劲，构筑更加明显的规模竞争优势，谋求更大发展积聚了能量；从产出水平看，滨海新区的 GDP 从 2005 年的 1633.93 亿元增加到 2010 年的 5030.11 亿元，年均增长速度高达 22.29%，超过浦东新区（17.46%），也远远超过全国平均水平（13.43%）。

表 3.7　滨海新区 GDP 与固定资产投资

| 指标 | 地区 | 2005 年 | 2006 年 | 2007 年 | 2008 年 | 2009 年 | 2010 年 | 年均增长 |
|---|---|---|---|---|---|---|---|---|
| GDP（亿元） | 滨海新区 | 1633.93 | 1983.63 | 2414.26 | 3349.99 | 3810.67 | 5030.11 | 22.29% |
| | 浦东新区 | 2108.79 | 2365.33 | 2793.39 | 3150.99 | 4001.39 | 4707.52 | 17.46% |
| | 全国 | 184937 | 216314 | 265810 | 314045 | 340903 | 401202 | 13.43% |
| 固定资产投资（亿元） | 滨海新区 | 693.31 | 864.29 | 1152.64 | 1650.52 | 2502.66 | 3352.71 | 33.54% |
| | 浦东新区 | 693.61 | 659.97 | 784.1 | 872.68 | 1420.77 | 1432.30 | 15.65% |
| | 全国 | 88773.6 | 109998.2 | 137323.9 | 172828.4 | 224598.8 | 278121.9 | 22.56% |

注：本表所有数据均以 2005 年为基期做了价格处理。

资料来源：根据《中国统计年鉴》（2006～2011）、《天津滨海新区统计年鉴》（2006～2011）和《上海浦东新区统计年鉴》（2006～2011）整理。

## (二) 工业总产值保持领先

滨海新区的工业增加值从 2005 年的 1035 亿元增加到 2010 年的 3215 亿元,占地区生产总值的比重一直在 60% 以上,年均增长率为 25.4%。工业总产值在 2005 年为 3997 亿元,到 2010 年已经增长到 10091 亿元,增长了将近 2 倍。与其他相似地区比较而言,滨海新区已经成为全国规模最大的工业基地之一,其工业总产值从 2006 年超过浦东新区后就一直保持领先,不仅高于大连、青岛、厦门等计划单列市,并超出山西、内蒙古、黑龙江等省份。

## (三) 现代制造业专精化水平不断提高

"十一五"期间,滨海新区的工业专业化水平也快速提高,2005～2010 年,其工业的区位熵从 1.52 上升至 1.59,远远超出全国各地区的平均水平 (0.89～0.91),其中石油加工、炼焦及核燃料加工业 (1.825～2.252),黑色金属冶炼及压延加工业 (1.271～1.348),交通运输设备制造业 (1.733～1.679),通信设备、计算机及其他电子设备制造业 (2.978～1.472),仪器仪表及文化、办公用机械制造业 (1.125～1.231) 的区位熵一直遥遥领先。另外,医药制造业 (0.923～1.06)、专用设备制造业 (0.351～0.735)、化学原料及化学制品制造业 (0.75～0.955)、有色金属冶炼及压延加工业 (0.25～0.623)、废弃资源和废旧材料回收加工业 (0.437～1.011) 的区位熵也在不断提高。这些产业专业化比较优势正在显现。表 3.8 充分显示滨海新区工业区位熵不仅远远高于浦东新区和全国平均水平,而且处于不断加强的状态。

表 3.8  不同地区的工业区位熵比较

| 年份 | 2005 | 2006 | 2007 | 2008 | 2009 | 2010 |
|------|------|------|------|------|------|------|
| 滨海新区 | 1.52 | 1.53 | 1.55 | 1.54 | 1.58 | 1.59 |
| 浦东新区 | 1.15 | 1.14 | 1.07 | 1.03 | 1.00 | 1.00 |
| 天津 | 1.20 | 1.20 | 1.22 | 1.23 | 1.21 | 1.19 |
| 全国平均 | 0.893 | 0.906 | 0.917 | 0.924 | 0.915 | — |

资料来源:笔者计算整理。

在滨海新区工业专业化水平不断提升的条件下,建立在大量专利技术基础上的精益化程度也在快速提高,表 3.9 给出了近年来滨海新区专利申请量和专利授权量两项指标的统计数据，从中可以看到专利申请量和专利授权量超高速增长，远高于全国平均水平，为滨海新区发展方式转型提供了技术创新基础。

表 3.9　滨海新区历年专利申请量和授权量情况

| 年份 | 滨海新区 | | | | | 全国 | | | | |
|---|---|---|---|---|---|---|---|---|---|---|
| | 2007 | 2008 | 2009 | 2010 | 2011 | 2007 | 2008 | 2009 | 2010 | 2011 |
| 专利申请量（项） | 1838 | 2338 | 3758 | 6189 | 11855 | 586498 | 717144 | 877611 | 1109428 | — |
| 增长率（%） | — | 27.2 | 60.74 | 64.69 | 91.55 | — | 22.28 | 22.38 | 26.41 | — |
| 专利授权量（件） | 758 | 1104 | 1914 | 3865 | — | 301632 | 352406 | 501786 | 740620 | — |
| 增长率（%） | — | 45.65 | 73.37 | 101.93 | — | — | 16.83 | 42.39 | 47.60 | — |

资料来源：笔者计算整理。

### （四）天津经济技术开发区多项指标全国领先

天津经济技术开发区在滨海新区发展过程中起到了举足轻重的作用，2010年天津技术开发区 GDP 实现 1546 亿元，对全区 GDP 的贡献达到 30% 以上，而且主要经济指标在全国 90 个国家级经济技术开发区中均名列前茅（见表 3.10）。

表 3.10　2010 年全国国家级经济技术开发区主要经济指标排名前五位　单位：%

| 指标 | 地区生产总值比重 | 工业增加值比重 | 工业总产值比重 | 出口额比重 | 实际利用外资比重 | 税收收入比重 | 财政收入比重 | 排名 |
|---|---|---|---|---|---|---|---|---|
| 经济技术开发区 | 广州(6.03) | 广州(6.21) | 天津(6.58) | 昆山(18.33) | 天津(11.97) | 广州(6.08) | 广州(6.91) | 1 |
| | 天津(5.76) | 天津(6.20) | 昆山(5.94) | 苏州工业园区(13.53) | 大连(10.35) | 天津(5.91) | 天津(6.42) | 2 |
| | 苏州工业园区(5.14) | 昆山(5.16) | 广州(5.45) | 烟台(6.56) | 苏州工业园区(6.05) | 苏州工业园区(5.56) | 苏州工业园区(6.41) | 3 |

| 指标 | 地区生产总值比重 | 工业增加值比重 | 工业总产值比重 | 出口额比重 | 实际利用外资比重 | 税收收入比重 | 财政收入比重 | 排名 |
|---|---|---|---|---|---|---|---|---|
| 经济技术开发区 | 昆山<br>(4.48) | 苏州工业园区<br>(4.66) | 苏州工业园区<br>(4.55) | 天津<br>(6.53) | 大连长兴岛<br>(4.99) | 上海金桥出口加工区<br>(5.43) | 青岛<br>(5.01) | |
| | 大连<br>(4.47) | 大连<br>(3.97) | 青岛<br>(4.01) | 广州<br>(5.39) | 青岛<br>(4.19) | 广州南沙<br>(4.63) | 大连<br>(4.45) | 5 |

注：括号中数据为各技术经济开发区经济指标占全部国家级经济技术开发区总值的比重。
资料来源：笔者计算整理。

由表 3.10 可见，2010 年在全国 90 个国家级经济技术开发区中，天津经济技术开发区的工业总产值比重和实际利用外资比重双双名列第一，分别为 6.58％和 11.97％；地区生产总值比重为 5.76％，仅次于广州经济技术开发区（6.03％）；工业增加值比重为 6.20％，仅低于第一位广州 0.01 个百分点；税收收入比重和财政收入比重两项指标也位居第二位，分别为 5.91％和 6.42％；出口额比重为 6.53％，位居第四。

## 二、高端化、高质化、高新化的产业集聚区

滨海新区经过不断的快速发展，在已有的优势产业基础上，形成了航空航天、石油和化工、装备制造（含汽车、现代冶金）、电子信息、生物医药、新能源新材料、粮油食品、轻工纺织等优势主导产业。其中电子信息、航空航天、生物医药、新能源和新材料产业带动产业结构日趋高端化、高质化和高新化。

### （一）走向高端化的电子信息产业

电子信息产业是滨海新区的支柱产业之一，2011 年其总产值依然比上年保持着接近 30％的强劲增长势头，新技术、新产品、新项目释放出的发展能量，推动新区电子信息产业链条不断走向高端化。

电子产品方面，在原有移动通信设备、电子元器件、数码视听产业集群的基础上，富士康生产基地、三星 OLED、三星 MLCC、惠普数据中心等一批大

项目、好项目陆续在新区开工、投产，成为推动新区电子信息产业转型升级的新引擎。2010 年，滨海新区电子信息产品中通信设备制造业产值占比高达 50.03％，优势突出。滨海新区电子信息产品出口导向特征也很明显，出口交货值占天津市 80％以上，形成以移动通信、微电子、汽车电子、显示器、电子元器件和家庭视听设备等为主的出口优势。

互联网建设方面，在原有酷 6 网、优众网、爱蜂潮等业内优质企业扎根新区的基础上，2011 年 58 同城、搜房网、奇虎 360 等一批互联网界内的领军企业相继落户滨海新区。

云计算产业发展方面，2011 年滨海新区正式发布"云集滨海行动计划"，由"天河一号"所在的国家超算天津中心、中国惠普有限公司、腾讯数码（天津）有限公司、天津启云科技有限公司等 35 家高新科技企业组成的云计算产业联盟在天津滨海新区成立。目前云计算产业总体仍处于起步阶段，技术标准、商业模式等尚待探索，以云计算为契机提早布局、启动，对建设国家级云计算产业基地具有重要意义。为此，滨海新区正在全力推进云计算基础设施、云计算平台建设，逐步形成存储、云平台管理软件、中间件、云终端、云安全等环节的完整产业链条。另外，滨海新区还在重点突破物联网感知层核心技术的自主创新，以及应用层在各类产业应用的产业化推广。

在智能计算机系统方面，天津曙光计算机产业有限公司是以国家"863"计划重大科研成果为基础组建的高新技术企业，所生产的高性能计算机稳居国产高性能计算机市场首位，拥有 70％以上的市场份额，并在高性能集群领域实现了国产机对进口产品的超越。其代表产品曙光服务器是拥有完全自主知识产权的全系列精品服务器，能全面满足用户从超级计算机到普通 PC 服务器的各项应用需求，在互联网、金融、电信、生物、气象、石油、科研、电力等多个行业有着大量成功应用。该产品以技术先进、性能卓越、服务优良见长，获得"国家科技进步一等奖"、"中科院科技创新特等奖"等多项国家级殊荣。

**（二）站在世界前沿的"三机一箭一星一站"航空航天业**

滨海新区的航空航天产业自 2006 年空客 A320 总装线项目协议正式签署开始，尽管发展时间不长，但是起点高、速度快、创新强，目前已经成为滨海新区重要的战略性新兴产业。目前，滨海新区以大飞机、直升机、无人机、大运载火箭、通信卫星、空间站为代表的"三机一箭一星一站"航空航天产业体系正在加速构建，2011 年实现工业总产值 227.7 亿元，同比增长 33.8%，产业规模位列全国第 4 位。

空客 A320 总装线月交付能力已经达到 3 架，截至 2012 年 8 月底累计交付 100 架，并正在努力达到月产 4 架的设计能力。中航直升机天津产业基地建设进展良好，目前已累计下线 10 架直升机，2012 年将实现累计交付 20 架，2015 年将实现年产各类直升机 300 余架，成为全球直升机主要供应商之一。新重量级无人机项目即航天神舟飞行器有限公司产业基地项目于 2012 年 6 月份实现一期竣工，并形成产能。新一代运载火箭产业化基地目前已完成投资 20 亿元，30 余个单体建设项目基本建成。2012 年初，以载人航天空间站为代表的超大型航天器项目落户天津滨海高新区并开工建设。

以空客 A320 总装线和中航直升机总部基地两大龙头项目为核心，滨海新区还吸引西飞国际机翼组装、古德里奇飞机发动机维修、PPG 航空涂料等国内外知名航空制造商落户空港经济区。目前空客 A320 系列飞机总装线在空港经济区已经初具规模，不仅可以完成整个飞机制造过程中的总装环节，而且配套的大部件、零部件、传动装置、先进金属和复合材料、航空特殊轴承等航空配套产业体系也在逐步完善，形成了具有国际竞争力的航空产业集群。

### （三）快速发展的生物医药产业

滨海新区是全国重要的医药工业基地，生物医药产业作为滨海新区和天津市的八大优势支柱产业，发展速度、企业实力和创新能力都处于全国先进水平。在发展速度上，生物医药产业近十年的发展速度都位于全国前列，2010 年滨海新区生物医药产业产值达到 188.14 亿元，比 2009 年增长 21.26%，远远高于全国 15% 的同期水平。从企业实力来看，通过多年的培育和引进，逾 100 家国内外知名生物医药企业和园区孵化器落户，形成了具有较强竞争实力的优势企业群。目前，聚集了诺和诺德、诺维信、葛兰素史克、施维雅、金耀集团等国内外著名生物医药生产企业，国家生物医药国际创新园、美国亚历山大公司等生物医药孵化器，哈娜好、美国德普等医疗器械企业 100 多家，产业规模年均增长率达 40%。从创新水平上看，滨海新区的生物芯片和肝细胞技术处于国际领先水平，自主研发的微生物特异分子标识筛选技术居世界前沿。

滨海新区的生物医药产品遍销国内外，一大批化学原料药及制剂的主要品种在国内外占有举足轻重的地位，其中皮质激素产销量始终位居世界第一，是世界最大的皮质激素原料药生产基地。金耀集团的皮质激素原料药占有全球接近一半的市场份额，在国内占有 90％的市场，技术水平也处于全球领先的地位。此外，滨海新区在糖尿病、肝病、心血管病、神经系统疾病的化学药等领域的产品在国内保持优势地位。滨海高新区已经建成容量 50 万份的干细胞库，存量超过 10 万份，间充质干细胞治疗产品开发处于国际先进行列，"骨髓原始间充质干细胞"是国内第一个进入临床阶段的同类产品。在中药现代化领域，自主研发了目前国际上唯一纯中药治疗脓毒症的注射液，填补了传统中药在世界急救医学领域的空白。在化学药领域，开发出的第四代抗艾滋病药物——"西夫韦肽"已申报国家一类新药。

### （四）全国领先的新能源、新材料产业

滨海新区是国内新能源和新材料产业发展较早的地区之一，多年的积累和发展使其在国内外具备较强的竞争力，引领了滨海新区绿色经济的发展。滨海新区已成为全国最大的风力发电设备生产基地，吸引了维斯塔斯、歌美飒、苏司兰等国际知名风电设备制造企业，进而带动华锐、东汽和阳明等国内风电设备企业和检测、认证机构的聚集。2010 年滨海新区的风电整机生产能力达到 3000 兆瓦，占到全国总产量的 19％，风电设备年产能力达到 6000 兆瓦，占全国产能的 30％。另外，滨海新区的新材料产业在"十一五"期间也发展迅速，2010 年实现工业总产值 278.44 亿元。聚集了中环半导体、巴莫、膜天膜等一批规模大、效益好、研发制造能力强的骨干企业，形成"八大"新材料产品体系。

在新能源、新材料产品上，滨海新区主要集中在绿色电池、光伏发电和风电设备制造三个领域内。在绿色电池领域，形成了锂离子电池、六氟磷酸锂、锂离子电池正负极材料等配套材料的规模化生产。在太阳能电池领域，天津形成了生产太阳能电池、蓄电池和电源控制系统的成套能力，且研发能力和技术水平全国领先。在风力发电领域，形成了从零部件、配套产品到整套机组生产的较为完整的产业链条。在新材料方面，天津滨海新区的膜材料、先进陶瓷材料、硅材料、钛材料等多种材料的研发制造能力处于全国领先水平，逐步形成较为完整的产业链。金属新材料领域形成了以无缝钢管、焊条材料、石油套管等产品为代表的门类齐全的产品体系；化工新材料在氟硅材料、合成树脂、涂料、环保和膜材料等领域已形成规模。

## 三、高水平的现代制造业和研发转化基地正在形成

"十一五"期间，滨海新区以提高自主创新能力为重点，建立以企业为主体、市场为导向、产学研有机结合的区域创新体系，加快聚集国内外研发机构，建设重大研发转化平台，构筑人才特区和智慧新区，正在形成原始创新、集成创新、消化吸收再创新能力较强的现代制造业研发转化基地。

### （一）高技术产业不断发展

滨海新区工业中高技术产业比重不断提高，初步形成了电子信息、先进装备制造、绿色能源、新材料、生物医药、航空航天以及海洋技术等高新技术产业集群。高技术产业总产值从 2005 年的 1679 亿元增长到 2010 年的 4844 亿元，2010 年高技术产业产值占天津市比重近 80%，占全区工业总产值的比重提高到 48%。初步建成 15 家国家级科技产业化基地，经认定的高新技术企业 634 家，占全市比重达到 73%。维斯塔斯、诺和诺德、中兴通讯、大唐电信、大推力运载火箭、空客 A320 等国内外知名高科技企业或高端项目先后落户新区，培育了赛象、力神、曙光等一批自主创新龙头企业。

### （二）技术研发的投入和产出增长迅速

从投入来看，滨海新区 R&D 经费由 2006 年的 20.51 亿元迅速增加到 2009 年的 88.65 亿元，年均增速高达 62.9%，R&D 投入强度从 1.05% 增长到 2.5%；从科技产出来看，2010 年滨海新区专利申请量为 6189 件，是 2006 年的 7.9 倍，科技投入和产出两个方面均取得较大进步，反映出滨海新区的技术研发日益活跃。

### （三）创新资源聚集能力明显加强

"十一五"期间，滨海新区十分注重科技成果的转化和推广，其创新平台建设、科技基础设施和研发转化能力都在不断增强。目前，国际生物医药联合研究院、中科院工业生物技术研究所等建成运营，滨海工业研究院等项目顺利启动。重点建设了 12 个国家级科技创新平台、10 家行业技术研发平台，形成了 50 多家国家和市级科研机构、50 多家大型企业研发中心和 62 家企业博士后工作站。合计拥有各类经认定的创新研发机构 197 家，其中重点实验室 20 家、工程技术中心 55 家、企业技术中心 109 家、全建制科研机构 13 家；科技成果转化服务机构 300 家、科技孵化器和生产力促进中心 24 家、风险投资机

构 15 家。

### （四）创新人才吸引成效显著

滨海新区始终把人才工作摆在十分重要的位置，坚持人才引进与人才开发并重、国外引智与国内培养并重、正常引进与柔性流动并重的原则，全方位多层次地开发人才，培养和聚集了大批优秀人才。2006～2009年，滨海新区科技活动人员从 1.96 万人增加到 6.29 万人，年均增速为 47.5％，R&D 人员从6716 人/年增加到 21633 人/年，年均增速为 47.7％。截至 2010 年，滨海新区人才总量达 75 万人，与天津市其他区县相比具有显著的规模优势。其中，两院院士、有突出贡献的中青年专家、享受国务院特殊津贴人员、国家科技奖项负责人等高层次人才 148 人，高级企业经营管理人才 882 人，高级专业技术人才 16766 人；进入国家"千人计划"21 人，天津市"千人计划"48 人；博士后工作站（创新实践基地）已达 113 家，人才的数量和质量均有明显提升。

## 四、制造业与服务业"双引擎"驱动的产业格局

按照"东港口、南重化、西高新、北旅游、中服务"的产业发展布局，滨海新区坚持先进制造业与现代服务业"双引擎"驱动，构建具有国际竞争力的现代产业体系。

### （一）工业和服务业双双实现快速发展

如表 3.11 所示，"十一五"期间滨海新区工业和服务业的增加值年均增长率分别达到 25.45％和 24.36％，占地区 GDP 的比重分别保持在 63.3％和32.7％左右。

表 3.11　滨海新区工业和服务业增加值比较

| 指标／年份 | 工业 | | 服务业 | |
|---|---|---|---|---|
| | 增加值（亿元） | 占地区 GDP 比重（％） | 增加值（亿元） | 占地区 GDP 比重（％） |
| 2005 | 1035.03 | 63.3 | 534.22 | 32.7 |
| 2006 | 1284.55 | 64.8 | 621.98 | 31.4 |
| 2007 | 1556.92 | 64.5 | 737.63 | 30.6 |
| 2008 | 2145.87 | 64.1 | 1038.60 | 31.0 |

| 指标 | 工业 | | 服务业 | |
|---|---|---|---|---|
| 年份 | 增加值<br>（亿元） | 占地区 GDP 比重<br>（%） | 增加值<br>（亿元） | 占地区 GDP 比重<br>（%） |
| 2009 | 2385.54 | 62.6 | 1233.37 | 32.4 |
| 2010 | 3215.39 | 63.9 | 1589.12 | 31.59 |
| 年均增长率（%） | 25.45 | — | 24.36 | — |

资料来源：根据《天津滨海新区统计年鉴》（2006～2011）整理。

### （二）制造业拉动现代服务业的发展

滨海新区制造业的快速发展拉动了物流业、金融业、科技服务业、商贸业、服务外包业、总部经济等现代服务业的繁荣。2011年，新区实施重大项目925项，总投资1.28万亿元。其中，长城汽车一期等91个重点项目建成投产，中船重工等600多个重大项目快速推进，富通光纤预制棒等192个项目开工建设。同时，实施了重大服务业项目329项，一批服务业聚集区迅速崛起。新引进总部项目60多个，总部企业达到188家。

在生产性服务业中，物流业和金融业的推动作用最为突出。例如，空客A320项目拉动了空客亚太物流中心、天津中远物流、法国SDV等国内外知名国际物流服务商落户空港经济区。2000～2009年，滨海新区的物流业增加值从52.69亿元上升为276.73亿元，年均增长率高达20.24%。2010物流业增加值占全区GDP比重达到6.7%；在滨海新区的全国综合配套改革试验区的实施方案中，鼓励金融改革和创新是一项重要内容，2000～2009年全区金融业增加值从9.2亿元上升为80.10亿元，年均增长率高达27.18%。2010年滨海新区金融业增加值占全区GDP比重达到2.1%，相对于2005年的0.7%，提高了1.4个百分点。

### （三）现代服务业对制造业产生积极影响

滨海新区服务业的发展态势对先进制造业基地的进一步巩固产生积极影响，特别是在政府的引导下，探索出从天使投资、风险投资、政策性融资到资本市场的科技投融资体系；通过私募设立方式，筹建了生物医药、纳米技术与材料、新能源、海洋科技等新兴产业投资基金，设立了商业银行科技支行和科技租赁公司；探索出科技债券、风险代偿金、知识产权质押等新型融资方式，推进科技型中小企业"打包贷款"、信用互保，不断拓宽企业融资渠道，建立和运营新兴产业投资基金。

### （四）"十大战役"力促制造业与现代服务业融为一体

先进制造业的发展促进了现代服务业的深度分工，加快了服务产品和服务模式的创新，而现代服务业尤其是生产性服务业的发展，重点服务于制造业生产的中间需求，是制造业提高核心竞争力的有力支撑。滨海新区"十大战役"的实施，进一步强化了新区先进制造业与现代服务业的良性互动，标志着新区从重点开发转入全面建设阶段。到 2010 年底，十大战役累计完成投资近 2000 亿元，填海造陆 150 平方公里以上。空港经济区、临港经济区、南港工业区等部分标准厂房完工，开发区现代服务产业区、空港现代服务业示范区、响螺湾商务区、于家堡金融区、渤龙湖总部经济区、中新生态城南部片区等商务楼宇抓紧建设。邮轮母港、极地海洋馆投入运营，滨海鲤鱼门开街。围绕滨海新区"十大战役"，将重点推动航空航天、新能源、生物医药、新材料、电子信息、海洋技术等领域 15 个国家级科技产业化基地以及未来科技城建设。通过产业链配套招商，实现制造集中化、研发高端化、购销全球化、要素配套化，形成以专业分工为基础、以促进产业合作与集群学习为宗旨的密集创新网络环境。

## 五、循环经济和绿色低碳经济的先行区

发展循环经济是实现经济可持续性的重要保障。滨海新区以建设生态产业园区、生态城区为发展目标，积极发展绿色产业，构筑循环经济产业链，加强生态修复和环境保护，努力使滨海新区成为中国"循环经济"和"绿色经济"先行区。

### （一）打造循环经济示范区

近年来，滨海新区不断加大对发展循环经济的重视力度，构建产业共生网络，积极推进企业和园区的生态化改造和生态产业建设，建成了北疆电厂一期、新泉海水淡化、汉沽垃圾焚烧发电等循环经济项目，初步形成了石油化工、冶金、电子信息、汽车等循环经济产业链，打造了四个具有较大规模、较高水平、特色鲜明的循环经济产业示范区：一是全面推进天津经济技术开发区国家级试点示范园区建设，形成电子信息、汽车制造、食品加工和生物医药等

循环经济产业链；二是加快大港生态化工园区建设，形成以石油炼制为源头的石化、海洋化工、一碳化工、能源综合利用等化工循环经济产业链；三是建设海河下游现代冶金循环经济示范区，形成以石油钢管和优质钢材深加工为龙头的循环经济产业链；四是建设汉沽电水盐联产循环经济示范区，形成以北疆电厂为核心，集电力生产、海水淡化、浓海水制盐、盐化工、废物资源利用为一体的循环经济产业链。

在注重循环生态产业发展的同时，滨海新区还加大水资源的利用水平以及清洁能源的使用比例；大力发展再生资源产业，有效实现了资源闭环流动和循环利用，形成了一批资源再生典型企业，如丰通资源再生利用有限公司、东邦铅资源再生有限公司等。滨海新区不断加强在工作机制、科技创新、政策法规和投融资环境等方面的重视程度，基本建立了长效的循环经济工作机制；循环经济的科技创新能力不断增强，实施了重大科技工程项目，关键技术和共性技术取得新突破；分别制定了纵向和横向两个体系的循环经济政策法规、规章，使循环经济发展实现了有章可循；建立循环经济发展专项基金，利用金融手段促进节能减排。

### （二）探索绿色低碳经济发展模式

"十一五"期间，滨海新区通过发展环保产业、推行低碳产业结构、发展绿色新兴能源等多方面措施，逐渐形成了"低能耗、低排放"的绿色低碳经济发展方式。2010年滨海新区绿色节能环保产业总产值为340亿元（不含节能环保服务业），其中节能产业总产值223亿元，环保产业总产值60亿元，约有700家工业企业从事与节能环保产业相关的生产经营活动。

在绿色经济发展上，滨海新区大力发展绿色产业和绿色制造技术，在新能源和节能环保相关领域取得了长足的进步，如输出包括技术和管理标准和完整解决方案的绿色标准，提供审核绿色供应商、诊断绿色制造差距和进行绿色管理培训等与绿色经济相关的服务活动。

依托膜天膜、力神电池等一批自主创新能力强、具有领先技术水平的高新技术企业，滨海新区在风力发电、燃料电池、污水膜处理、海水淡化等一批绿色低碳技术创新方面走在了国内前列。此外，随着新区承办的国际节能环保绿色产业博览会、国际生态城市论坛暨博览会、国际节能减排科技博览会等交流会议的增多，新区正逐渐发展为具有一定国际影响力的先进节能环保技术交流、引进平台，具有引领我国节能环保产业发展方向的能力。

2012 年 3 月 10 日，天津滨海低碳循环发展战略联盟正式成立，这一联盟的成立充分表明了滨海新区对低碳循环发展的高度重视。该联盟包括高等院校、学会等中介组织、服务企业和交易平台等一系列相关组织，将为天津及滨海新区在快速经济增长中实现节能减排和低碳循环发展提供强有力的智力支持。联盟将依托滨海新区先行先试的政策优势，以及天津排放权交易所这一国家级能源和环境交易平台，整合资源，分工协作，利用市场机制推动新区循环经济和低碳经济的有效开展。

# 第四章

# 滨海新区工业发展的国内外环境

进入 21 世纪以来，由于现代制造技术不断推陈出新，信息技术飞速发展，世界制造业发生了重大变化，中国制造业也正经历着产业转型和升级的蜕变，这些都对滨海新区建设高水平的现代制造业基地和研发转化基地产生深刻的影响。

## 第一节 世界制造业国际分工演进特点与动态趋势

国际分工是促进国际经济合作与竞争的有效手段之一，国际经济的发展史也是一部分工演进的历史。

### 一、世界制造业国际分工格局演进特点

第二次世界大战以来，特别是 20 世纪 80 年代以来，在科技进步和经济全球化的推动下，国际分工在内容、方式和主体上都发生了新变化，新的分工格局正在形成。

#### （一）从产业间分工到产业内、产品内分工

第二次世界大战前，国际分工主要为工业品生产国与初级产品生产国之间以及高端工业品生产国与一般工业品生产国之间的产业间分工；第二次世界大战后，国际分工主要为发达国家之间的产业内分工，单个发达国家专业化生产同一产业中某几类产品并通过产业内贸易满足国内的多样化需求，然而，这种分工模式趋于将发展中国家排斥在国际分工体系边缘，阻碍其参与国际分工并

从中获益；20 世纪 80 年代以来，分工的不断细化使生产企业的专业化领域集中于特定产品价值链的局部环节上，国际分工主要为多层次的混合分工模式，既包括不同产业间、同一产业内的分工，也包括产品价值链上分别具有劳动密集型、资本密集型和技术密集型特点的不同环节之间的产品内分工。

### (二) 从"二重格局"到"三重格局"

20 世纪 80 年代以来，亚洲的"四小龙"、"四小虎"和"金砖国家"等一批新兴工业化国家和地区相继崛起，非洲、中西亚等其他发展中国家的经济发展相对滞后，国际分工格局表现出由发达国家、新兴工业化国家和地区、其他发展中国家所构成的"三重格局"，替代了原有的由发达国家和发展中国家所构成的"二重格局"，国际分工日益深化。在"三重格局"中，发达国家主要生产高技术产品、中高档资本密集型产品和某些档次较高的劳动密集型产品，新兴工业化国家和地区主要生产一些资本密集型和技术密集型产品，其他发展中国家则主要生产劳动密集型产品和某些资本密集型产品及初级产品[①]。

### (三) 从国际产品贸易到跨国公司全球价值链布局

传统的国际分工主要通过最终产品的国际贸易实现，全部价值活动环节都在一国或地区内完成，企业之间往往只进行产业间和产业内分工。20 世纪 90 年代以来，众多国际品牌制造商特别是世界 500 强企业中的制造类跨国公司，为了降低市场投资风险，应对产业技术变革，纷纷通过外包与全球采购等方式剥离低技术和低附加值的非核心环节，将这些没有竞争优势的价值活动环节转移到发展中国家和地区，自身则全力抢占高技术和高附加值的核心环节，从而使国际分工格局进一步深化为跨国公司内部产品价值链的垂直分工。在这种情况下，仅依据出口贸易规模的大小已无法断定一国或地区在国际分工体系中的地位高低，必须结合该国或地区在产品价值链中所承担的角色和功能以及升级这种角色和功能的潜能来判断其在国际分工体系中的地位。

## 二、世界制造业发展的主要趋势

伴随信息技术革命的深入，受到石油等原材料价格的起伏波动以及由美国

---

① 汪斌：《中国产业：国际分工地位和结构的战略性调整——以国际区域为切入点的理论与实证分析》，光明日报出版社 2006 年版。

次贷危机和欧洲主权债务危机导致的全球经济发展趋缓等现实因素的影响，世界制造业的发展正表现出多元化的特征。

### （一）"科技中心"与"制造中心"相分离

在国际分工格局向产品价值链的各个环节细化的背景下，世界科技中心与世界制造中心的分离是符合比较优势原理的必然趋势。这是因为"科技中心"的优势突出体现在产品的研发、设计和创新上，"制造中心"的优势则体现在产品的生产加工上。在信息化和后工业化时代，知识生产已取代物质生产成为最终产品核心价值的来源，成为"制造中心"并不能充分说明一国或地区的产业综合能力。由于国内劳动力、土地等要素价格上涨，发达的后工业化国家的跨国公司逐渐将生产加工等低端环节向具有要素成本优势的新兴经济体、发展中国家和地区转移，同时加强对研发、服务、设计等核心竞争力环节的掌控，以科技创新活动控制和管理世界制造中心，以此获取比物质产品生产更为丰厚的利润回报，从而使"科技中心"与"制造中心"趋于空间分离的同时，还表现出"母国技术中心化"的特点。

### （二）制造技术向绿色化、环保化升级

面临着日益严重的全球性资源衰减、环境恶化等问题，制造技术的绿色化、环保化已经成为全球制造业发展的必然趋势。在信息技术领域，以英特尔为代表的传统硬件制造商，在核心处理器的电子元件采购上采用节能减耗的材料；以惠普和升阳等为代表的以整机和系统为产品的供应商，在系统组装上采用更加节能的手段；以微软为代表的以软件设计为核心的企业，也将节能降耗作为软件功能优化的方向之一。在生物技术领域，生物催化替代化学催化，以降低纺织、造纸、皮革、化工等领域的化学废物排放量；生物燃料替代部分不可再生型原料，以改变化学工业对煤炭、石油、天然气等能源的依赖；通过生物技术培育具有特殊用途的新植物品种，如纤维植物、油脂植物等，为精细化工等制造业部门提供重要的原料和制剂等，都是制造技术向绿色化、环保化发展的重要体现。

### （三）欧美国家的"再工业化"

近十几年来，欧美国家普遍存在"去工业化"现象，以西班牙、法国、英国、比利时等国尤为严重，主要涉及纺织与服装、汽车等传统制造业。在"去工业化"进程中，欧美国家过度发展第三产业，特别是金融业等虚拟经济，造

成国内实体经济相对疲软、滞后，这种"虚实倒挂"的不合理结构正是引发美国次贷危机、欧盟债务危机的重要根源之一。在这些危机爆发后，欧美国家陆续启动"再工业化"战略，重新重视和发展以制造业为代表的实体经济，以提升"再工业化"进程。欧盟建立了欧洲创新技术学院，实施联合技术倡议，重点研发卫星监测环境与地球安全、微电子工艺燃料电池、药物创新等技术与工艺。美国宣布设立国家制造业政策办公室，促进各政府部门在制定和执行制造业产业政策时的协调，并推动美国制造业复苏和出口。实际上，"再工业化"战略并非遵循各部门均衡发展的思路，而是依托欧美国家的现有技术优势，重点发展生物技术、风力发电、纳米技术、空间技术、电动汽车等现代高新技术产业，以此改造传统制造业，创造新的经济增长点。

**（四）高新技术产业集群成为产业转型升级的重要载体**

历史经验表明，产业集群化发展是工业化进程中不可避免的重要内容和趋势。20 世纪后半叶，在世界范围内出现了大量产业集群案例，如"第三意大利"的中小企业集群、美国硅谷和波士顿 128 号公路的高科技企业集群、印度班加罗尔的软件开发业集群以及中国台湾新竹的光电子产业集群等。20 世纪 80 年代，为迎接世界新技术革命，加快国内新兴产业发展，中国政府提出"要在全国选择若干智力密集区，采取特殊政策，逐步形成具有不同特色的新兴产业开发区"的设想。此后，在"863"计划、"火炬"计划和北京中关村科技园区示范效应的推动下，各省、自治区、直辖市纷纷围绕战略性新兴产业创办各级、各类高新技术产业开发区。吸引具有技术、资金和生产关联的企业在高新区内聚集，有利于促进知识和技术的转移扩散，从而降低企业的创新成本；有利于企业之间开展交流与合作，从而营造良好的自主创新氛围；有利于产生资源共享效应，从而形成"区域品牌"，提升区域内集群产业的整体竞争力。经过二十几年的发展，高新区在促进科技创新和产业化发展以及带动和辐射区域经济发展方面发挥了日益重要的作用。

**（五）第三次工业革命的兴起**

世界经济在历经"工业化"、"去工业化"、"再工业化"的螺旋式发展循环过程中，逐步进入以数字制造技术、互联网技术和再生性能源技术的重大创新与融合为标志的第三次工业革命时代。第三次工业革命可能导致工业、产业乃至社会发生重大变革，这一过程不仅将推动一批新兴产业诞生与发展以替代已有产业，还将导致社会生产方式、制造模式甚至生产组织方式等方面的重要变革，最终使人类进入生态和谐、绿色低碳、可持续发展的社会。第三次工业革命主要涉及五大方面的变革：一是能源生产与使用革命。即经济、社会的发展，必须改变过度依赖日趋枯竭的不可再生资源的模式，在理念、技术、资源配置、消费习惯、社会组织等诸多方面实现转型，开发和利用可替代的再生性能源。二是生产方式变革。新的生产方式是以互联网为支撑的智能化大规模定制方式，意味着个性化消费时代的到来。三是制造模式变革。即在制造业数字化技术创新支撑下，实现从削减式制造到叠加式制造的转型。四是生产组织方式变革。由目前的"集中生产，全球分销"转变为"分散生产，就地销售"。五是生活方式变革。即消费过程与生产过程同时进行①。

# 第二节　中国制造业发展的总体现状

改革开放以来，中国制造业融入国际分工网络的程度不断加深，步伐不断加快，已成为世界制造业不可或缺的一个组成部分。

## 一、中国制造业在全球分工体系中的地位

改革开放以来，特别是 20 世纪 90 年代以来，中国制造业持续高速发展，在贸易地位、产品竞争力、出口结构等方面都实现了较大的提升和改进，使中国在全球制造业分工体系中的重要地位不断凸显。

### （一）对外贸易总量和份额迅速提高

1980～2010 年，中国货物进出口总额从 381.4 亿美元增至 29728 亿美元，年均增长 15.6％，比同期世界货物进出口总额的年均增长率（6.8％）高出 1 倍多。其中，出口总额从 181.2 亿美元增加到 14306.9 亿美元，年均增长率为 16.9％，是同期世界货物出口总额的年均增长率（7.7％）的 2 倍多。此外，中国在世界贸易体系中的地位也大幅提升。1980 年，中国在世界出口总额中的占比不到 1％，位居世界第 26 位；1990～2000 年，这一比重从第 15 位上升

---

① 芮明杰：《第三次工业革命的起源、实质与启示》，《文汇报》2012 年 9 月 17 日。

到第 7 位；2007～2010 年，中国占世界出口总额的比重进一步从 8.7％上升到 10.7％，2009 年以来一直保持世界第一大出口国的地位。对外贸易的快速发展反映出中国参与国际产业分工和经济全球化的进程日益加深，中国制造业在世界经济体系中正发挥着越来越重要的作用。

**（二）高附加值产品竞争力逐步增强**

中国制造业的比较优势过去主要表现在低附加值的最终消费品上，专业化生产领域多集中在全球价值链的中低端环节。近十多年来，通过不断融入国际生产网络，中国制造业在附加值较高的中间品和资本品上的国际竞争实力也在逐步增强。1998～2010 年，中间品出口贸易份额从 3.2％上升到 8.6％，高附加值的零部件出口份额从 1.8％上升到 8.7％，而低附加值的初级产品出口份额则由 1.9％下降到 1.1％。中国制造业的专业化领域逐渐由价值链低端向中高端转移，说明中国已不再是简单的"原材料加工基地"，而是逐渐以"制造基地"的角色参与到新一轮的国际产业转移和分工中。

**（三）高技术产品出口比重不断扩大**

目前，中国已成为世界高技术产品的最大出口国①。1992 年，中国、美国、日本和德国高技术制造业出口占世界出口总额的比重分别为 1.52％、21.72％、16.52％、9.89％；2000 年，上述各比重依次变化为 3.70％、18.12％、10.07％、6.98％；2003 年，中国的比重上升到 8.31％，超过日本（7.87％）和德国（7.96％）；2006 年，中国的比重进一步上升到 13.16％，略高于美国（12.5％），显著高于日本（5.98％）和德国（8.25％）；2010 年，中国高技术产品出口额达到 4924 亿美元，其规模已跃居世界第一。然而，中国出口的高技术产品，其生产所需的关键零部件仍要从美国、日本等国进口，国内企业主要承担产品的加工组装环节，说明中国尚未真正成为高技术的创造者和输出者，在全球价值链上并不具有明显的技术优势，参与国际分工仍主要以成本优势见长。

## 二、中国制造业发展的比较优势

在新一轮的国际产业转移浪潮中，中国市场化水平的提高、全方位开放格

---

① 文东伟、冼国明：《中国制造业的出口竞争力及其国际比较》，《国际经济合作》2011 年第 2 期，第 4～10 页。

局的形成、工业体系的完善以及土地、劳动力、政策等成本优势与跨国公司在全球范围内寻求最佳价值链布局的经营战略相吻合。在此基础上，中国成为主要的世界制造业基地的趋势日益明显。

### （一）劳动力成本相对较低且素质提高

近几年，中国各地区都不同程度地提高了最低工资标准，导致中国劳动力成本有所上升，但与发达国家相比，中国的劳动力成本仍有较大的比较优势空间。2010 年，中国制造业雇员的月平均工资为 2505 元（约为 378.4 美元），这一工资水平仅仅是美国的 10%、英国的 7%、日本的 12%。同时，中国也加强了人力资源培训以全面提高劳动者素质。《中国人力资源状况白皮书 2010》的统计资料显示，近几年中国逐步构建了分层分类的专业技术人才继续教育体系，形成了以需求为导向、政府主导与企业自主相结合、个人履行义务与自觉自愿学习相结合的继续教育运行机制。2009 年，全国专业技术人员参加继续教育达 3000 万人次。与其他发展中国家和地区，特别是印度、东亚等国家和地区相比，中国长期以来的成本优势确实会因为劳动力成本上升而受到冲击和削弱。然而，中国却在产业技术水平、基础设施环境等方面赢得了竞争优势。因此，这种劳动力成本优势和产业技术优势的双重叠加将有力促使中国在新一轮世界制造业转移浪潮中取得得天独厚的制胜先机。

### （二）消费品市场需求潜力大

目前，中国消费品市场具有较大的需求空间。2010 年，中国社会消费品零售额在扣除价格因素影响后的实际增长速度接近 18.4%。在当前调结构、扩内需的背景下，中国的消费品市场需求有进一步扩大的趋势。在消费环境方面，城市居民最低生活保障标准和企业最低工资标准稳步提高，有利于全面增加居民收入，住房、汽车等消费政策日益完善，个人诚信体系建设加快，这些都促使国内消费环境不断优化。在消费热点方面，以人均收入超过 3000 美元为标志的中等收入人群在中国正处于成长和扩大阶段，据估计，这一群体的规模目前已达 2.4 亿人左右，未来有望进一步扩大，由其主导的住房、汽车、旅游、教育等消费热点将带动消费需求增长。在税赋负担方面，近几年中国的个人所得税起征点不断上调至目前的 3500 元，这一税制改革举措无疑有助于提升工薪阶层的可支配收入水平，从而增强国内消费品市场的购买力。在城乡一体化方面，截至 2010 年，中国城市化水平始终保持每年 1～1.5 个百分点的增速，城市化进程的不断推进将极大地促进城乡居民收入平均水平的提高，促进农村消费向城市消费转变。这些因素相互影响并共同促进国内消费品市场释放出巨大的需求潜力，从而使中国成为国内外制造企业竞相开拓和争夺的市场。

### （三）基础设施配套较完善

基础设施是工业化与制造业发展的重要支撑，当今的制造业中心同时也是物流中心，基础设施的优劣直接关系到经济活动的延展性、运输成本、运输时间和信息流动与辐射，直接影响制造业发展。长期以来，中央及地方政府为扩大内需，拉动 GDP 增长而实施了积极的财政政策，在工业园区基础设施建设以及交通、水利、能源、通信、环保等基础设施建设方面创造了良好的投资环境，使国内基础设施状况明显改善，也为中国制造业的发展提供了强有力的支撑和保障。与其他国家和地区相比，中国各级相关政府在加强基础设施建设上所发挥的作用都非常突出。另外，从国家和地方的"十二五"规划看，未来几年仍然是市政公用事业大发展的历史机遇期，无论是调整经济结构还是保障和改善民生，都会促使各级政府更加重视城市基础设施建设。

## 三、中国制造业存在的主要问题

尽管具备一些明显的比较优势，但中国制造业在谋求转型升级和创新发展的进程中也面临着不少问题和挑战。

### （一）中国制造业处于国际产业链的中低端环节

尽管近些年国内高技术产业取得了较大发展，但中国制造业参与国际产业链分工的比较优势仍主要体现在低成本上，产业竞争力集中于低附加值、劳动密集型的加工和组装环节，对国外核心技术和关键零部件的依赖性较大，从而导致中国仍主要处于国际产业链的中低端，所获取的利益空间十分有限。世界营销大师科特勒曾披露，由中国贴牌加工并在美国纽约销售的"BOSS"牌衬衫，其渠道商通常获取销售利润的 60%，品牌商获取 30%，而中国制造商仅获取 10%。在竞争激烈时，中国的出口加工企业有时还为抢夺订单而报出 8% 的低价。不仅在纺织服装领域，在中小型家电、集成电路等领域也是如此。由于不能自主掌控产品生产的核心技术和上游价值链环节，一旦国际经济形势发生波动，必将对低端制造环节企业的资金链产生巨大冲击，从而牵制中国制造业和国民经济的平稳、健康发展。另外，与中国毗邻的其他国家如越南、印度等，其劳动力、原材料价格低廉的比较成本优势逐渐凸显。因此，中国制造业若不尽快摆脱以加工贸易为主的发展模式，加快对核心技术的自主研发，将会在全球价值链分工中处于更为尴尬的境地，"中国制造"向"中国创造"转型也会面临更大挑战。

**（二）中国制造业缺乏具有国际竞争力的大型公司**

2010年进入世界企业500强名单中的中国制造企业共有14家，中国石油化工集团公司位列第7位，其余13家中国企业则主要集中于第182～450位（见表4.1）。与国外同行企业相比，中国制造企业在规模竞争力上处于相对劣势，排名主要分布在后端。即使是排名第7的中石化集团，其营业收入和利润也只是世界三大能源巨头（荷兰皇家壳牌石油公司、美国埃克森美孚公司和英国石油公司）平均水平的68.9%和35.7%。另外，从行业构成看，规模较大的中国制造企业主要来自能源、冶金和汽车行业，只有华为一家科技型企业。这再次说明中国制造业在国际市场中的竞争优势仍主要体现在产品价值链的原材料以及相对成熟的基础技术环节，在产品设计、技术研发等高端环节以及高技术产业领域则缺乏具有强劲国际竞争力的大型公司。

表4.1　2010年世界企业500强中的中国制造业企业

| 企业名称 | 营业收入<br>（百万美元） | 名次 | 企业名称 | 营业收入<br>（百万美元） | 名次 |
|---|---|---|---|---|---|
| 中国石油化工集团公司 | 187518 | 7 | 中国航空工业集团公司 | 25189 | 330 |
| 东风汽车公司 | 39402 | 182 | 中国五矿集团公司 | 24956 | 332 |
| 上海汽车工业（集团）总公司 | 33629 | 223 | 中国兵器工业集团公司 | 24150 | 348 |
| 中国第一汽车集团公司 | 30237 | 258 | 华为技术有限公司 | 21821 | 397 |
| 中国兵器装备集团公司 | 28757 | 275 | 江苏沙钢集团有限公司 | 21419 | 415 |
| 宝钢集团有限公司 | 28591 | 276 | 武汉钢铁（集团）公司 | 20543 | 428 |
| 河北钢铁集团有限公司 | 25924 | 314 | 中国铝业公司 | 19851 | 436 |

资料来源：笔者整理。

### (三) 中国制造业提升自主创新能力任重道远

目前，中国大部分制造企业的技术研发和创新能力仍然较薄弱，生产所需的关键零部件大多依赖进口，尚未掌握新产品开发的主动权。对电子元器件等较高技术领域而言，情况也如此。这些产业大都由大型跨国公司主导，外资企业资产占到产业总资产的比重达到 50% 以上，一些细分行业更高达 65% 以上。然而，外资企业在华投资是其产品价值链全球布局战略使然，更多看重的是中国以比较成本优势为基础的在加工组装环节上的竞争力，真正决定产品价值的研发、设计环节仍保留在跨国公司的母国总部。因此，要实现"中国制造"向"中国创造"成功转型，增强中国制造业在核心技术上的自主研发能力是根本途径。国际金融危机后，欧美国家重新重视和发展制造业，全球产业竞争更为激烈。在这一背景下，中国制造业自主创新能力的提升更为紧迫和严峻。一方面，欧美国家的"再工业化"战略旨在用现代高技术改造国内的传统制造业，重振其产品的国际竞争力，从而增加了中国相关制造业产品争夺国际市场的难度；另一方面，欧美国家的"再工业化"战略还更加注重新兴产业的发展，依托其现有的技术领先优势，更易于先行抢夺产业发展周期的制高点，使中国同类产业面临着"始终处于后发者行列"的窘境。从根本上讲，创新型、高素质的专业研发人才是提升自主创新能力的关键。但对中国制造业而言，人才匮乏是一个长期未得到根本解决的"短板"问题。《中国科技统计年鉴》(2011) 的统计数据显示，2010 年中国每万人劳动力中从事 R&D 活动的研究人员仅为22 人，这一比例约为美国的 22%、日本的 20% 以及英国的 26%。究其主要原因，一是对国内人才培育不足，二是对国外特别是"海归"人才吸引力度不够。然而，人力资源储备无论在量还是在质上提高都不可能一蹴而就，因此，中国制造业提升自主创新能力任重道远。

## 第三节　国内外环境对滨海新区工业发展的主要影响

滨海新区作为我国先进制造业和研发转化基地，理应成为我国制造业转型升级的"领跑者"，通过不断努力，积极探索一条富有内生动力的制造业发展之路。

## 一、新一轮国际产业竞争对滨海新区工业转型提出迫切要求

滨海新区在"十二五"规划纲要中明确提出，到 2015 年基本建成先进制造业和研发转化基地，成为高端产业聚集区和科技创新领航区。为达到这一目标，加快促进工业结构向高端化、高新化和高质化方向迈进，实现产业转型升级和创新发展，已成为滨海新区应对新一轮国际产业竞争的唯一途径。因为国际金融危机爆发以来，世界经济形势复杂多变，传统产业受到挑战，一批新的产业正在涌现。特别是欧美国家陆续由"去工业化"转向"再工业化"，再到第三次工业革命，使我国实现工业结构转型升级所面临的局面更为迫切和严峻。欧美国家的"再工业化"将利用现代高技术对传统制造业进行改造，从而提升传统制造业产品的市场竞争力，这无疑进一步加大了我国发展出口贸易、开拓海外工业品市场的难度；第三次工业革命，欧美国家很可能凭借已有的技术领先优势，在新一轮产业生命周期中抢先占领制高点，以巩固在国际产业竞争中的主导地位，迫使我国在相同的产业领域处于后发劣势，并陷入技术引进、吸收、再引进、再吸收的"低水平循环陷阱"。

## 二、自主创新是滨海新区建设研发转化基地的根本途径

自主创新是研发转化的起点，没有自主创新，滨海新区建设现代制造业研发转化基地就成为无源之水、无本之木。在全球价值链分工格局中就无法掌控产品设计、技术研发等高附加值环节，参与不了生产技术的原始创新过程，自然就谈不上对研发转化的需求。因此，滨海新区要建成现代制造业和研发转化基地，就必须通过多种途径来提高自主创新能力。第一，聚集创新创业人才，大力引进国家"千人计划"、"百千万人才工程"中的优秀人员，定期邀请国内外卓越的学者、企业家来滨海新区举办经验交流会，介绍相关领域的前沿技术、管理方法；第二，优化创新创业环境，从薪酬激励、生活服务、科研资金支持、知识产权保护等方面营造良好的创业创新氛围；第三，完善创新创业平台，继续吸引国内外知名科研机构入驻滨海新区，并围绕战略性新兴产业和优势产业，加强产学研协同创新以及专业孵化器建设，加快形成一批具有自主知识产权的关键技术、产品和标准，加快科技成果转化；第四，培育科技小巨人

企业，鼓励科技人员领办、创办科技企业，保证创新要素、政策适度向科技企业倾斜，并根据企业的成长阶段选择一批创新能力强、细分市场占有率高的重点中小型科技企业予以资金、人才等方面的支持，从而增强滨海新区的创新实力和市场竞争力；第五，拓展科技金融服务创新，探索科技债券、风险代偿金、知识产权质押等新型融资方式，推进科技型中小企业"打包贷款"、信用互保，建立科技担保与再担保基金、科技企业信用征集与评价系统等，努力将滨海新区打造成为科技金融服务发达的地区。

### 三、循环经济成为滨海新区工业可持续发展的新方向

目前，环境变化和资源消耗日益成为困扰世界工业可持续发展的突出问题，"低碳经济"和"循环经济"逐步成为全球产业结构调整的热点。"十二五"期间，中国政府也继续制定了严格的节能减排目标，倡导并推动"低碳经济"和"循环经济"的发展。由于滨海新区的重化产业比重较高，环境容量约束凸显，新一轮节能减排难度加大，这就要求滨海新区大力发展循环经济，培育循环经济企业，围绕战略性新兴产业和优势产业，形成航空航天、石油化工、装备制造、电子信息、生物医药、现代冶金、粮油加工等行业的循环经济产业链，引入补链企业和辅助性企业，形成生态型产业共生网络，以确保节能减排任务的顺利完成。另外，在技术贸易壁垒、绿色贸易壁垒愈演愈烈的国际环境下，滨海新区要继续推动外向型经济的发展，就必须坚持绿色制造的理念，在设计、制造、包装、运输、消费到报废处理的整个产品生命周期中，实现对环境负面影响最小，资源利用效率最高。

### 四、区域竞争加剧使滨海新区面临更大的发展压力

以 2005 年上海浦东新区和 2006 年天津滨海新区为开端，中央政府开始在全国范围内选择一批有特点的代表性区域进行综合配套改革，截止到目前，经国务院批准设立的国家综合配套改革试验区的数目已达到 10 个，包括上海浦东新区、天津滨海新区、成渝地区、长株潭地区、深圳市、沈阳经济区、山西省、厦门市、义乌市、温州市。虽然不同地区综合配套改革的战略重点有所不同，但可以预见，在国家重点区域发展战略全面铺开和先行先试权力分散化的形势下，区域竞争将愈演愈烈，滨海新区将面临更为严峻的发展压力和挑战。

因此，滨海新区工业发展除了要继续充分利用政策优势外，更需要尽快培育起自身独特的竞争优势，即通过把握聚集高端环节、优势资源转化、营造产业氛围等关键要素，走出一条以招商引资促进规模扩张、以官产学研用紧密衔接营造研发转化基地、以创新式融合实现工业与服务业有效对接、以与邻近区域产业实现网络化和链条化的创新发展路径。

# 第二篇　产业篇

# 第五章
## 滨海新区电子信息产业

进入 21 世纪以来，随着云计算、物联网、移动互联网等新兴技术的发展，电子信息产业发展面临重大突破，随之而来的是产业发展模式的重大变革。在这一背景下，每一个地区电子信息产业的发展都需要把握新一代信息技术发展趋势和全球电子信息产业发展模式变革特点，深入了解自身的发展现状，于变革中看到发展先机。天津市滨海新区紧紧抓住新一代信息技术变革的机遇，以重大项目为引导，以内生增长和创新为导向，在全球电子信息产业发展面临变革的背景下，电子信息产业在历经近二十年的辉煌之后正面临二次腾飞。

## 第一节　电子信息产业发展的国际趋势

随着世界分工格局的变化，以大专业门类为基础的产业分工逐步向精细化的产品工序间分工转化，大型跨国公司在全球化产业布局时采取垂直一体化、非核心生产环节外包及在他国投资建厂等多种方式的战略安排，形成了以跨国公司为主导的世界范围内的生产网络。

### 一、技术研发、品牌营销等高附加值生产环节成为跨国企业竞争的核心

电子信息产品更新换代日新月异，具有创新垄断性的技术研发环节与具有消费引导性的品牌营销环节攫取了产品价值链中的绝大部分利润，成为企业之间竞争的核心。跨国企业将主要资金与精力集中在高附加值生产环节，而将制

造加工环节外包，从而形成了以日欧美为主的电子信息跨国企业在技术开发领域之间的竞争愈演愈烈，中国、东南亚与拉丁美洲等国在制造加工环节展开竞争的现象。日本、欧洲、美国企业掌握并控制了自身领域的关键技术，获取了超额利润并树立了行业领袖地位。

## 二、全球电子信息产业的空间集聚现象日益突出

规模经济与技术外溢导致全球电子信息产业在空间分布上高度集中。一是大型跨国企业的竞争型空间集聚。无论是研发、制造还是销售，同类产品的供应商总是自发地聚集在一起，在技术开发及生产、销售市场上形成竞争。二是产业链上下游及配套企业的合作型空间集聚。由于产品分工的细化和价值链条的延伸，电子信息产业上下游及配套企业表现出相互依存的紧密关系，在空间分布上也相对集中。三是各国政府政策诱导型空间集聚。为加速当地经济发展，各国政府大力推动产业园区建设，引导电子信息产业相关企业向园区迁移。

## 三、产业融合发展成为大势所趋

融合发展是当今电子信息产业发展的显著特征之一。随着软件与硬件、制造业与运营业、信息产业与传统产业之间行业壁垒的逐渐模糊，产业融合渐成趋势，主要表现在：一是IT技术产品服务化。如云计算将IT资源及信息以按需、易扩展的方式向用户提供。二是产业链体系重构。对终端、网络、软件、内容、服务等各环节进行整合，如苹果公司成功地构建了基于iPhone的个人通信和娱乐产业链。产业融合发展更多地体现为组织形态和业务模式创新，而非单纯的技术创新，这有利于中国电子信息产业克服技术差距，通过新组织、新业态来加快实现跨越发展。

## 四、云计算成为发达国家和全球著名IT企业布局新一代信息技术的竞争重点

自2007年云计算概念被提出以来，包括IT、互联网和通信业各大企业纷纷将其作为下一代的业务重点发展方向，投入巨资进行前沿技术研发和标准研究，希望在云计算领域占据主导地位。微软、IBM、谷歌、亚马逊等企业都已推出了云计算相关产品。据预测，云计算产业的增长速度将是传统IT行业的

6倍，未来5年全球云计算服务市场年均增长率将超过30％。信息产业强国纷纷将云计算纳入战略性产业范围，从政策、标准、政府应用等方面制定了长期发展战略，部分国家已开始部署国家级云计算基础设施。

# 第二节 天津市电子信息产业发展基础与现状[①]

天津作为首批国家级电子信息产业基地之一，在全国占有重要位置。电子信息产业连续多年保持天津国民经济第一支柱产业的地位，产业总体水平处于国内前列。经过多年发展，天津电子信息产业已经具有了一定规模，形成了一批独具特色的产业聚集区和一些优势领域。

## 一、产业规模与效益居全国前列

2009年，天津电子信息产业工业总产值排在全国第五位，占全国总产值的比例为4.62％（见图5.1）。全国电子信息产品制造业实现工业增加值7865.05亿元，其中天津占全国的比例为3.87％（见图5.2），排名全国第七。全国电子信息产品制造业实现利润1647.95亿元，江苏、广东、山东分列前三名，天津排在第四位，占全国的比例为4.89％。

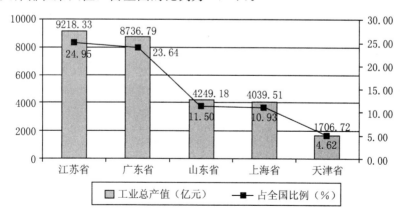

**图5.1　2009年电子信息产业工业总产值全国前五**
资料来源：天津市科技信息研究所：《做优做强天津市电子信息产业的对策研究》。

---

[①]　参见天津市科技信息研究所：《做优做强天津市电子信息产业的对策研究》。

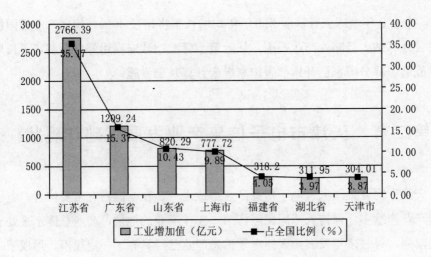

图 5.2　2009 年电子信息产业工业增加值全国前七

资料来源：天津市科技信息研究所：《做优做强天津市电子信息产业的对策研究》。

## 二、形成多个优势产业集群

经过多年发展，天津市电子信息产品制造业已经形成了一批市场前景广阔、具有较强竞争力的行业。通信设备制造业形成了以移动通信终端设备（手机）为主导产品的产业集群；电子元器件行业形成了以龙头企业三星电机、罗姆半导体、通用半导体、西迪斯、松下电子等为核心的元器件产业集群；数字视听行业聚集了三星电子等知名企业，彩电、数码摄像机、数码相机、激光视盘机等主要产品产量居于全国前列。此外，天津市在高性能计算机服务器、软件和信息服务业以及人工智能领域也培育出一批技术水平国际领先或者国内领先的重点企业和产品。曙光公司的"星云"高性能计算机在 2011 年第 35 届全球超级计算机"TOP500"中以每秒系统峰值 3000 万亿次、每秒实测值达到 1.271 万亿次的速度取得了全球第二的成绩。

## 三、产业结构日益合理和优化

天津市电子信息产业不断加强产品结构调整，扩大产品范围，在巩固传统优势产品的同时，积极发展高端产品，取得了较为明显的成效（见图 5.3）。一方面传统优势产品，如手机和电子元件等通过开拓市场，不断稳定在全国的行业领先地位；另一方面高端产品发展迅速，涌现出一批高技术、高品质、高附加值的产品，曙光高性能计算机在高性能计算领域实现了国产机对进口产品的超越，自主知识产权产品超快恢复高压硅堆达到世界领先水平，高性能 32 位加密 SD 卡单芯片达到了国际先进水平，区熔硅单晶领域的生产优势进一步增强。

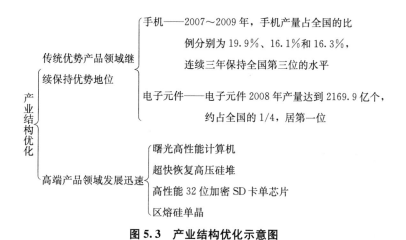

**图 5.3　产业结构优化示意图**

资料来源：笔者整理。

## 四、软件产业实力不断增强

天津市软件产业规模保持稳步增长的态势，软件业务收入在量上不断实现突破，软件业务收入从 2006 年的 117.7 亿元增加到 2009 年的 201 亿元，平均增长 20.4%（见图 5.4）。此外，天津市软件企业实力逐步增强，全市从事软件开发、销售和服务的软件企业从 2006 年的 500 多家，增长到 2009 年的 700 多家，增加了 40%，业务收入过亿元的企业从 4 家增加到 27 家，增加了近 6 倍。

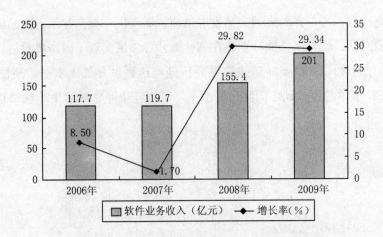

**图 5.4  2006～2009 年软件业务收入及增长率**

资料来源：天津市科技信息研究所：《做优做强天津市电子信息产业的对策研究》。

## 五、产业创新体系逐步完善

天津市电子信息产业创新体系建设步伐不断加快，知识创新体系和技术创新体系逐步健全，初步形成了以重点实验室、工程（技术）研究中心等为主体的知识创新体系，逐步建立起了以国家级企业技术中心为核心，市级企业技术中心为骨干，企业级技术中心为基础的产学研相结合的技术创新体系。截至2010 年底，电子信息领域共有国家级重点实验室 3 个，国家级工程（技术）研究中心 4 个，天津市重点实验室 5 个，天津市研究中心 2 个（见表 5.1），国家级企业技术中心 1 个，市级企业技术中心 35 个。

**表 5.1  天津市电子信息领域主要创新机构**

| 机构类别 | 机构名称 | 依托单位 |
|---|---|---|
| 国家部委级重点实验室 | 光电信息技术科学重点实验室 | 天津大学、南开大学 |
| | 弱光非线性光子学材料及其先进制备技术重点实验室 | 南开大学 |
| | 显示材料与通讯技术教育部重点实验室 | 天津理工大学 |

| 机构类别 | 机构名称 | 依托单位 |
|---|---|---|
| 国家级工程技术研究中心 | 新型电源国家工程研究中心 | 电子工业部十八研究所 |
| | 计算机防病毒技术国家工程研究中心 | 国家计算机防病毒应急处理中心 |
| | 薄膜光电子技术工程研究中心 | 南开大学 |
| | 通讯器件与技术工程中心 | 天津理工大学 |
| 天津市重点实验室 | 天津市薄膜电子与通讯器件重点实验室 | 天津理工大学 |
| | 天津市光电子薄膜器件与技术重点实验室 | 南开大学 |
| | 天津市光电显示材料与器件重点实验室 | 天津理工大学 |
| | 天津市智能信号与图像处理重点实验室 | 中国民航大学 |
| | 天津市薄膜光学重点实验室 | 中国航天科工集团八三五八研究所 |
| 天津市研究中心 | 天津市光电子联合科学研究中心 | |
| | 天津市数字信息技术研究中心 | |

资料来源:《天津市科技统计年鉴》(2011)。

# 第三节 滨海新区电子信息产业发展现状与特征

自 1992 年国际手机巨头摩托罗拉入驻天津经济技术开发区以来,滨海新区的电子信息产业一直坚持走高起点、国际化和规模化的发展之道。通过引入全球跨国巨头,完善投资配套环境,相关领域的电子信息企业不断聚集新区,产业链不断延长和完善。在"十一五"期间,滨海新区电子信息产业引入一批高端项目,自主创新步伐不断加快,已经基本完成了传统产业结构向新一代信息技术和产业转型的初期准备,并蓄势开始二次腾飞。

## 一、会聚国内外巨头,产业集聚现象越发明显

滨海新区"先行先试"等各项优惠政策,吸引了大批优秀企业向新区聚

集。世界 500 强的三星电子、摩托罗拉、IBM 等企业纷纷将滨海新区作为未来的主战场，抢占中国消费市场。继中兴通讯、中国移动、中国联通、威盛电子落户之后，展讯通讯、大唐电信、德信通讯、诺金联凯等电信企业为主体的新兴产业巨头也陆续入区，电子信息产业向天津滨海新区集聚现象越发明显。

## 二、历经辉煌与低谷，蓄势二次腾飞

从 20 世纪 90 年代起一直到"十五"期末，滨海新区生产制造的多个电子产品产量曾连续多年位居国内第一或领先地位，如摄录放机、手机、电子元件等 20 多种电子产品。同时，在滨海新区电子信息产业快速发展带动下，电子信息产业位居天津市第一大支柱产业地位，产值占天津市工业总产值的近 30%，行业利润曾经排名全国首位，远远超过同期的上海和北京，滨海新区的电子信息产业产值为天津市贡献了 70% 以上的份额。

然而自 2006 年以来，滨海新区电子信息产业在国内区域竞争和产业调整趋势下开始进入转型和调整阶段，尤其是 2007 年金融危机所带来的外部经济冲击，对滨海新区的电子信息产业产值和出口带来比较大的影响。2008 年滨海新区电子信息产业规模以上工业企业总产值为 1407.58 亿元，到 2009 年该数字下降为 1199.27 亿元，下降了 14.8%。即便如此，2010 年滨海新区电子信息产业总产值仍然保持增长态势，产值达到 1230 亿元。

"十一五"时期可以说是滨海新区电子信息产业转型调整、蓄势发展的关键时期，在这期间，滨海新区引入了一系列高水平的大项目好项目。如电信自主研发基地落户临空产业区，安道思全球研发中心及中国总部在天津空港经济区开工建设，海量信息存储基地落户高新区，"星光中国芯工程"研发中心、中国三星电子国际质量认证研究所、高清数字电视项目等落户开发区。这一系列高端项目和研发项目的投资、实施和产业化，加快了电子信息产业的转型升级步伐，也为滨海新区电子信息产业的再度辉煌蓄积了充足的能量。

## 三、外资占主导，外向型经济特征突出

滨海新区电子信息产业表现出明显的外向型经济特征，从 2010 年滨海

新区电子信息产业的产值贡献额来看，外商及港澳台商投资所占比例高达80％以上，成为绝对主导。从出口交货值看，天津排名全国第五，滨海新区电子信息产业出口交货值占天津市80％以上，电子信息产业的出口导向特征明显。

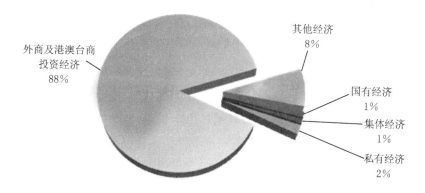

**图 5.5　2010 年滨海新区电子信息产业经济成分构成**
资料来源：滨海新区统计局。

## 四、初步形成多个国内领先的专业特色产业集群

经过二十多年的发展，滨海新区电子信息产业已经初步形成国内领先的多个专业特色产业集群，如移动通信产业集群、电子元器件产业集群、数字视听产业集群、集成电路产业集群、软件和信息服务业集群等。同时，产业集聚效应初步显现，如软件和信息服务业主要集中在高新技术产业开发区，开发区和空港经济区分别在软件出口和服务外包、安防系统、数据存储、嵌入式软件等领域形成发展优势。

## 五、新兴优势领域和特色领域内品牌产品不断涌现

近年来，滨海新区在数据库、嵌入式软件、超级计算等领域逐步形成一批优势特色产品。晶奇微电子公司已研发完成 6 款图像传感器芯片，申请了 10 项国内外专利；天津通广微电子有限公司研制成功国内第一个数字电视（DTV）机顶盒芯片；天津南大强芯半导体芯片设计有限公司的第二代电源保护管理芯片，产品技术水平处于国际领先地位；天津中晶微电子有限公司自主

研发的以太网接口芯片同样填补了国内空白。目录数据库在我国 CA 安全认证领域中占据 80％以上的市场份额，"天地伟业"商标被认定为"中国驰名商标"。南开创元目录服务系统 ITEC-iDS 等在国内市场具有较强的竞争力。此外，以超级计算机为支撑的云计算领域已经位居全国领先水平。

## 六、产业链较完整，重点产品优势突出

经过多年快速发展，滨海新区电子信息产业基本上形成以移动通信、微电子、汽车电子、显示器、电子元器件和家庭视听设备等重点产品生产企业以及相关的配套企业组成的产业群。部分产品在市场上已有相当的影响力，如通信设备、电子器件、电子元件等都是滨海新区电子信息产品的重点产品。2010年，滨海新区电子信息产品中通信设备制造业产值占比高达 50.03％，优势突出（见表 5.2）。

表 5.2　2010 年滨海新区电子信息各行业的产业总产值占比　　　单位：％

| 产业 | 比例 | 产业 | 比例 |
|---|---|---|---|
| 通信设备 | 50.03 | 电子元件 | 17.07 |
| 广播电视设备 | 0.35 | 家用视听设备 | 6.52 |
| 电子计算机 | 1.60 | 其他电子设备 | 1.21 |
| 电子器件 | 23.23 | | |

资料来源：滨海新区统计局。

## 七、国家级科技产业化基地和龙头项目为未来发展蓄积充足能量

滨海新区拥有国家级科技产业化基地、国家软件出口基地，同时也是国家软件与服务外包示范区、国家"863"软件基地，聚集了天津市 70％的软件企业。2010 年，滨海新区软件业务收入占天津市总量的 90％。集成电路设计产业化基地内聚集了中环半导体、展讯、环欧、飞思卡尔、南大强芯、中芯国际、日本罗姆等国内外知名 IC 设计企业，以天津市 IC 设计中心和滨海集成电路设计服务中心为载体，已建成集设计服务、孵化服务、优惠政策为一体的综合性技术平台，未来努力打造一流的 EDA 软硬件服务平台、产业支撑服务平

台、验证测试服务平台、人才培训服务平台和企业孵化服务平台。国家动漫产业综合示范园、国家动画产业基地位于中新生态城内，设计理念为"主题公园式"的高技术产业基地，现已聚集了40多家较有规模的动漫企业，未来努力发展成为具有国际影响力的动漫产业园和动画产业基地。

# 第四节　滨海新区电子信息产业发展方向与趋势

滨海新区电子信息产业历经二十多年发展，既为滨海新区的经济腾飞做出了巨大的贡献，也为自身产业发展积累了深厚的基础。然而，在新的国际国内发展环境下，在新一代信息技术发展带来的产业内在变革趋势下，滨海新区电子信息产业从结构到产品、从生产制造到研发、从技术创新到管理和组织创新等多方面均处转型与变革之中。从滨海新区电子信息产业未来发展方向与趋势上看，具有以下特征：

## 一、高端高新项目引领滨海新区在新一代信息产业竞争中获取优势

滨海新区在"十一五"期间投资的多个大项目好项目不仅为滨海新区电子信息产业的转型发展和第二次腾飞奠定了坚实的基础，而且也为"十二五"期间持续吸引后续的高端高新项目带来强大的内在吸引力。如三星OLED模组、中芯国际8英寸集成电路芯片制造项目、中兴通讯北方制造基地项目、曙光高性能服务器、爱国者移动存储设备项目等的实施，不仅成为产业新的增长点，有效填补了产业链高端环节的空白，增强了区域辐射效应，而且对未来持续的高端高新项目的落户产生了强大的带动效应。"十二五"期间，云计算高性能服务器及云容灾系统平台等高端高新项目的持续落户将引领滨海新区在新一代信息技术产业竞争中获得新的优势地位。

## 二、由以制造为主，向"制造＋服务"、"制造＋研发"方向转变

滨海新区电子信息产业在最初发展的二十多年中积累了雄厚的制造基础，从"十一五"时期开始，随着一批注重产品研发、设计和系统集成功能的高端项目的引进，滨海新区作为中国北方研发转化基地奠定了基础，展讯设计中

心、中兴通讯 RFID 研发中心、大唐电信 RFID 研发中心、国家超算天津中心、惠普数据中心设计工程有限公司、用友软件、东软、大唐、曙光、神州数码等一批高端软件及新兴信息服务行业内知名企业的聚集，充分显现出滨海新区已经由以制造为主，向"制造＋服务"、"制造＋研发"方向转变。

## 三、LED 和电子元器件等领域的优势将继续巩固加强

滨海新区 LED 产业以三星为龙头，具备一定的封装、应用基础，随着三星继续加大其对于 LED 领域的投入，天津生产基地产能在全球产能中的比重将持续提升，成为其全球战略布局中的重要组成部分和光源产品主要的生产基地。滨海新区在电子元器件产业中已有较为深厚的产业积累，初步形成了较为完善的产业链布局，未来滨海新区在电子元器件的产品结构升级方面将加快速度，积极推动新型电子元器件产业的发展，培育和扶持研发设计企业，并推动应用电子产业实现跨越式发展。

## 四、高性能服务器和软件等领域潜力巨大，成为新的增长点

和国内其他电子信息产业集群相比，滨海新区在高性能计算机服务器、集成电路、嵌入式电子和软件领域具有独占优势。高性能计算机服务器的技术水平和服务能力国内领先，具有独一无二的产品优势和在滨海新区航空航天等高端领域优先发展的需求优势，未来在云计算领域也将获得广阔的发展空间。在集成电路领域，滨海新区云集国内外一流的 IC 设计企业，与滨海新区强大的制造优势相结合，"十二五"期间将获得快速发展。滨海新区在软件领域内的研发设计能力、生产规模和服务能力已经具备相当基础，在多个重大投资项目的实施带动下，该产业将成为滨海新区电子信息产业的一个重要增长点。

## 五、战略性新兴领域使新区抢占新一代信息技术的发展先机

新一代信息技术催生了新的产业领域和发展模式，滨海新区在历经二十多年的发展积累后，借助新一代信息技术发展契机和国家政策支持的良好机遇，在云计算、物联网、信息安全、人工智能和光电子领域将逐步跨越从研发到转化、从培育到生长、从平台建设到产学研结合的一个战略性新兴产业不断成长

壮大的过程。在重点发展云计算等高性能服务器的基础上，将重点投资建设物联网后台信息安全分布式云容灾系统平台等项目，组建物联网产业联盟，建设滨海新区物联网示范区。作为国家信息安全产业基地，滨海新区将重点实施国产实时性广义信息安全容灾复制系统等投资项目，信息安全产业将成为滨海新区电子信息产业发展的一个特色和亮点。

# 第六章

## 滨海新区生物医药产业

21世纪以来，世界医药产业的规模迅速扩张，年均增长率约10%，其中生物技术药的市场规模年均增长超过20%，正在成为推动世界医药产业发展，进而拉动经济增长的重要力量。

## 第一节　国内外生物医药产业发展动态与特征

全球性的金融危机对世界经济造成了巨大冲击，但是金融危机并未对生物医药产业的发展产生显著影响。对生物医药产业而言，由于其需求具有较强的刚性，受危机的波及影响较小，无论在国际还是国内，产业规模都不断壮大。

### 一、医药市场增长速度稳定，产业规模持续扩大

由于发达国家的主销药品陆续失去专利保护以及新兴国家医药市场的强劲增长，2009年全球医药市场规模增长7.0%，达到8370亿美元（见图6.1）。据 IMS Health 公司研究报告预测，2009~2014年，全球药品销售额的增长率将稳定在5%~8%，2014年将突破1.1万亿美元。届时生物医药产业将与信息产业并驾齐驱，成为最具活力和发展空间的新兴产业之一。

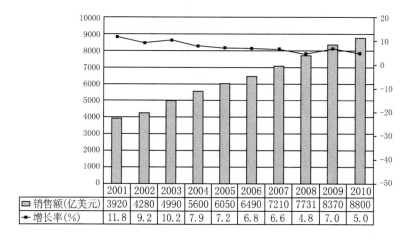

| | 2001 | 2002 | 2003 | 2004 | 2005 | 2006 | 2007 | 2008 | 2009 | 2010 |
|---|---|---|---|---|---|---|---|---|---|---|
| 销售额(亿美元) | 3920 | 4280 | 4990 | 5600 | 6050 | 6490 | 7210 | 7731 | 8370 | 8800 |
| 增长率(%) | 11.8 | 9.2 | 10.2 | 7.9 | 7.2 | 6.8 | 6.6 | 4.8 | 7.0 | 5.0 |

**图 6.1　2001～2010 年全球药品销售额及增长情况**

资料来源：IMS Health 公司研究报告公布数据。

## 二、发达国家保持市场主导地位，新兴市场增长迅速

受到经济发展水平、科技水平、消费观念和社会文化等因素的综合作用，欧美等发达地区仍旧在生物医药市场上居于主导地位。但伴随着新兴经济体的快速成长，全球医药市场将继续向新兴国家转移。2009 年全球医药经济 1/3 的增长来源于新兴市场，2010～2014 年，以亚太和拉美地区为代表的新兴医药市场预计将以 14%～17% 的速度增长，而主要发达国家的医药市场的增长率将仅为 3%～6%。到 2014 年，新兴医药市场的药品销售额的累计增长金额将与发达国家医药市场持平，达到 1200 亿～1400 亿美元。

## 三、各国竞相出台政策措施，加大产业支持力度

世界各国和地区的政府都高度重视生物医药产业，相继出台一系列重大措施支持生物医药产业发展。美国奥巴马政府上台后，大力推行医疗改革制度，放宽仿制药限制，解除了对联邦政府资金支持胚胎干细胞研究的限制；欧盟委员会和欧洲制药工业协会联合会向 15 个公共和私营部门合作项目投资，以促进创新药品上市，提高药物安全性；日本修订了《药事法》，为日本企业在海外建设的合资企业进入日本药品销售市场开辟了道路；印度 2007～2008 年出口欧美市场的药物价值达 72 亿美元，目前正在瞄准专利即将到期

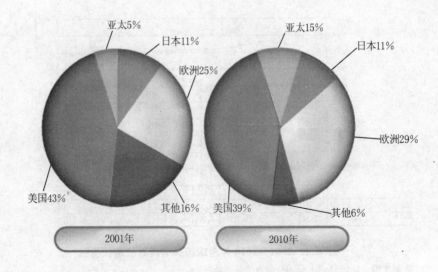

亚太5%
日本11%
欧洲25%
美国43%
其他16%

亚太15%
日本11%
欧洲29%
美国39%
其他6%

2001年　　　　　　　2010年

**图6.2　2001年和2010年全球药品市场分布变化情况**

资料来源：IMS Health公司研究报告公布数据。

的多种重磅药品，力争通过大力发展生物仿制药继续增加其在国际医药市场上的份额。

## 四、跨国企业不断转移初级生产和研发环节，国际化趋势增强

发达国家的大型制药企业为了提升自身竞争力，同时扩大市场份额，正在向发展中国家转移中低端产业环节，并伴有技术扩散的趋势。这表现在：一是转移生产，发达国家逐步减少以至停止生产某些污染较为严重的原料药，并将生产基地转移到发展中国家。二是占领发展中国家市场，跨国制药公司与发展中国家的企业合资或是单独建厂，通过规模化生产来占领发展中国家的普药市场。三是在发展中国家建立研究开发和销售机构。例如，由于在中国做新药临床试验的成本比发达国家至少低一半，同时，新产品上市速度相对较快，跨国药企纷纷来华试验新药，每年斥巨资在中国进行新药后期阶段的临床试验，以加快新产品在中国的上市步伐。

# 第二节　滨海新区生物医药产业发展总体状况

天津是全国重要的医药工业基地。生物医药产业是天津市的优势支柱产业之一，近年来一直保持快速的增长势头，创新能力不断提升，形成了若干具有本地优势和特色的重点领域，引进和培育了一大批具有较强竞争实力的知名企业和品牌，先后被国家发改委、科技部认定为"国家生物产业基地"、"国家医药产品出口基地"和"中药现代化科技产业基地"。

天津市生物医药产业的半壁江山在滨海新区，2010年，滨海新区生物医药行业实现产值188.14亿元，占天津市生物医药产业产值的50%左右。滨海新区生物医药产业主要集中在开发区和高新区两个区域。目前，滨海新区产值过亿元的企业有14家（其中超5亿元的企业有4家），这14家企业的产值占开发区生物医药产业总产值90%以上（诺和诺德和诺维信两家企业产值超40亿元），呈现出大企业主导的态势。

## 一、近十年产业发展速度超过全国

2001～2007年，滨海新区生物医药产业进入高速增长阶段，年产值增长率保持在35%以上，增长速度高于全国平均水平。2008年受到金融危机影响，增速放缓，但是依然达到16.6%的较高增长速度。2009年滨海新区生物医药产业产值达到155.16亿元，比2008年增长50.9%。2010年的产值更是达到188.14亿元，比2009年增长21.26%，高于全国同期平均水平。

## 二、企业实力不断壮大，重点产品优势明显

滨海新区生物医药领域已经形成了具有较强竞争实力的优势企业群。截至2010年，从事生物医药研发生产的企业超过200家，其中制药企业65家，既包括天士力、金耀集团、中新药业等本土大型企业，也包括葛兰素史克、诺和诺德、诺维信等跨国制药巨头。

滨海新区生物医药产业具有良好的发展基础，一些重点产品在全国同领域中优势明显。化学药方面，皮质激素类原料药占全球市场份额约50%，维生

素 B1 产量居世界首位，"三素一酸"产品销量优势继续保持全球领先。在植物药与现代中药领域，滨海新区拥有多个国内领先的产品，如"速效救心丸"是三个国家机密中成药品种之一，尖峰公司的花青素生产目前为国内规模最大，天颖制药技术公司的白蛋白包裹纳米微囊紫杉醇抗肿瘤注射剂处于国内领先水平。生物技术产品方面，华立达公司的 α-2b 干扰素、诺和诺德公司的胰岛素、诺维信公司的酶制剂在销量方面均位居全国首位；昂赛细胞基因工程公司的间充质干细胞治疗产品、协和干细胞存储技术、扶素生物技术公司的治疗艾滋病新药西夫韦肽等产品都在国内居于领先水平。

### 三、现代化中药领域发展潜力巨大

现代中药是天津现代医药产业的优势领域，拥有一批国内外知名产品，中药现代化技术处于国内领先水平。同全国及其他城市相比，滨海新区现代化中药产业经济效益比较好。从行业利润率来看，2010 年滨海新区中药产业的利润率达到 23.90%，不仅远远高于全国平均水平 9.87%，也远高出北京14.95%的水平（见表 6.1）。

表 6.1　2010 年滨海新区中药产业经济运行指标比较　　　　单位：亿元

| 地区 | 全行业 | | | 中药 | | |
|------|--------|--------|----------|--------|--------|----------|
|      | 营业收入 | 利润 | 利润率（%） | 营业收入 | 利润 | 利润率（%） |
| 全国 | 7963.70 | 808.17 | 10.15 | 2129.69 | 210.24 | 9.87 |
| 北京 | 271.95 | 41.70 | 15.33 | 57.33 | 8.57 | 14.95 |
| 上海 | 318.31 | 41.99 | 13.19 | 50.17 | 2.23 | 4.44 |
| 天津 | 286.95 | 26.42 | 9.21 | 61.70 | 7.59 | 12.31 |
| 滨海新区 | 177.98 | 19.09 | 10.73 | 22.10 | 5.28 | 23.90 |

注：滨海新区采用 2010 数据，其他省市限于数据可得性采用 2009 年数据。
资料来源：滨海新区统计局。

从中药行业内部来看，中药饮片加工业利润率很低，这两年基本上是负利润率，而中成药制造业利润率相对很高。2008 年，滨海新区中成药利润率高达 18.36％，到 2009 年，利润率又有所提升，达到 22.71％。从中药产业构成上看，滨海新区基本上以中成药为主，中药饮片加工业产值占比仅为 0.7％，而中成药占比高达 99.3％。2010 年，中成药的利润率进一步上升，达到 26.57％，远远高于全国和其他城市的水平。中药饮片加工业的利润率也提升很快，达到 7.21％的水平。

表 6.2  滨海新区中药饮片和中成药制造业经济运行指标比较  单位：亿元

| | 2009 年 | | | 2010 年 | | |
|---|---|---|---|---|---|---|
| | 营业收入 | 利润 | 利润率（％） | 营业收入 | 利润 | 利润率（％） |
| 中药饮片加工 | 0.131 | −0.013 | −9.92 | 3.04 | 0.2181 | 7.21 |
| 中成药制造 | 16.56 | 3.76 | 22.71 | 19.06 | 5.07 | 26.57 |

资料来源：滨海新区统计局。

## 四、重点领域自主创新取得一系列硕果

滨海新区生物芯片和干细胞技术处于国际领先水平，自主研发的微生物特异分子标识筛选技术居世界前沿。高新区已经建成容量 50 万份的干细胞库，存量超过 10 万份，间充质干细胞治疗产品开发处于国际先进行列，"骨髓原始间充质干细胞"是国内第一个进入临床阶段的同类产品。在中药现代化领域，自主研发了目前国际上唯一纯中药治疗脓毒症的注射液，填补了传统中药在世界急救医学领域的空白。在化学药领域，开发出的第四代抗艾滋病药物——"西夫韦肽"已申报国家一类新药。

## 五、生物医药研发孵化平台体系不断完善

滨海新区拥有"四部一市"共建的国家生物医药国际创新园，具有标志意义的天津国际生物医药联合研究院已于 2009 年正式投入运营，研究院已经建立了 11 个新药研发技术平台，为生物医药从研发到转化提供了全方位的服务平台。在孵化基地建设方面，"国家生物医药国际创新园（天津）创新药物孵化基地建设"已经获得国家科技部立项支持，被列入国家"重大新药创制"科

技重大专项，成为全国 15 个创新药物孵化基地之一。此外，亚历山大孵化器、中科院天津育成中心、军事医学科学院天津滨海新区科研及成果转化基地等都已经落户滨海新区。这些研发平台和孵化体系的建设将在"十二五"时期甚至更长时间内为滨海新区甚至环渤海区域生物医药产业发展发挥更大更强的影响。

## 六、产业发展空间有待进一步拓展

产业发展空间一方面体现在滨海新区生物医药产业规模还比较小，2010年产值为 188.14 亿元，实现利润 19.1 亿元。另一方面，产业结构有待优化，主要表现在化学药产值比重过高，2010 年化学原料药和化学制剂产值占滨海新区生物医药总产值达到 75%，利润率较低的化学原料药产值达到 50%，生物、生化药产值仅为 10%。由于生物医药产业具有高投资、高风险、长周期的特点，滨海新区近些年逐步建设起来的创新平台将在未来逐步为滨海新区、天津市乃至环渤海生物医药产业发展发挥支撑作用（见图 6.3 和图 6.4）。

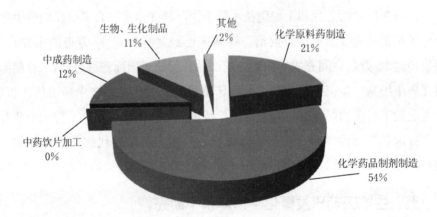

生物、生化制品 11%
其他 2%
化学原料药制造 21%
中成药制造 12%
中药饮片加工 0%
化学药品制剂制造 54%

**图 6.3  滨海新区 2009 年生物医药产业产值构成**
资料来源：滨海新区统计局。

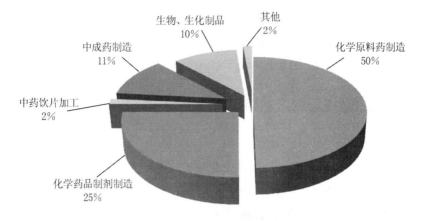

**图 6.4　滨海新区 2010 年生物医药产业产值构成**

资料来源：滨海新区统计局。

# 第三节　滨海新区化学原料药及化学制剂
产业分析

化学药是天津也是滨海新区生物医药产业的主体，一些化学原料药及制剂的主要品种在国内外占有举足轻重的地位，其中滨海新区皮质激素产销量始终位居世界第一，是世界最大的皮质激素原料药生产基地。

## 一、产值规模在滨海新区生物医药产业中占主导地位

从产值规模看，化学原料药和化学药品制剂在 2009 年、2010 年分别占滨海新区生物医药产业总产值的 75％，在总产值规模中占据绝对主导地位。

## 二、全球化学原料药生产基地，众多产品在国内具有优势

滨海新区一些化学原料药在国内外占有举足轻重的地位，其中皮质激素化学原料药产量和技术水平全球领先。金耀集团的皮质激素原料药占有全球接近一半的市场份额，在国内占有 90％的市场，技术水平也处于全球领先的地位。此外，滨海新区在治疗糖尿病、肝病、心血管病、神经系统疾病的化学药领域

的产品也在国内保持优势地位。全球主要糖尿病用药生产企业中，已经有3家落户新区。目前，与中新药业隆顺榕制药厂的金芪降糖片一起，糖尿病用药的品种将有4个，形成了单一品种的集聚。此外，滨海新区胰岛素制剂产量全球最大。

## 三、大企业主导的产业组织特征突出

2010年，滨海新区化学药总产值141.12亿元，排名前三位的企业占行业产值比重达到40％以上，呈现以大企业为主导的格局。内资企业以天药股份、天津药物研究院为龙头，这些企业主要集中在生产化学原料药和中间体领域。外资企业以诺和诺德、诺维信等跨国化药制剂企业为代表，诺和诺德和诺维信两家企业产值超40亿元，主要产品集中在肝病、心血管病、神经系统疾病药物领域。

## 四、产业效益有待提升

从产业效益看，滨海新区化学原料药和制剂产业的利润率和全国以及其他省市相比并不高。从生物医药产业全行业利润率来看，滨海新区利润率为10.73％，比全国平均水平10.15％略高。然而就化学制药来看，利润率仅为3.23％，不仅远低于全国9.95％的平均水平，而且更是远远低于北京12.86％和上海12.06％的利润率水平。

**表6.3　2010年滨海新区和中国重点城市化学药产业运行情况比较**

单位：亿元

| 地区 | 全行业 | | | 化学制药 | | |
|---|---|---|---|---|---|---|
| | 营业收入 | 利润 | 利润率（％） | 营业收入 | 利润 | 利润率（％） |
| 全国 | 7963.70 | 808.17 | 10.15 | 4242.37 | 421.93 | 9.95 |
| 北京 | 271.95 | 41.70 | 15.33 | 165.99 | 21.35 | 12.86 |
| 上海 | 318.31 | 41.99 | 13.19 | 201.47 | 24.30 | 12.06 |
| 天津 | 286.95 | 26.42 | 9.21 | 204.54 | 17.34 | 8.48 |
| 滨海新区 | 177.98 | 19.09 | 10.73 | 87.12 | 2.81 | 3.23 |

注：滨海新区采用2010数据，其他省市限于数据可得性采用2009年数据。

资料来源：滨海新区统计局。

# 第四节　滨海新区生物制药产业分析

生物制药是现代生物技术在药物研究制造领域的应用，是指从生物体、生物组织、细胞、体液等，综合利用微生物学、化学、生物化学、生物技术、药学等领域的原理和方法制造的用于预防、治疗和诊断的药品。生物制药与传统药品制造相比，具有"三高一长"的特点，即技术含量更高、前期开发投入更高、周期长、一旦研发成功回报也更高的特点。

## 一、总体规模不断提升，重点领域优势明显

从规模上看，2008～2010 年滨海新区生物制药销售产值分别为 13.85 亿元、17.77 亿元和 19.34 亿元，总体规模不断提升。生物制药的一些重点产品在全国具有明显的优势地位，如华立达公司的重组人干扰素 α-2b、诺维信公司的酶制剂、尖峰公司的花青素在销售量方面均位居全国首位。华大基因、昂赛细胞基因、中新科炬等公司的技术及产品具有国际一流或国内领先水平。

## 二、干细胞研发及产业化能力达到世界前沿水平

滨海新区在干细胞领域位于国内甚至国际领先水平：新区内的中国医学科学院中国协和医科大学血液研究所是我国干细胞领域的权威研究机构，同时国家干细胞产业化基地也位于滨海新区。该基地内的三家核心机构是协和干细胞基因工程有限公司、国家干细胞工程技术研究中心、天津协和医院。目前世界上规模最大的干细胞库之一——天津市脐带血造血干细胞库位于滨海新区的高新区内。新区内的昂赛细胞基因工程有限公司主要从事脐带间充质干细胞的存储服务，未来在细胞治疗、组织器官修复和基因治疗方面都将显示出巨大的应用潜力。以滨海新区为龙头的围绕干细胞研发和产业化的干细胞产业价值网络在天津滨海新区内已经初步形成，未来在医药和健康服务领域将发挥巨大的产业创新和产业引领作用。

### 三、开放式的生物制药创新平台体系国内领先

以天津市国际生物医药联合研究院、中国科学院天津工业生物技术研究所、天津市药物研究院、国家干细胞工程技术研究中心等高水平开放式研发机构为核心，以孵化基地和国家级生物制造产业中试和产业化基地为支撑，滨海新区已经初步构筑起国内领先的生物制药创新平台体系。该平台体系的建设与运营无论是仪器设备还是运营管理，都处于国内领先、国际前沿的水平。

### 四、滨海新区生物制药产业蓄势待发，发展潜力巨大

一方面，滨海新区汇集部市共建的科技资源优势和政策优势，拥有三个国家级科技产业化基地：国家生物医药国际创新园、天津国际生物医药联合研究院、国家干细胞工程产品产业化基地。随着一批高水平、前景好的项目逐步落户这三个基地，滨海新区生物制药产业蓄势待发，未来滨海新区生物制药产业从研发到产业化将会进入一个快速发展阶段。另一方面，滨海新区生物制药产业聚集天津市创新创业领军人才人数接近一半，是天津市所有行业中拥有创新创业人才数量最多的行业，领军人才所发挥的创新创业能量将为滨海新区生物制药产业发挥巨大的推动作用。

# 第五节 滨海新区生物医药产业发展方向与趋势

滨海新区要打造国家级生物医药产业高地，现在已经具备科技资源优势和创新平台优势，未来随着滨海新区在资源整合与共享机制方面逐步完善，滨海新区生物医药产业将在重点领域和平台服务体系方面迈向新台阶。

### 一、高水平的产业创新服务平台将引领生物医药产业发展

随着以国家生物医药国际创新园、天津市国际生物医药联合研究院、中科院天津工业生物技术研究所等为载体的生物医药产业创新基地的不断建设和完善，滨海新区生物医药产业的技术中心、检测分析中心、信息咨询中心等公共服务平台的功能将逐步完善。自然科技资源、科技文献共享平台、科技资源信

息管理、技术产权交易等公益性信息共享和服务平台也将在基地的不断推进下加快建设和完善。这些高水平的产业创新服务平台功能将大大提升滨海新区对生物医药产业的培育和孵化能力，以及对区域的辐射和引领作用。

## 二、滨海新区在生物医药领域中的地位和影响在不断上升

随着滨海新区高水平研发创新服务平台体系的建设、完善与运营，新区在生物医药领域中的话语权逐渐提升。同时，随着生物技术和医药领域的高水平会议在滨海新区或天津的举办，新区在生物医药领域中的国内地位与影响正不断显现，并呈现不断上升态势。每两年举办一次的中国生物医药领域最高规格的"国际生物经济大会"自第二届开始大会举办地固定在天津，这对天津及滨海新区生物医药产业的国内国际地位的提升产生很大影响。此外，中国泰达生物论坛、中国工业生物技术发展高峰论坛、环渤海医药发展前沿论坛暨代谢组学与中药研究、全国药学院院长与制药百强 CEO 论坛等多项国内外高端会议会展活动相继在滨海新区举行。

## 三、中药现代化步伐将加快，现代化技术水平将继续领跑全国

一方面，同仁堂、乐仁堂、达仁堂等中药老字号对中药产业发展会发挥品牌推进效应；另一方面，借助天津"现代中药国际化产学研联盟"的资源整合优势，在国家政策支持下，滨海新区中药产业的现代化步伐将逐渐加快。重点推进以"植物细胞规模培养产业化—植物有效成分提取、纯化—复合药物—新型药物制剂"为代表的植物药产业发展，旨在开发出具有自主知识产权的一类新药并加快中药现代化进程。

## 四、创新平台优势将日益显现，疫苗、干细胞和基因等领域将快速发展

在生物技术药的研发转化领域，滨海新区汇集多方优势，已经搭建了高水平的科研服务平台，利用这些平台条件，未来在常见传染疫苗的产业化进程和肿瘤疫苗、艾滋病疫苗等先进疫苗领域的研制化进程都会逐步加快。在干细胞和血液病治疗药物的临床研究领域，干细胞培养、存储和基因工程多肽药物的开发与转化方面都将领先全国。此外，国家超级计算天津中心与深圳华大基因

研究院合作建立天河—华大生物信息计算联合实验室，将极大地推动滨海新区在基因数据计算及研发领域的发展，从而带动滨海新区乃至全国层面的基因产业的发展。

## 五、外部环境日益优化，中小型生物技术企业将获得发展机遇

滨海新区在国家多个部委和天津市共同支持下，在生物技术药的研发领域已经搭建起一系列高水平的研发转化平台，具备了良好的发展环境。未来随着滨海新区"科技小巨人"计划的实施，中小型生物技术企业将在资金扶持和融通、风险投资服务、实行项目对接和创建产业联盟等方面获得更加有利的政策环境，从而加快企业成长的步伐。

# 第七章

## 滨海新区航空航天产业

　　航空航天产业是现代制造业中技术密集度高、产业辐射效应广、代表一国工业发展水平的标志性产业，也是当今世界最具挑战性和广泛带动性的高科技产业之一。世界发达国家和一些发展中国家都高度重视航空航天产业的发展。滨海新区航空航天产业尽管发展时间很短，但起点高，发展速度快，已经成为天津重要的战略性新兴产业之一。

## 第一节　航空航天的产业链结构及国内外发展现状

　　航空航天产业具有庞大的产业链体系，内部门类多，分工细，同时具有较高的关联度、辐射性和带动性。国际经验表明，航空航天项目发展十年后给当地带来的效益是：投入产出比是 1：80，技术转移比是 1：16，就业带动比是 1：12。美国战略研究机构兰德公司曾对波音飞机拉动美国产业结构升级、科研创新能力提升及相关产业发展做过详尽的研究：在研发阶段，每投入 1 美元的研发经费，其综合收益高达 34 美元；在量产阶段，关联产业对美国经济的贡献率是飞机生产直接效益的 15 倍。它不仅能够有力提升国家经济实力和科技实力，也被视为是提高国防实力和民族凝聚力的重要手段。

### 一、航空航天产业的构成

　　关于航空航天产业的构成，美国普查局将其细分为飞机制造业、飞机发动机及其部件制造业、其他飞机部件和辅助设备制造业、导弹和太空交通工具制造业、导弹和太空交通工具推进装置及其部件制造业、其他导弹和太空交通工具的辅助设备制造业六个"四位数代码"的产业。

在我国行业分类的统计口径中，航空航天产业隶属于交通运输设备制造业的一个子类，包括飞机制造及修理、航天器制造以及其他飞行器制造三个部分，本报告的分析是基于这一统计口径。

## 二、航空航天产业的产业链分析

航空航天产业体系可以划分为飞机制造和航天工业两大产业链，二者尽管在少数领域存在交叉，但总体来说是自成体系的。

### （一）飞机制造业的产业链

各国关于飞机制造业的划分各不相同，美国作为世界上飞机制造业最为发达的国家，其划分标准具有典型性。美国商务部将民用飞机产业细分为六个组成部分：①大型喷气式运输机产业；②小型喷气式运输机和通勤飞机产业；③涡轮式商用飞机产业；④活塞式螺旋桨飞机产业；⑤直升机产业；⑥其他民用飞机产品（超轻型飞机、滑翔机、飞艇等）。大型民用飞机产业被视为航空工业的重要支柱，置于民用航空工业生产体系的金字塔尖位置（见图7.1）。

**图 7.1 民用航空工业的生产体系**

1. 大型民用飞机的产业链分工体系

航空工业是典型的离散型生产或加工装配式生产，生产过程是将原材料加工成零件，由零件组装成部件，最终总装成成品。以大型民用飞机为例，主要分为机体、发动机和机载设备三个部分。根据大型民用飞机研发与生产的产业链条将其分工体系概略地归纳为三个主要圈层（见图7.2）。

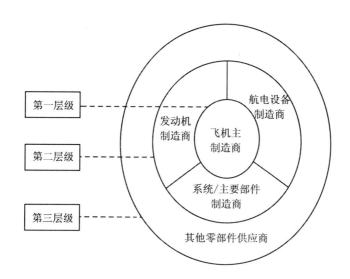

**图7.2 大型民用飞机的"主制造商—供应商"生产体系**

第一层级主要是指飞机主制造商，通常从事飞机的设计、总装、试验和部分机体制造业务，是主系统集成商。目前主要由波音公司和空中客车公司两家垄断。第二层级主要是直接为飞机制造商提供各种机载设备、系统件和主要部件及相关服务的企业，包括发动机制造商、航电设备制造商和系统/主要部件供应商三类，也常常被称为子系统供应商。第三层级主要为第二层级的厂商提供零部件、设备、材料和服务，即零部件供应商。这一层级企业较多，仅美国就有上万家本层次的供应商。

2. 大型民用飞机产业链的分工特征

自20世纪50年代末B-707交付以来，大型民用飞机的研发与生产就已经形成一套专业化的分工体系并一直延续至今。其主要特征有：①飞机制造商仅从事飞机总装和部分机体的制造，而不直接制造发动机、机载设备等关键性零部件，尽管其对飞机的性能和质量发挥决定性作用。②在飞机总的制造成本（不含研发费用）构成中，大型民用飞机制造商所承担的工作量往往不到50%，以空客A320为例，在总装环节中，其工作量仅占6%左右，在总装之前，各个制造模块的厂商之间形成一种高度的分工和专业化协作水平。③在飞机制造商选择零部件供应商的影响因素中，供应商的技术和生产能力只是"进入门槛"，而不是关键因素。由于国际市场存在严格的适航性规制，参与竞争供应合同的厂商能否通过适航认证是重要条件。④大型民用飞机主要是接单生产，由于从订货到交付大致需要18~24个月的时间，因此分工关系一旦建立，在中短期内的产量往往较为稳定，但同时也使飞机制造商难以根据市场变化调整产量。

### (二) 航天工业的产业链

航天作为一个产业的发展时期较短，航天技术在创立之初主要是一种以国家投资为主的政府行为，没有产业化的概念。在20世纪80年代，美国、苏联、日本、西欧等主要航天国家和地区围绕宇宙空间进行了激烈的争夺，使卫星技术得到了迅速发展。到90年代以后，"冷战"的结束使航天技术的发展方向发生了重大转变，航天技术逐渐向国民经济各领域渗透，并迅速走向产业化，如今已成为世界各国竞相发展的重要战略性产业。

航天产业链既包括设备制造，也包括相应的应用服务环节，其核心领域是卫星及其应用产业，按照国际卫星工业协会（SIA）的划分，可以将产业链归纳为四个方面：卫星制造、发射服务、地面设备制造、卫星应用及运营服务。据SIA全球商业卫星产业分析报告，在卫星服务、卫星制造、卫星发射和地面设备制造四个细分市场，2010年它们依次占到卫星产业收入的60%、7%、3%和31%。

## 三、世界航空航天产业总体发展状况

航空航天是两个既相关又存在根本性差异的两个产业，各自的发展现状与趋势不尽相同，有必要分别加以阐述。

### (一) 世界航空产业的发展状况

#### 1. 市场需求为全球航空工业的发展提供了广阔前景

在全球经济增长速度放缓甚至衰退的背景下，航空产业却一直保持着较快的增长速度。未来 20 年将是全世界航空运输高速发展的时期，根据波音公司 2011 年发布的《全球航空展望 2011～2030》①，在这 20 年中，新增民用飞机将达到 39500 架，到 2030 年全球机队规模将是当前规模的 2 倍，其间全球市场将需要 33500 架新的客机和货机，这些飞机的市场总值约为 4 万亿美元。其中，中国作为最大的发展中国家，民用飞机市场的年增长率预计将达到 7％，到 2029 年，中国的航空公司将需要 4330 架新飞机，价值 4800 亿美元，成为美国以外最大的飞机市场。如此巨大的市场需求规模为全球航空工业的发展提供了广阔的发展前景，同时也是中国民航工业融入全球航空产业链，进行产业化发展的重大契机。

2. 参与供给的国家和企业主体快速扩张

航空工业很长一段时期主要垄断在欧美发达国家手中。近年来在各国政府的积极鼓励和支持下，全世界共有上百个国家与地区建立了与航空有关的工业，但真正具有一定规模并且产业内容与航空直接相关的大约仅有 50 个国家与地区。大部分是欧美发达国家，其次是亚洲、大洋洲、非洲的一些新兴经济体。

3. 北美洲和欧洲航空工业在销售额方面占有绝对优势

从空间分布来说，北美洲和欧洲航空工业销售额占世界同行业销售额的 90％以上。其中 G7 的七大成员国是航空工业最发达的国家，其航空工业销售额占到世界航空工业销售额的 70％，而仅美国一国的航空工业销售额就占全世界航空工业销售额的 50％以上。

**（二）世界航天产业的发展状况**

1. 航天工业规模不断扩大

根据美国航天基金会（Space Foundation）发布的《航天报告：2010》，2005～2009 年的 5 年间，全球航天经济增长了近 40％，其间虽然受到金融危机的冲击，但全球航天产业的收入仍然保持了相对较快的增长，2009 年全球航天经济总量达 2616 亿美元。其中商业卫星服务业收入达到 905.8 亿美元，占整个航天经济收入的 35％。商业航天基础设施收入达到 836.3 亿美元，占整个航天经济收入的 32％，仅次于商业卫星服务收入。在作为航天工业主体

---

① Boeing：Current Market Outlook 2009－2028，http：//www.boeing.com/commercial/cmo/.

的卫星领域，卫星应用呈现出越来越广阔的市场前景，根据 2010 年 SIA 全球商业卫星产业分析报告，2005～2009 年的 5 年间，全球卫星产业收入的年平均增长率达 12.1％。

**2. 航天领域的产业化步伐不断加快**

在近 20 年来的发展中，政府投入和商业航天两部分的比例呈现此消彼长的趋势，如今商业航天所占比重已超过政府投入，且比重在逐年增长。2005～2007 年，商业航天所占比重从 64.2％增长到 69.2％，超过航空经济总规模的 2/3；商业航天的年收入增长也很迅速，表明国际航天领域的产业化步伐不断加快，航天产业化发展势头迅猛。到 2009 年，来自各国政府预算的收入为 831.6 亿美元，仅占全部航天收入的 31.8％，商业航天依旧保持较高的比重，达到 68.2％。

**3. 卫星及地面设备制造需求稳步增长**

如图 7.3 所示，2005～2010 年，全球卫星产业收入年平均增长率达 11.2％。受 2008 年金融危机影响，2010 年全球卫星产业收入增长率下降了 5％，达 1681 亿美元。在卫星服务、卫星制造、发射服务（包括运载器制造业）和地面设备制造四大领域中，过去的 10 年间，四大领域的相对比例较为稳定，在卫星服务中，卫星通信和导航服务业所占比重最大，卫星导航和遥感服务的增速最快，将是未来卫星运营服务业发展的重点领域。

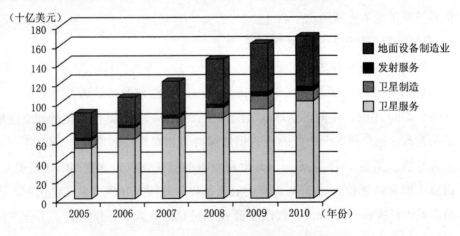

**图 7.3  2005～2010 年航天产业链各环节增长情况**

#### 4. 航天技术创新与升级十分活跃

航天技术是世界尖端科技开发和应用的重要领域，近年来世界航天技术在运载工具、人造卫星、载人航天和深空探测等方面都已取得了长足发展：运载火箭的卫星传送能力从最初的几十公斤到今天的上百吨，卫星的信息收集和传递能力从最初的几十路到现在的几万路，卫星的在轨寿命从最初的几天到今天的十几年，宇航员在太空的工作时间从最初的只能绕地球几圈到今天的一年以上。经济和社会发展的需要不断对航天技术发展提出新的要求，如何适应长期应用业务的高可靠、高通量要求，提高空间系统的综合效益，加快开发规模更大、集成度更高、技术水平和功能更强的航天器，形成大系统的顶层设计和系统综合集成能力，提升卫星的综合性价比，已成为航天技术研发创新的重点。

#### 5. 航天领域开展国际合作，竞争与合并重组不断加剧

在经济全球化的背景下，国际竞争与合作在航天领域表现得尤为突出，由于航天系统越来越大型化和复杂化，国际间联合开展航天活动已经成为潮流。一些大型航空项目如16个国家联合建立国际空间站、欧洲伽利略导航卫星计划都是国际合作的典型事例。而在运载火箭的发射服务、具有商业利益和军事用途的多种应用卫星等方面，各国间的竞争也日益激烈。特别是由于空间军事需求的存在，大国竞相开发空间军事系统，基于国家利益的竞争乃至对抗也将长期存在。

为了增强实力和更具综合竞争力，一些航天企业间出现了并购或重组，使得当今航天集团的规模越来越大，世界航天科研与生产呈现高度集中化倾向。如国际商业卫星市场基本由美国4家卫星公司与欧洲2家卫星公司垄断。2009年全球商业通信卫星市场一共签订了33颗通信卫星制造合同，仅这6家公司就获得了其中27颗，显示出欧美公司的垄断地位。

## 四、国内航空航天产业发展状况

早在计划经济体制时期，我国已经开始独立自主地发展自己的航空航天产业，如今，航空航天产业也是我国科技实力和综合国力的重要体现。

### （一）国内航空产业的发展状况

航空产业是国家的战略性支柱产业，强大的航空工业是大国地位的象征，是带动国民经济发展的支柱产业，是建立独立自主国防工业的重要基础、是尖

端技术发展的强力引擎。

1. 成为具备独立研制航空发动机能力并形成产业链的国家

中国航空产业是新中国成立后在极其薄弱的基础上建立和发展起来的，从直接复制前苏联的模型到自主研发生产飞机，如今已拥有民用飞机、航空发动机、机载设备等产品种类齐全，科研、生产、销售、教育优势齐备的较为完整的工业体系。以中国军民用航空装备的主要研制生产企业——中国航空工业集团公司为例，该公司是世界上独特的可以全系列研发各型航空器、航空发动机、机载设备与系统、材料等全产品链，并能实现完全自主保障的公司。特别是其在飞机发动机领域的技术突破，使得中国能够跻身于世界上少数几个具备独立研制航空发动机能力并形成产业链的国家。

2. 航空企业集团重组基本完成

中国航空工业的产业体系几经变化，2008 年，为适应航空工业发展，国家对航空工业体系再次进行改革重组，整合成立中国航空工业集团公司，简称中航工业。它合并了 50 个以上的研究院、100 个以上的生产企业，20 多家上市公司，资产价值超过 2000 亿元人民币，员工约 40 万人，使我国航空工业资源分散的状况得以改善。中航工业主要从事包括防务、运输机、飞机发动机、航空电子设备、直升机、系统、通用飞机等的研发、制造业务。2008 年成立的中国商用飞机有限责任公司，是实施国家大型飞机重大专项中大型客机项目的主体，也是统筹干线飞机和支线飞机发展、实现我国民用飞机产业化的主要载体，主要从事民用飞机及相关产品的科研、生产、试验试飞等相关业务。

3. 形成以上海、西安、沈阳和成都等为代表的一批航空产业基地

我国的航空产业布局主要是在新中国成立初期国家整体布局的基础上形成的，包括最具代表性的上海、西安、沈阳和成都四大飞机制造基地。发动机制造及相应的机载设备主要分布在哈尔滨、沈阳、西安和成都等地。其中，最具规模的是上海飞机制造公司和西安飞机制造公司，前者在国际合作、大型民机的总装、质量监控、试飞上积累了丰富的经验，而后者在部件制造、规模经济上占有优势。国产 ARJ21 新型涡扇支线飞机即是以上海为总装厂，中国的大飞机制造项目 C919 的选址也以上海为基地。天津滨海新区近年来在空客 A320 项目和中航直升机龙头项目的带动下，也跻身全国重点航空产业基地之列。除上述几大基地之外，贵州安顺、南昌、景德镇、汉中、哈尔滨、石家

庄、常州、湖北荆门等地的飞机研制机构也都在某些机型方面具备一定实力。发动机主机的研制单位 12 个，散布在沈阳、哈尔滨、成都、四川江油、西安、上海、贵州、湖南株洲、常州等地。

4. 产业研发投入和能力增长迅速

航空产业无论是在研发创新成果还是在研发投入方面都明显高于其他高技术产业。从研发成果来看，2010 年中国航空航天产业共申请专利 2172 项，每亿元产值专利申请数为 1.36 项，高于高技术产业平均每亿元专利申请数 0.99 项。从研发投入来看，每亿元产值的研发机构数量为 0.076 个，而高技术产业平均为每亿元 0.053 个，每亿元产值的研发人员数量为 17.68 项，而高技术产业平均为每亿元 6.60 项，在研发经费支出以及研发项目数量上，航空航天产业也明显高于其他高技术产业（见表 7.1）。从企业研发实力上看，作为中国民用航空装备制造的主要承担者，中航工业设有 33 个科研院所，9 个国家级重点实验室，30 个航空科技重点试验室，16 个国家认定企业技术中心和 32 个省部级企业技术中心，拥有国内乃至世界一流的大型科研、试验设备和设施，凝聚着一大批知名院士、总设计师和工程技术专家。

表 7.1　中国 2010 年航空航天产业研发投入与产出情况统计

|  | 高技术产业合计 | 航空航天器制造业 |
|---|---|---|
| 总产值（亿元） | 60430.48 | 1598.10 |
| 专利申请数（项） | 59683 | 2172 |
| R&D 机构数（个） | 3184 | 122 |
| R&D 人员（人） | 399075 | 28249 |
| 单位产值专利申请数（项/亿元） | 0.99 | 1.36 |
| 单位产值 R&D 机构数（个/亿元） | 0.053 | 0.076 |
| 单位产值 R&D 人员（人/亿元） | 6.6 | 17.77 |

资料来源：《中国统计年鉴》（2011）。

### （二）国内航天产业发展的总体现状

自新中国成立以来，我国航天产业在 60 多年间取得了举世瞩目的成就，独立自主建立起具有一定国际竞争力的航天产业体系，航天应用领域不断扩大和深入，为促进经济社会发展、保障国家安全做出了重要贡献。

### 1. 航天器发射服务能力日益提高

自 1970 年成功发射"东方红一号"以来，我国在 40 年里共进行了 140 多次航天发射，发射密度呈逐年增加趋势。最近 10 年的发射次数占我国航天发射总数的一半以上，仅"十一五"期间就完成了 48 次航天发射，占我国航天发射总数的 1/3 以上。2010 年一年内成功发射 15 箭 20 星，在密度和成功率上创造了中国航天史的记录。2010 年发射次数已经接近世界航天强国（2010 年俄罗斯、美国的航天发射次数分别为 31 次、15 次），占全球航天发射总次数的比例也从最初的不到 1% 提升至 20%。我国航天发射能力明显提高，在一箭多星、低温燃料火箭技术、捆绑火箭技术以及静止轨道卫星发射与测控等许多重要技术领域也已跻身世界先进行列。"十二五"期间，我国航天发射活动将更加频繁，预计航天发射总次数将达到 80～100 次，年均 15～20 次。与"十一五"相比，无论发射次数还是入轨航天器数量都将有近 1 倍的增长。

### 2. 航天器制造业产值高速增长

尽管在国际市场上航天器制造业的增长有所停滞，但我国的航天器制造业仍表现出强劲的增长活力。2010 年实现总产值 84.82 亿元，较 2009 年增长 18.35%，与"十五"末相比，增长了 90% 以上。我国是世界上第五个独立自主研制和发射人造地球卫星的国家，已初步形成了遥感、通信广播、气象、科学试验和资源卫星等多个系列，并在一些关键领域取得进展，在火箭研制上长征系列运载火箭已突破了以新一代运载火箭为代表的多项关键技术，在可靠性、安全性、成功率和入轨精度等方面都达到了国际一流水平。[①]"十二五"期间，在月球探测、载人航天、北斗导航系统、高分辨率对地观测系统等重大工程推动下，我国航天器制造业的总产值将保持 20% 左右的增长速度。

### 3. 国内卫星应用产业市场潜力巨大，市场空间有待挖掘

卫星应用产业主要包括卫星通信、卫星遥感和卫星导航三大应用领域。从整体规模上看，2009 年我国卫星应用产业总产值约为 470 亿元，仅占全球卫星应用产业的 5%，卫星应用产业的收入通常为卫星制造与发射服务收入的 4 倍左右，而我国这一比例还不到 1∶1，表明我国的卫星应用产业存在巨大的市场空间有待挖掘。在卫星固定通信领域，我国已建立了包括交通部、石油行业、民

---

① 《高端装备制造——中国航天行业深度报告》，《中国科技信息》2011 年第 12 期，第 2～12 页。

航系统等部门或行业的专用卫星通信网络，由 30 多家 VSAT 系统运营商提供相关服务，但未形成规模效应。在卫星移动通信方面，我国还没有自建的民用卫星移动通信系统。卫星直播业务的产业化发展也比较滞后。在卫星遥感领域，我国在轨运行的遥感卫星数量只有美国的 1/5 左右，不能满足军、民用户的应用要求，缺乏遥感数据标准和数据共享机制也限制了该行业的发展。卫星导航产业近年来持续高速增长，市场规模从 2000 年的不足 10 亿元，发展到 2010 年的 500 亿元以上，到 2020 年有望达到 4000 亿元的规模。但目前 95％左右的市场份额由美国 GPS 系统垄断，我国北斗导航系统正加快组网，仅 2010 年就完成了 5 颗导航卫星的发射任务。到 2020 年，预计北斗导航系统在国内卫星导航市场中将至少占据 10％的份额，即 400 亿元左右的产值。

4. 关键技术的研发和卫星通信的商业应用等方面与世界先进水平仍有较大差距

我国航天产业与美国和俄罗斯等航天强国相比还存在较大差距，主要表现在大容量、高可靠、高性能和长寿命的新一代卫星平台尚未达到国际先进水平，在最具代表性的卫星通信领域，我国目前大多依赖进口卫星支撑。部分关键元器件、先进有效载荷等主要依赖进口，并受制于国外技术封锁，制约了卫星的批量稳定生产。卫星的商业应用产业规模较小，在军民合用、制造与应用协同、卫星数据共享等方面还存在一些制度性的壁垒，造成一定程度的重复建设和资源浪费。

5. 航天科技集团和航天科工集团主导发展的局面已经形成

中国航天产业已经由军工产业转变为面向市场经济的高科技产业。1999 年在原中国航天工业总公司的基础上正式成立中国航天科技集团公司和中国航天机电集团公司（2001 年更名为中国航天科工集团公司）。这两个集团下属的子公司和事业部是中国航天产业的主要制造和研发主体。航天科技集团拥有运载火箭技术研究院、空间技术研究院等 8 个大型科研生产联合体，以及 11 家专业公司，若干直属单位以及 8 个区域性航天产业基地，8 家境内外上市公司。2010 年底资产总额达 1826 亿元，职工总数 12.7 万余人，收入与利润总额分别为 994 亿元和 84.7 亿元。航天科工集团拥有防御技术研究院、飞航技术研究院、运载技术研究院等 7 个研究院、2 个科研生产基地、600 余家企事业单位、6 家上市公司。2010 年底资产总额达 1281 亿元，职工总数 11 万余人，各类专业技术人员超过 40％，营业收入与利润总额分别为 902 亿元和

65.8亿元。根据各自的战略规划，未来五年两大集团仍将保持高速发展势头，营业收入的年复合增长率将分别达到20%和17%以上。

## 第二节　滨海新区航空制造产业现状及趋势

滨海新区航空制造业自2006年空客A320总装线项目协议正式签署开始，在短短5年间实现了从无到有的突破，迅速实现了产能规模的扩张，并吸引了中航直升机以及一系列配套企业投资，已成为中国航空产业的新生力量，并在世界航空制造业中占有重要地位。

### 一、产业规模实现跨越式发展

以2006年10月26日空客A320系列飞机天津总装线项目协议签署为标志，滨海新区航空制造业无论是企业个数、资产规模还是营业收入，在5年间都实现了跳跃式增长。按国家工业统计口径，2008年区内正式登记注册并开始运营的企业仅3家，资产仅12.2亿元，工业总产值仅7.5亿元。到2009年企业个数已经达到9家，资产为16.3亿元，工业总产值提升到42亿元，产业规模位列全国第4位，成为中国航空产业的新生力量，并在世界航空制造业中占有重要地位。2010年滨海新区共有重点航空项目8项，总投资182亿元，航空航天产业整体产值已经达到170亿元，是2006年的34倍。2011年，空港经济区航空产业总产值达到220亿元，空客全年生产交付飞机36架，中航直升机生产基地投入运营，初步形成了以空客总装、中航直升机为龙头，西飞机翼组装、古德里奇发动机短舱、PPG航空涂料、英迪拉雷达、泰雷兹雷达、FTG航空电子、佐迪雅戈救生系统、海特飞机维修等配套和维护项目，海南航空、维斯通用航空、中航物流、中航产业基金、朗业航空租赁等航空服务项目聚集的较完备的航空产业体系。根据产业未来发展规划，到2015年，将建立以"空客大飞机、中航直升机、欧洲直升机、彩虹无人机"等为标志的航空产业格局，航空产业总产值将达500亿元，其中大飞机总装预计实现产值250亿元，直升机总装预计实现产值140亿元，无人机实现产值10亿元。机体、机载和零件等航空产业配套实现产值70亿元。通航运营、飞机租赁、会展和航空维修等航空服务实现产值30亿元。

## 二、产业集群化特征显著

滨海新区航空产业具有显著的聚集特征，以空中客车 A320 总装基地和中航直升机总部及研发基地为核心，一大批航空零部件、航空材料和航空机载设备制造企业纷纷布局在空港经济区。如今已经初步形成空管设备、飞机零部件、发动机零部件、机载设备、航空维修、物流配送、人员培训、航空金融服务等产业群雏形。与此同时，伴随着空港经济区欧洲直升机、空客二期、海航达美发动机、赫氏复合材料项目、滨海高新区的无人机项目的陆续落户和建成投产，将形成以空港经济区、滨海高新区为代表的航空产业集聚区。

## 三、大型企业集团带动效应显著

空客 A320 总装线和中航直升机总部基地是滨海新区航空产业两大龙头项目。空客 A320 总装线项目自 2006 年 12 月开工建设以来，其产业拉动和集聚效应初步显现。前来考察投资的国内外航空企业已达 30 多家，其中世界 500 强企业 8 家，已经落户航空相关项目 50 多个。在空客项目带动下，古德里奇飞机发动机维修项目、佐迪雅戈救生系统、FTG 航空电子、波音复合材料、PPG 航空涂料项目、空客亚太物流中心、天津中远物流、法国 SDV 等国际国内知名航空制造商和物流服务商相继落户空港经济区开展业务，并有数十家空客配套供应企业入区为空客项目提供服务。

滨海新区的另一龙头企业中航工业直升机将天津作为总部，将建立包括产品研发、产品总成、客户服务及相关配套设施在内的系列化制造基地，并在天津形成顶层研发中心、直升机总成和客户化中心、销售与服务中心和运营中心，未来还将以天津顶层设计为核心，布局全国，以景德镇、哈尔滨和保定地区工程化设计与试验为依托，建立主业突出、技术先进、核心竞争力强、相互促进的直升机产业布局。

随着空港航空产业的聚集，将进一步吸引新的龙头企业落户，加快滨海新区航空产业的发展步伐。

## 四、产业基地在全国的核心带动作用开始凸现

2010 年工业和信息化部正式批准天津空港经济区航空产业成为第二批国

家新型工业化产业示范基地,基地的设立进一步强化了空港经济区的辐射带动作用。在民用大型飞机制造方面,以空客 A320 项目为开端,西飞机翼、航空机电、卓达宇航、古德里奇、佐迪雅戈、FTG、达美等一批航空产业企业陆续入区发展,吸引聚集了西飞、贵航等一大批航空企业设立关键零部件和相关配套的生产基地,使滨海新区形成了飞机制造及维修、飞机零部件及机载设备加工、通信导航设备、航空复合材料、飞机大部件、飞机驾驶模拟器、航空救生器材、航空煤油化工、航空电子仪表、机场照明、消防器材等门类较为齐全的航空制造产业。在直升机制造方面,随着中航直升机总部及研发中心的建设,进一步带动了保税区航空生产、研发、培训、服务、销售等快速发展,目前已开发的项目有 30 多个,涉及航空研发制造、运输服务、航空租赁,航空维修等多方面,如今已经成为中国航空直升机产业龙头基地。

## 五、产品种类不断丰富

滨海新区航空产业的主要产品和技术有空客 A320 飞机、直升机、无人机、移动登机桥、特种飞行器、机翼组装等。一批产品和技术达到国际先进水平,如空客 A320 飞机总装线年产飞机 48 架,是亚洲第一条商用干线飞机生产线。直升机产业基地具有年产直升机 70 架的生产能力,AC313 等直升机代表了直升机世界先进水平,成为我国重要的直升机生产基地之一。彩虹无人机达到了世界领先水平。中国民航局在空港经济区建设的国家民航科技产业化基地是我国唯一的国家级民航科技产业化基地。

## 六、配套产业体系亟待完善

由于航空产业在天津起步较晚,传统优势工业主要集中在电子通信和装备制造等行业,尽管能够为航空工业发展提供一定支撑,但航空工业自身相对基础薄弱,尤其是飞机制造的配套产业还正处于起步阶段。目前空客 A320 项目在空港经济区所完成的仅是整个飞机制造过程中的总装环节,除了机翼组装由西飞公司在区内完成外,其他大部分飞机大部件都是由汉堡运抵天津,最后在天津完成总装。配套层级较低,缺少机体大部件、航电、机电、动力装置等一级和二级的供应商,难以在当地产生很强的配套需求以及由此带来的产业拉动效应,尽管西飞国际航空制造公司等企业逐步在空港经济区落户,但与国际上成熟的航空产业聚集区相比,还存在较大差距。因此,需要通过政府的主动引进和协调,鼓励配套企业入驻,形成完整的产业链条。

## 七、航空产业链所在价值环节有待提升

飞机制造的分工体系十分庞大和复杂,一架大飞机由 300 万～500 万个零部件构成,需要数千家配套供应商生产,覆盖机械、电子、材料、冶金、化工等几乎所有工业门类,从大的角度来看,飞机部件主要包括机体、发动机、航电设备、机电设备和标准件及其他五大部分,各自的价值量占比分别为 30%、25%、15%、15% 和 15%(见图 7.4)。A320 系列飞机的总装生产及其配套产业本地化的产值约占总价值量的 15%～20%,主要是标准件、飞机内饰、电线电缆等。目前在滨海新区空港经济区为空客 A320 进行直接配套的西飞机翼总装也仅是空客转包生产,并不涉及关键技术。飞机主制造商的高附加环节主要在设计集成、市场营销、客户服务、适航取证等方面,总装制造仅是其中一部分。缺少价值链上附加值更高的研发、服务等环节,未形成大规模的推进产业发展的研发和服务基地,因此滨海新区目前仍处于产业链低端环节,产业价值创造量相对较低,造成产业后续动力匮乏。

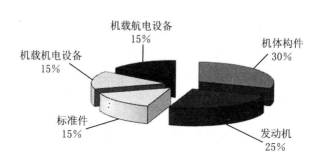

**图 7.4 大型飞机价值链构成**

## 八、产业链将进一步延伸,加速实现产业聚集

按照《滨海新区航空产业规划》,滨海新区航空制造业未来将按照"以主机制造为龙头,完善产业配套,延伸产业链条"的思路,建立"制造能力世界一流,满足区域配套要求;研发创新能力突出,引领产品升级换代;配套服务

国内一流，拓展价值增值"完整的航空产业体系。到 2015 年，产业规模迅猛增长，空间布局显著优化，科研水平稳步提升，配套层级日趋提高，产业链条不断完善，基本形成大飞机、直升机、无人机、通用飞机等系列全面发展的格局。突破制约产业发展的关键因素，实现向深度"嵌入式"发展的转变，形成航空制造能力世界领先的示范区。具体包括：积极推动大部件、零部件、传动装置、先进金属和复合材料、航空特殊轴承、先进制造技术等配套发展，引进国际机载产业巨头，吸引国内从事机载转包生产的企业；大力引进 A320 系列飞机的零部件、发动机零部件、机载设备等配套厂商和二次配套承包商，积极跟进承接空客后续机型，利用产业的聚集优势吸引其他零部件生产商、机载设备、机场空管设备等生产商，形成空客系列机体、部件、发动机的系列维修能力和货机改装能力，成为亚洲第一的总装制造和维修基地；围绕中航直升机总部与研发基地，形成航空产业总部经济，发展我国自主研发民用直升机组装，形成轻型、中型、大型、重型直升机系列化发展的新产品谱系和"一机多型、系列发展"的基本态势；加快实现欧洲直升机"小松鼠"系列在空港经济区的组装和客户化改装，引进更多的相关配套项目和直升机系列；努力发展无人机特种飞行器项目，建设具备"彩虹"系列无人机批量生产能力，成为国内一流的无人机产业基地；通过相关配套产业的集聚，进而带动其他航空制造生产企业向空港经济区集聚，提高产业的价值创造力及市场凝聚力，逐步形成产业链完整、相关零部件产业高度聚集的航空产业集群，建设成为开放式、科技型、现代化的民用航空产业制造和研发转化基地。同时积极发展与航空制造相配套的飞机维修、民用航空培训、航空商业等"生产性服务业"产业体系。

## 九、强化研发与服务环节，促进产业高端化

随着中国直升机研究所、中国民航科技产业化基地等相继在滨海新区设立研究机构和实验室，滨海新区航空产业的科研实力将有所提高。未来将在制造环节基础上进一步完善研发、服务功能体系，建设以企业为主体，产学研相结合的区域科技创新体系，鼓励空客等跨国公司在滨海新区设立研发中心，通过风险合作、技术引进、产学研结合等方式提高研发能力。重视民机设计的知识产权的突破，提升研发设计能力，在复合材料、民机设计及适航认证等方面积极突破。在服务方面，建设包括航空器材维修保障体系与客户支援服务体系。

逐步完善航空产品的技术服务体系，包括航空产品测试、认证、人才培养等。

# 第三节　滨海新区航天制造产业现状及趋势

滨海新区航天产业发展目前尚处于起步阶段，引入了新一代大推力运载火箭、卫星、空间站等龙头产品研制基地，形成了"一箭一星一站"的发展格局。虽然大多数项目正处于引进开发和建设过程中，尚未形成有规模的产能和产值，但作为国家重点发展的四大航天产业基地之一，滨海新区航天制造正迎来巨大的发展机遇，在运载火箭、卫星应用、航天延伸配套等领域发展前景十分广阔。

## 一、产业起点较高

滨海新区航天产业在项目引进定位上，代表了各个领域的国内最高水平。位于经济技术开发区西区的中国航天科技集团新一代运载火箭产业化基地已于2007年10月开工建设，新一代运载火箭研制成功后将具备地球同步转移轨道最大运载能力14吨、近地轨道最大运载能力25吨的能力，可以完成近地轨道卫星、地球同步转移轨道卫星、太阳同步轨道卫星、空间站和月球探测器等各类航天器的发射任务，将满足中国未来30～50年发展空间技术及和平利用空间的需要。

位于高新区的航天科技集团第五研究院航天器研发制造及应用产业基地项目，包括国家重点实验园区、新型航天器机电产品研发与制造园区、航天器特种精密结构件研发制造园区、卫星应用产业园区、航天技术转化及产业化五个项目，大力发展空间站、大型深空探测器、超大型对地观测和通信卫星、超大型空间精密展开机构等超大型航天器的生产、集成、测试能力，着力打造航天技术应用的产业发展基地。到2015年预计产值突破120亿元。这些项目既体现了高端、高质、高新的特征，也具有较高的经济效益。

## 二、产业技术创新能力较强

滨海新区在航天制造项目的引进过程中，不仅仅局限于制造装配环节的引入，同时还聚集了新一代运载火箭产业化基地、中国空间技术研究院天津基地、天津光电与计算机控制系统产业化基地等研发机构，这一系列研发机构的入驻，大大提升了滨海新区航天产业的技术创新能力，为未来产业自主创新升级提供了坚实的基础。

## 三、产业功能集成和带动能力较强

目前滨海新区已承接航天科技集团一院的新一代运载火箭项目及配套的民用化项目，中国空间技术研究院的超大型航天器研制项目以及卫星应用产业化项目，十一院的特种飞行器产业化和气动脱硫环保装备项目，中国航天科工二院与滨海高新区合作的智能科技产业园项目。这些项目均属于航天产业的关键领域，具有很强的集成功能和带动作用。与新一代运载火箭相关的配套厂商和二次配套承包商也已经纷纷入驻，正在形成先进复合材料、冷拔管、电控设备、大型模具、特种车辆、振动检测设备等产业群。天津与深圳、内蒙古、海南一起被确立为21世纪中国航天重点发展的四大基地。

## 四、产值规模将迅速扩大并基本形成产业链条

根据《滨海新区航天产业发展规划纲要》，到2015年，航天产业将实现工业总产值500亿元，形成以年产新一代火箭12枚，超大型航天器5颗为龙头的航天产业生产规模，卫星应用产业产值突破百亿规模，航天领域上市公司达到3家以上。在现有"一箭一星一站"的基础上向上下游产业链延伸，构建起以大火箭、大卫星、空间站等航天器系统集成为核心，以航天器关键部件、器件制造为基础，以卫星应用为重点的产业链。到2020年，滨海新区航天产业规模将进一步壮大，产值达到1300亿元，产业链条较为完整，产业内部实现联动发展，创新能力大幅提升，成为世界级的航天产业基地。

## 五、主要领域均瞄准国际最前沿先进技术

在航天器系统集成领域，主要发展新一代运载火箭、超大型航天器，同时还包括相关的配套厂商和二次配套承包商；在航天器关键部件、器件领域，重点发展光电器件、光学材料和新型材料；在卫星应用领域，主要发展卫星导航、卫星遥感、卫星通信和信息技术。未来还将依托航天资源优势，在重型运载火箭、空间站、光谱光电传感器件、太阳翼、北斗导航芯片与模块、数据链系统等重点领域实现突破。

# 第八章
## 滨海新区新能源产业

新能源产业作为滨海新区重点培育发展的战略性新兴产业，是滨海新区经济结构优化升级，实现高端产业聚集发展的重要支撑，对于转变经济发展方式，建设北方经济中心和创新型城市具有非常重要的作用。

## 第一节　新能源产业的特征及国际国内竞争态势

新能源产业是指围绕太阳能、风能、生物质能、地热能、海洋能、小水电、氢能、核能等新能源的开发利用，新型能源存储，高效能源节约等领域提供产品、技术、设备与服务的高技术产业。目前，世界主要国家大多将新能源产业的重点放在太阳能和风能领域。

### 一、新能源产业的特征

新能源产业相比传统能源产业，具有几个鲜明的特征：相对于传统能源，新能源具有环保、安全、清洁的绿色特点，其依赖的基本是可再生资源，符合绿色可持续发展的需要；新能源产业具有高投入、高风险的高技术产业特点，涉及生物、海洋、新材料、电子等多领域的高技术，其技术研发需要巨额资本投入，且存在较高的研发风险；新能源产业极具规模经济特征，以风电产业为例，世界风能理事会研究表明，风电成本下降，60％依赖于规模化发展，40％依赖于技术进步；新能源产业的全球分工特点日益突出，以风电为例，研发集中在欧洲、美国等发达国家，而设备的加工组装等环节则位于包括中国在内的发展中国家；新能源产业成为国家间技术和产业竞争的新焦点，先导性的技术研发成为主要发达国家在新能源产业竞争的主要领域，仅就新能源产业中发展最为迅猛的太阳能和风能两大行业而言，美国、日本和欧洲三巨头也存在激烈的竞争。

## 二、新能源产业的国际竞争特点与趋势

新能源产业是当前国际产业竞争的重要领域，表现出很明显的竞争特点。

### （一）主要发达国家各自打造新能源产业的优势领域

美国对高效电池、智能电网、碳捕获和碳储存等领域加大投入，欧盟则在大型风力涡轮和大型系统、太阳能光伏与太阳能集热发电、新一代生物柴油、第 IV 代核电技术、零排放化石燃料发电、智能电力系统与电力储存等领域集中攻关，日本重点突破新能源汽车发展的"瓶颈"技术。由于发达国家的研发资源优势，目前新能源产业的研发和高端生产主要集中在欧洲、美国、日本等国家，以风力发电设备制造为例，发达国家垄断性地掌握核心产品的生产和核心技术，认证标准也全部掌握在发达国家或者是其主导的国际机构手中。

### （二）发达国家作为需求市场的买方垄断力量很强

以太阳能光伏产业为例，2010 年末欧洲累计安装光伏发电机 2961.7 万千瓦，占世界光伏发电装机总容量的 74.5%。德国是世界最大的光伏发电国家，2010 年末装机容量高达 1732 万千瓦，同比增长 74.7%，占世界份额高达43.5%。西班牙和日本光伏发电仅次于德国。此三国就占据了世界光伏发电装机容量的 62.4%。目前这种需求格局导致欧美国家在新能源产品市场上形成了较强的买方垄断势力。

### （三）在新能源产业制造领域"中国企业"异军突起

中国是世界上第一大太阳能电池生产国，无锡尚德太阳能电力有限公司2010 年的产量位居全球第一（见表 8.1）。在风力发电设备制造领域，截至2009 年，中国有两家企业进入世界前五，市场份额排名前十名中中国企业占有三席。

表 8.1　全球十大光伏企业 2010 年产能和产量

| 序号 | 企业 | 2010 年产量（兆瓦） | 2010 年产能（兆瓦） | 2011 年产能预计（兆瓦） |
|---|---|---|---|---|
| 1 | 尚德 | 1570 | 1800 | 2400 |
| 2 | 晶澳 | 1460 | 1900 | 3000 |
| 3 | First Solar | 1410 | 1502 | 2250e |
| 4 | 夏普 | 1174 | 1300 | 1680e |
| 5 | 英利 | 1061 | 1000 | 1700e |
| 6 | 天合 | 1060 | 1100 | 1900e |
| 7 | O-Cells | 1014 | 1235 | 1300e |
| 8 | 茂迪 | 850 | 1150 | 1750e |
| 9 | 昱晶 | 800e | 930 | 1500e |
| 10 | 京瓷 | 600e | 600 | 1000e |

资料来源：《太阳能电池产业：产能攀高　整合加速》，《中国电子报》2011 年 5 月 24 日。

## 三、中国新能源产业的发展特征与竞争格局

我国新能源产业发展时间比较短，很多领域尚处于研究开发和工程示范阶段，由于良好的发展前景和优惠的国家扶持政策，新能源产业在全国呈现较为激烈的竞争格局。

目前，新能源在我国能源体系中所占比例很低，处于补充能源的地位。其中，我国发展相对较成熟的是水力发电，对太阳能和风能的相对大规模利用只是最近 10 多年的事情，与欧洲等国家相比还有很大差距（见图 8.1 和图 8.2）。

### （一）我国已经成为全球新能源产业的重要组成部分

我国太阳能光伏产业从 2007 年以来生产规模一直保持全球第一的位置。2008 年，我国太阳能电池产量超过 2000 兆瓦，约占世界产量的 33%。2009 年底，中国太阳能电池组件生产厂达到 500 多家，年生产能力约 4000 兆瓦。太阳能热水器已基本实现了商业化，并带动了玻璃、金属、保温材料和真空设备等相关行业规模迅速扩大。作为需求方来看，2010 年我国风电新增装机容量达到 1399 万千瓦，超过美国成为全球新增装机第一大国。2010 年累计装机容量跃过 3000 万千瓦大关，达到 3107 万千瓦。

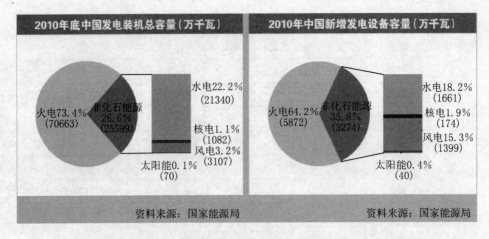

**图 8.1　2010 年中国发电机装机总容量/新增发电设备容量情况**

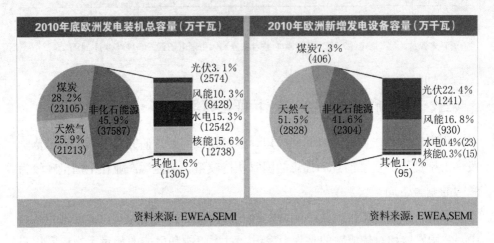

**图 8.2　2010 年欧洲发电机装机总容量/新增发电设备容量情况**

资料来源：SEMI PVGroup、SEMI 中国光伏顾问委员会、中国光伏产业联盟：《2011 中国光伏产业发展报告》。

### （二）新能源主要行业的发展阶段与特征不同

我国新能源细分行业发展处于不同的阶段。从目前我国太阳能产业发展状况来看，太阳能热水器产业处于成熟期，而太阳能热水器系统与建筑相结合这一下游环节仍处于初创期；我国风力设备制造、光伏电池制造、生物燃料等产业处于成长期，产业规模发展迅速，产业国际地位不断提高，风力发电已成为全球第四大市场；多晶硅原材料生产以及新能源并网发电尚处于初创期，大规模生产应用需要攻克许多关键技术和核心问题（见图8.3）。另外，新能源汽车、地热能利用、海洋能利用及高效节能和环保产品还处于研发、示范阶段。

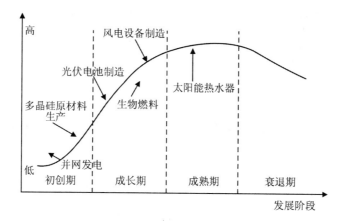

**图8.3　中国新能源主要细分行业的所处生命周期**

资料来源：赛迪：《2009～2010年中国新能源产业发展研究报告》。

### （三）新能源产业内企业数量众多，中小企业占绝对数量

新能源产业的规模经济特性很强，这对企业合理经济规模产生必然要求，目前，我国新能源产业总体上处于"散"、"小"、"弱"的状态。以太阳能热水器为例，全国有太阳能热水器企业3000多家，排名前十位的企业的市场份额不超过1/5。比较而言，风电设备制造的寡头垄断市场结构正在形成，全国有80多家风电设备制造企业，前三甲即金风、华锐和东汽已占到55％以上的市场份额，而且其市场份额还有不断上升的趋势。

### （四）新能源产业发展的区域性聚集已经有所呈现

中国新能源产业发展地域集聚特征越来越明显。北京凭借国内一流的科技资源，聚集了绝大多数国家级能源企业，为其在新能源产业发展中争取了极为有利的位置；山东在太阳能利用，尤其是太阳能热水器生产方面位居全国前列；大连在海洋能利用方面全国领先，是全国重要的风电设备生产和风能利用基地，在LED产业方面也具有极强实力；江苏省是中国新能源产业规模最大的省份之一，在太阳能光伏、太阳能热水器等领域都取得了极大的成功；江西南昌是国家半导体照明工程产业化基地，拥有硅衬底氮化镓基LED芯片全球

首创技术，其在 LED 显示技术和生产方面领先全国；新疆以其独特的地理位置和环境特征，在太阳能、风能、生物质能等领域获得了得天独厚的优势；天津成为风力发电设备制造业的区域亮点，聚集了众多世界知名风电设备制造商，产能占全国的 30%，是国内最大的风力发电设备生产基地之一。另外，我国新能源产业已经形成了一系列知名的区域品牌，如武汉光谷、德州太阳谷、无锡太阳城、保定电谷等。

## 第二节　天津新能源产业的发展现状与特征

天津是我国新能源产业发展较早的地区之一，经过多年的积累和发展，已经形成了较强的产业优势。

### 一、风电设备、光伏发电和绿色电池三足鼎立

在风力发电领域，天津目前已有风力发电企业 60 余家，整机企业 5 家，叶片及叶片材料企业 14 家；齿轮箱及机械传动企业 10 家；发电机及部件企业 8 家；控制与变流器企业 9 家；服务企业 17 家，形成了从主机设备的整套机组到电机、齿轮箱、叶片等配套零部件的较为完整的产业链条，成为国内最大的风力发电设备生产基地。特别的，天津风电行业中大约 70% 的企业有较强的技术开发能力。

在光伏发电领域，形成了涵盖产业链内各个环节的生产体系，包括晶硅制造、多晶硅电池、非晶硅薄膜电池、非晶微晶叠薄膜电池、柔性薄膜电池、CIGS 薄膜电池、CPV 聚光电池、多晶硅电池组件等，具备太阳能电池、蓄电池和电源控制系统的成套生产能力。

在绿色电池领域，天津已经形成完整的锂离子电池产业链，包括正极材料、负极材料、电解液、各种电池零部件等，锂离子电池厂商市场份额占全国的 30% 左右。

### 二、研发和技术创新优势较突出

除了风力发电设备制造外，其他细分产业规模较小，缺乏龙头企业，但是

天津通过研发和技术创新优势谋求特色化发展，获取产业竞争优势。例如，凭借中国电子科技集团十八所、南开大学和天津大学在光伏发电领域的研发优势，以及自身的国家级企业技术中心，天津力神在动力锂电池领域已经跻身全国前三甲的位置，巴莫的锂电池正极材料等都占据了锂电池产业链的高端，津能科技自主研发的非晶硅薄膜太阳能电池组件代表低成本太阳能电池的未来发展方向。

### 三、拥有技术创新能力的骨干企业群基本形成

天津新能源产业聚集了力神、津能、友达、京瓷、英利、歌美飒、维斯塔斯、明阳、巴莫等一批规模大、效益好、研发制造能力强的骨干企业。以锂离子电池为例，天津在上、中、下游的不同环节基本都有骨干企业存在。其中力神公司产业化水平居国内领先地位，形成2.5亿只锂离子电池生产规模（见图8.4）。

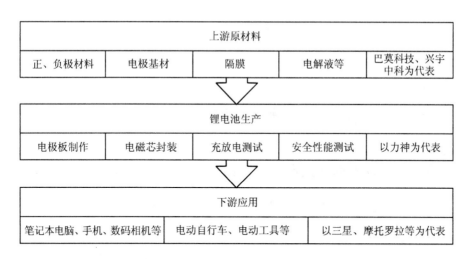

**图8.4　锂电池产业链及天津市代表企业**

在太阳能电池的细分领域中，天津在晶硅制造、多晶硅电池、薄膜电池等领域也都有骨干企业出现。其中天津中环半导体公司的区熔系列单晶硅产品产销规模全球排名第三、国内市场份额超过70%，产量和市场占有率已连续多年居国内同行业首位（见图8.5）。

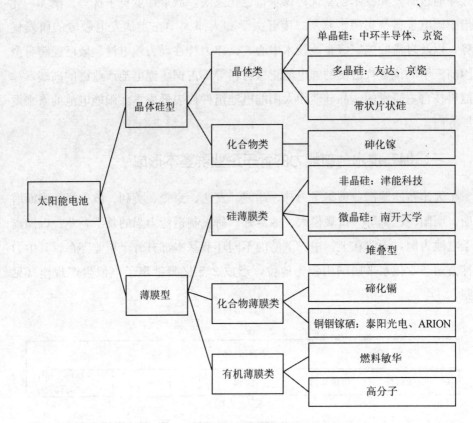

图 8.5　太阳能电池细分领域及天津市相应企业

## 四、大型或关键性投资项目持续引入，增强产业活力

近几年，天津对新能源产业实施了大项目、好项目带动战略，着力引进资金雄厚、技术能力强、企业品牌优、产业带动效应大的关键性项目，为完善新能源产业链条，提升在行业内的影响力发挥了关键作用。2009 年中海油新能源公司注资力神公司，建设 20 条动力电池生产线以及后续项目的落户，将使天津在动力电池领域保持和增强研发与生产优势。以明阳风电、东汽集团等为代表的中资风电企业的进入，将可能逐渐改变滨海新区风电设备制造业外资独领风骚的局面。

### 五、研发项目跟进的特点初步显现

新能源产业本质上是技术密集型的高技术产业，要想真正掌握产业链中高附加值环节，必须增强技术创新能力，这对研发机构和研发人员的聚集提出必然要求。天津的新能源产业因为中电科十八所、南开大学、天津大学等研究机构的存在，在研发端的创新能力相对较强。然而，市场中企业才是技术研发的主体，只有增强企业的研发力量和投入力度才能在市场竞争中获取优势。力神公司、比克、巴莫科技、斯特兰等绿色电池企业具有国内领先的技术开发实力。近年来，捷威动力研究设计院的研发中心、美国爱瑞安（ARION）集团的太阳能薄膜电池研发项目等纷纷落户天津，与天津原有的新能源企业以及研发机构相得益彰、相互促进，显示出巨大的发展潜力。

# 第三节　滨海新区新能源产业的现状特征

新能源产业是滨海新区转变经济结构，实现高端产业聚集发展的重要支撑，对滨海新区抢占"低碳经济"制高点具有重要的战略意义。

## 一、滨海新区成为国内最具规模的风电产业聚集地

滨海新区拥有雄厚的机电工业基础、突出的港口优势、优越的政策环境等吸引了众多风电企业集聚于此，为风电产业的快速发展奠定了坚实的基础。2010年滨海新区的风电整机产能达到3000兆瓦，占到全国总产量的19%，风电设备年生产能力达到6000兆瓦，占全国产量的30%，滨海新区已成为全国最大的风力发电设备生产基地之一。

风电领域由制造向技术与标准、检测、认证等领域发展的趋势有所显现。天津鑫茂鑫风能源科技有限公司作为国内首家具备风机叶片自主研发能力的企业，每年投入科研经费上千万元，其自主开发的750千瓦定速定桨距型叶片和1.5兆瓦变速变桨距型叶片系列产品，指标均为国内先进水平，成本较国际同类产品低15%（见图8.6）。

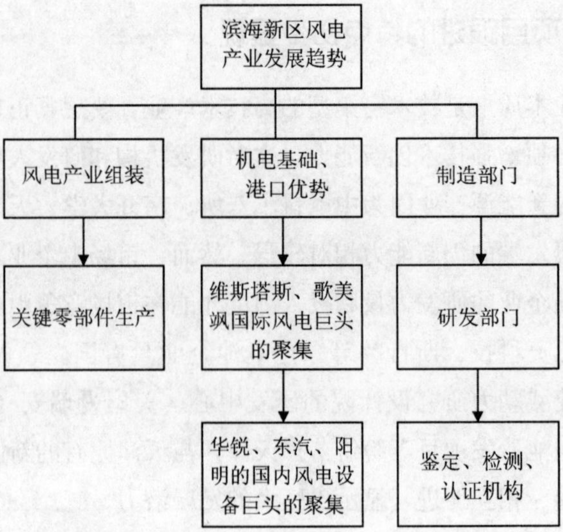

図 8.6　滨海新区风电产业发展方向

## 二、具有内源性技术创新能力的龙头企业不断涌现

新能源产业作为滨海新区的战略性新兴产业，必须增强企业的自主创新能力，走内源性技术创新道路，逐步摆脱由发达国家掌控价值链核心、高附加值环节的局面，突破核心技术空心化的僵局。目前，滨海新区已经引进和培养了一批具有较强研发实力的企业或项目，多项产品和技术水平已经处于国内领先、国际先进水平。

在太阳能电池领域，滨海新区的企业主要集中在产业链中游，聚集了京瓷、友达、英利、尤尼索拉、津能、蓝天太阳等多家国内外知名企业。在市场前景看好的非晶硅薄膜太阳能电池领域，津能科技的企业技术创新实力与中电科十八所的研发力量相得益彰，使滨海新区成为我国领先的薄膜及聚光太阳能电池的研发基地。在占主流的单晶硅和多晶硅电池生产领域，作为龙头企业的京瓷太阳能公司计划将天津基地成为京瓷公司全球五大生产基地的核心基地，成为京瓷公司最新产品的中国生产基地。

在锂电池产业，力神公司拥有国家级企业技术中心，建立了包括前瞻技术研究、基础研究、新产品开发、产业技术开发等完善的锂离子电池及超级电容器科技创新体系，能够做到生产一代、研发一代、储备一代。巴莫科技的锂电池正极材料也占据了锂电池产业链的高端环节。

LED照明领域，应用市场巨大，但产业链各环节均处于起步阶段，滨海新区具有较强的产业基础和研发实力，聚集了三安充电和天津三星LED有限公司等一批具有研发实力的企业。另外，天津工业大学半导体照明产业化研发中心等科技研发中心也落户滨海新区。

### 三、滨海新区新能源产业具有雄厚的产学研合作基础

滨海新区的新能源产业拥有丰富的产业创新资源，中电科十八所在太阳能电池、燃料电池等领域储备了大量研究成果，南开大学在太阳能电池、储氢材料、镍氢电池等方面处于国际先进水平。据统计，国内太阳能行业上市公司中超过70%的核心技术人员都来自中电科十八所或南开大学。为了将中电科十八所和南开大学的研发和人才培养优势应用于滨海新区新能源产业的发展，需要滨海新区构筑产学研合作平台。目前，南开大学已经成立了"泰达—南开大学企业英才俱乐部"和"南开大学泰达学院"，通过企业和学校联合设计实施有针对性的培养方案，实现人才的"订单式培养"以及研发资源的快速产业化。研发优势和人才优势是滨海新区新能源产业实现聚集高端产业要素、发展高端环节、建设高端化发展基地的有力保障。

### 四、生物质能领域的发展初露端倪

天津滨海新区油脂产业发达，具备联动发展生物质能的优势条件。中兴能源有限公司在南港工业区投资1.94亿美元，建设中兴能源天津食用油及生物能源产业基地。该基地计划建设年产10万吨的生物柴油生产基地、年产10万吨的燃料乙醇生产基地、农业与生物技术研究院以及全球销售中心等项目。另外，天津中荣公司投资建设年产10万吨生物柴油项目、天和环能科技有限公司沼气容器等项目，总投资17.7亿元，预计实现销售收入90亿元。这对拓展天津新能源产业的范围意义重大。

### 五、强化优势做大规模是滨海新区新能源产业面临的重要课题

滨海新区新能源产业的规模总体偏小，除风电设备制造外，作为一个产业

聚集地的优势并不明显，企业规模小，品牌弱是滨海新区亟须解决的问题。2010年首届"中国新能源企业30强"的评比中，江苏有7家、北京6家、河北3家、上海2家、深圳1家，天津却无一上榜。在非晶硅薄膜电池等领域，滨海新区虽然具有一定的研发优势和技术创新能力，但由于尚处于技术和产品的初创期，显性的市场竞争优势并不明显。因此，滨海新区的太阳能光伏产业面临着如何做大规模，强化优势，突出特色，增强品牌的重要课题。

## 第四节　滨海新区新能源产业的发展趋势

新能源产业作为中国确立的几大战略性新兴产业之一，成为各地竞相培育的新兴产业，滨海新区以及天津市在中国新能源产业的发展版图中，总体规模并不占优，但亮点和特色较为突出，因此，突出优势，强化特色，扩张规模，做大品牌成为滨海新区新能源产业发展的必然选择。

### 一、风电产业做大做强，产业链逐渐完善丰富

加强研发能力建设，扩大产业规模。以兆瓦级以上成套机组为重点，提升1.5兆瓦陆上风电机组设计制造水平，扩大规模化生产能力；加快2.5兆瓦及以上陆上风电机组和3兆瓦及以上海上风电机组的研制和产业化；重点发展叶片、齿轮箱、发电机、电控系统、主轴轴承、变流器等关键零部件。

完善风电产业配套环节，积极引进设计、技术转让、检测、认证、物流、咨询、人才培养等专业风电服务机构，完善产业服务体系，如鼓励SGS集团①风能技术中心、国家电控配电设备产品质量监督监测中心等国内外著名风电检测机构在滨海新区扩大业务；积极筹建海上风机试验场，开展海上风电整机的实地运行试验和零部件对气候与环境的适应性试验；支持风电企业、大型物流企业与港口建立风电设备装卸运载合作关系，完善风电装备码头相关建设；积极为风电企业风电装备的公路运输创造便利条件。

---

① SGS集团始创于1878年，总部设在瑞士日内瓦，目前在全世界拥有1000多家分支机构和实验室，是全球最大的检验、鉴定、测试和认证机构。

开拓风机产品市场，扩大产业品牌影响力。大胆实施"走出去"战略，加强新区风电产业的系统推介和营销，举办风电产业展洽会、研讨会、论坛等行业会议，打造具有全球影响力的风电产业品牌，带动滨海新区区域品牌的价值提升和影响力的扩大。

依托现有产业优势，以海上风力发电应用和出口为动力，加大风电设备研发投入，提高关键零部件的制造水平和生产工艺，完善产业服务体系，提升产业层次，将滨海新区打造成中国重要的风电设备制造中心和风电产品出口基地、功能完备的风电研发和检测中心，打造具有全球影响力的风电产业品牌（见图 8.7）。

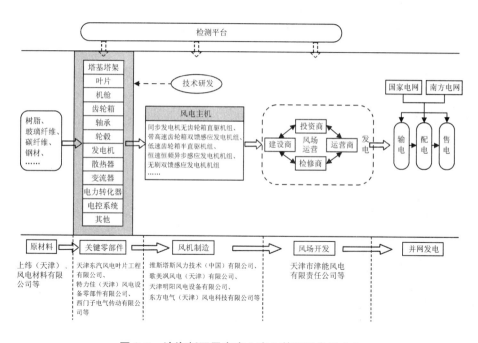

**图 8.7 滨海新区风电产业产业基础及发展方向**

资料来源：《天津市滨海新区新能源产业"十二五"发展规划》（2011）。

## 二、绿色电池实现突破，特色领域优势增强

把握国际产业转移和新能源汽车发展的重要机遇，以新能源汽车动力电池和多种能源综合利用为重要突破口，充分发挥滨海新区在电池领域的科技与人

才优势，继续聚集国内外产业发展高端要素；整合相关资源，加强储能电池在其他新能源领域的应用；着力推动建设以企业为主体的产业创新体系，增强自主创新能力；完善产业链薄弱环节，促进产业合理布局，努力把新区建成全国重要的汽车动力电池制造中心、研发中心和电动汽车应用示范城市之一。

重点发展锂离子电池，持续发展镍氢电池，规范发展铅酸电池，以汽车动力电池为重点突破，加强新型动力汽车示范应用。联合绿色储能产业相关的研发、生产和服务单位，鼓励企业和科研院所加大对汽车动力电池的研发投入；加强与中海油、国家电网、中国电子科技集团等大型企业建立战略合作伙伴关系，重点推动中海油 20 万辆电动汽车动力电池系统、电动汽车充电站建设和发展；积极吸引新能源大型客车生产企业落户新区，加快储能电池与新能源发电系统和智能电网集成系统的技术开发和建设（见图 8.8）。

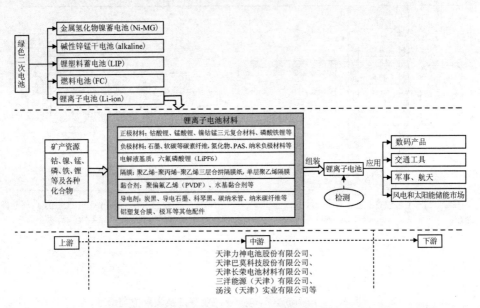

**图 8.8　滨海新区绿色电池产业产业基础及发展方向**

资料来源：《天津市滨海新区新能源产业"十二五"发展规划》（2011）。

## 三、太阳能光伏完善配套，重点推进试点示范

依托滨海新区在晶硅电池领域的产业基础以及薄膜电池领域的科研基础，重点发展晶硅电池，支持发展薄膜电池、聚光电池、BIPV（光伏建筑一体化）

系统集成，大力吸引国内外优秀企业落户新区，完善产业发展配套环境，将太阳能光伏产业发展成为新区新能源产业新的增长点。

促进"产学研"加强合作，积极寻求国内外战略合作伙伴，加速聚光太阳能电池规模化应用，实现新区太阳能光伏产业在聚光电池、BIPV 系统集成等优势领域的重点突破。

积极推进光伏发电在新区的试点示范，推动太阳能光伏在屋顶、路灯、信号灯、指示牌、景观灯等方面的应用，重点推动低压并网屋顶电站示范项目建设；推动太阳能光伏工程咨询及设计、安装、维护、系统集成等产业的发展；建成国家级太阳能光伏工程研发中心和光伏产业人才培养基地。

发展产业配套，完善产业环境。积极吸引、培养光伏配套产品生产商；为新区光伏产业创新提供完善的综合性平台；建设光伏产业园，打造世界级光伏产业基地；打造关键环节完备的太阳能光伏产业链（见图 8.9）。

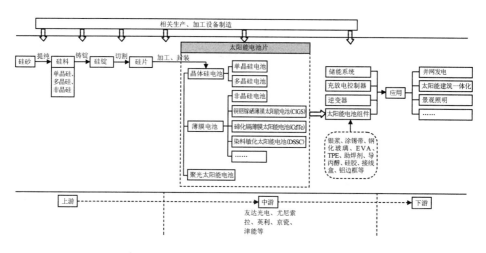

**图 8.9　滨海新区太阳能光伏产业产业基础及发展方向**
资料来源：《天津市滨海新区新能源产业"十二五"发展规划》（2011）。

## 四、LED 实现高端切入，逐步完善产业体系

依托新区在 LED 领域较强的产业基础和研发实力，重点向产业链中高端技术切入；发挥下游封装企业的规模优势，不断扩大应用产品的企业规模；完善产业发展环境，鼓励 LED 照明产品示范应用，将 LED 产业发展成为新区新

能源产业的重要增长点，将新区打造成我国具有较大影响力的 LED 制造基地、LED 工程研发中心、人才培养基地和产业应用示范基地。

鼓励产业链产品全面发展，加强重点领域突破。不断完善产业体系，重点发展新型衬底材料、高亮度发光二极管外延片及功率型芯片、白光 LED 封装产品、LED 照明产品及系统；加大对大功率芯片和器件、驱动电路及标准化模组、系统集成与应用等共性关键技术的研发投入；支持国内外科研、检测以及认证机构落户新区，积极推动 LED 照明产品技术标准、规范的制定和检测认证体系的建设。

促进 LED 照明产品应用，鼓励节能服务产业发展。以发展 LED 应用市场为重要手段，大力吸引龙头企业入驻，推动产业发展。实施区内绿色照明示范工程，扩大政府采购范围，鼓励国内外节能服务公司落户新区，推进现有建筑照明设备的节能改造和区内节能服务产业发展（见图 8.10）。

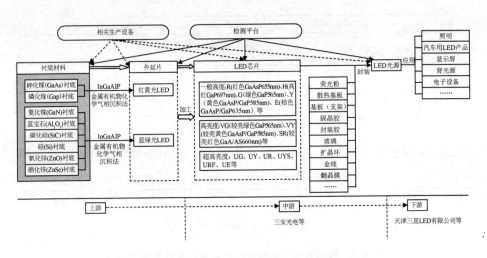

**图 8.10　滨海新区 LED 产业基础及发展方向**

资料来源：《天津市滨海新区新能源产业"十二五"发展规划》(2011)。

## 五、依托产业园区，走特色化产业集群之路

坚持"区域空间协调化、功能布局合理化、产业专业集聚化"的原则，按照空间集聚、细化分工、协调联动、梯次发展、辐射全局的发展方式促进产业

集聚和协调发展。形成以滨海高新区、开发区为新能源产业集聚区，临港经济区、中新天津生态城、南港工业区为特色产业集群的空间架构，推动新区新能源产业有序健康发展。

滨海高新区新能源产业集聚区。塑造区域品牌，规划建设具有世界产业竞争力的光伏产业园。围绕风力发电、太阳能光伏、LED 照明、电动汽车等领域，集聚高端研发和产业化资源，吸引精品项目，大力发展新能源产业核心技术的研发、设计、检测等服务环节，以及高科技制造和部分应用示范，成为滨海新区新能源产业发展的领航区。

开发区新能源产业集聚区。依托开发区制造业优势，围绕风力发电、太阳能光伏、LED、高效节能和环保等领域，加大引进整机和关键零部件制造项目力度，完善产业配套，提高产业层次，建设成为国内一流的新能源产业制造基地。

临港经济区大型新能源装备出口集群。依托临港经济区广阔的港口区域以及港区与工业区一体化的优势，重点发展海上风电产业以及大型核电设备制造产业，建设成为我国北方重要的海上风电及核电装备制造和出口基地。

中新天津生态城应用示范产业集群。围绕中新天津生态城绿色、环保的发展定位，在城市建设和项目引进中，加快推动太阳能光伏、风力发电、LED以及其他高效节能和环保产品的应用示范，形成我国北方新能源产品示范应用的窗口。

南港工业区新能源产业集群。重点发展符合国家环保要求和行业准入门槛、技术和工艺水平先进的新能源电池产业，优化产业布局，促进产业集聚集约发展，逐步建设南港工业区新能源特色产业园。

# 第九章
## 滨海新区新材料产业

新材料产业包括新材料及其相关产品和技术装备，具体涵盖新材料本身形成的产业、新材料技术及其装备制造业、传统材料技术提升的产业等。新材料产业具有技术高度密集、研究与开发投入高、产品的附加值高、生产与市场的国际性强等特点，其研发水平及产业化规模已成为衡量一个国家经济、社会发展、科技进步和国防实力的重要标志。

## 第一节　新材料产业的特征及国内外发展趋势

"材料革命"一直是工业革命的主要领域，随着经济、社会发展和全球化趋势的加快，新材料产业的发展呈现出以下特征。

### 一、新材料产业的主要特点及国外发展趋势

随着高新技术的发展，新材料与基础材料产业结合日益紧密，产业结构呈现出横向扩散的特点。基础材料产业正向新材料产业拓展，世界上许多著名的新材料企业曾是钢铁、化工、有色金属等基础材料企业，它们利用积累的大规模生产能力、生产技术及充足的资金进入新材料领域。同时，随着元器件微型化趋势的日趋明显，新材料技术与器件一体化趋势越来越明显，新材料产业与上下游产业间的相互合作与融合更加紧密，产业垂直扩散趋势越来越明显。

### (一) 材料市场需求旺盛，产业规模扩张迅速

随着经济、社会和科技发展的加快，对新材料种类和数量的需求大大增加，新材料市场前景十分看好。以计算机、通信、绿色能源、生物医药、纳米产业等为代表的新兴产业快速发展，对新材料的需求进一步扩大。

### (二) 产业的多学科交叉及多部门参与特征越来越明显

新材料与信息、能源、医疗卫生、交通、建筑等领域的结合越来越紧密，材料科学工程与其他学科交叉的领域和规模都在不断扩大，如生物学、医学、电子学、光学等。新材料的发展还跨越多个相关部门，由此需要把材料发展纳入产、学、研、官一体化的平台，以满足材料开发对各个部门提出的不同要求。

### (三) 新材料向多功能、智能化方向发展，开发与应用联系更紧密

进入 21 世纪，新材料技术的突破将在很大程度上使材料产品实现智能化、多功能化、环保、复合化、低成本化及按用户进行订制等。这将加快信息产业和生物技术的革命性进展，也将给制造业、服务业及人们的生活方式带来越来越大的影响。新材料的开发与应用联系更加紧密，以特定目的开发新材料可以加快研制速度，提高材料的使用性能，便于新材料迅速走向实际应用，并有利于节约资源。

### (四) 产业发展对生态环境及资源协调性的关注越来越高

面对资源、环境和人口的巨大压力，各国都在不断加大生态环境材料及其相关领域的研发力度。开发新材料更加重视从生产到使用过程对环境的影响，关注资源保护、生产制备过程的污染和能耗、使用性能和回收再利用的问题。

### (五) 新材料产品标准的全球化趋势越来越明显

在经济全球化日益加强的背景下，能否在世界不同地方对同一材料采用相同的标准至关重要。各国材料及其产品数据标准不一致将会引起混乱、低效并增加成本，不利于市场应用的国际化。因此，对材料供应商和用户来说，不同的国家以相同方式测试材料特性非常重要，对于新兴市场上的新材料，这种要求尤其强烈（见表 9.1）。

127

表 9.1　世界主要国家新材料发展目标与重点

| 国别 | 新材料产业发展目标和重点 |
|------|------------------------|
| 美国 | 材料科技规划的战略目标是保持在材料领域的全球领导地位,支撑信息技术、生命科学、环境科学和纳米技术的发展,以满足国防、能源、电子信息等重要部门和领域的需求。相关的计划包括:21世纪国家纳米纲要、国家纳米技术计划(NNI)、未来工业材料计划、光电子计划、光伏计划、下一代照明光源计划、先进汽车材料计划、化石能材料计划、建筑材料计划、NSF先进材料与工艺过程计划等 |
| 日本 | 材料科技战略目标是保持产品的国际竞争力,注重实用性,在尖端领域赶超美国和欧洲。主要规划包括:科学技术基本计划(纳米技术与材料是四大领域之一)、纳米材料计划、21世纪之光计划、超级钢铁材料开发计划等 |
| 欧盟 | 材料科技战略目标是保持在航空航天材料等领域的竞争领先优势。重点发展的材料产业包括纳米技术和多功能材料及其新的生产工艺和设施。欧盟有多个与材料相关的计划,包括第六个框架计划、欧盟纳米计划、COST计划、尤里卡计划等 |
| 韩国 | 把材料科技列为确保2025年国家竞争力的6项核心技术之一,也是为其他领域技术突破铺路的技术。与材料相关的主要规划为:韩国科技发展长远规划——2025年构想、新产业发展战略、纳米科技推广计划、NT(纳米技术)综合发展计划(2001~2010)、G7计划(先导技术开发计划)、生物工程科学发展计划、原子能技术开发计划等 |
| 俄罗斯 | 把新材料和化学产品列为9项科技规划之一,近期材料发展关键技术包括:陶瓷和玻璃材料;膜技术;特种性能的金属和合金;重要战略原料的评估、综合开采和深加工技术;聚合材料和复合材料;超硬合成材料;超导技术;微型冶金生产技术模型 |
| 德国 | 在9大重点发展领域均将新材料列为首位,通过开发新材料以解决资源短缺和环境污染的问题。其中的重点发展领域包括激光、纳米、电子、生物、信息通信等技术领域,同时,还将纳米技术列为科研创新的战略领域 |

## 二、中国新材料产业发展特征及趋势

我国新材料产业已经过几十年的发展,特别是近10年来新材料获得快速发展,日益发展成为国民经济重要的战略性新兴产业。我国已初步形成了较为完整的新材料产业体系,产业发展呈现以下趋势:

### (一)产业规模将持续快速增长

近几年,我国新材料产品的市场增长率基本上以10%以上的速度增长,某些重要的新材料产品市场增长率甚至超过20％。"十二五"乃至2020年前，国内支柱产业及高技术产业发展对新材料的需求将进一步扩大，机械制造业、电子信息制造业、汽车工业、建筑业等支柱产业的快速发展对电子信息材料、生物医用材料、新能源材料、生态环境材料、航空航天材料、复合材料等在质量、性能与数量等方面都提出了更高的要求。同时，由于国内企业深加工能力不强，中高档新材料的短缺仍然是国内新材料产业发展面临的主要问题，存在着巨大的进口替代需求。

### （二）有国内需求支撑和资源基础的新材料产业发展迅猛

在电子信息材料领域，硅单晶抛光片、纯镓和高纯镓、水平砷化镓晶片等半导体材料产业，以及新型超长余辉发光材料和制品、氮化镓基高度发光材料与发光器件、彩色终端显示用荧光粉、偏光片彩色感光材料等显示发光材料增长较快。在电池和电池材料领域，锂离子电池、方型锂离子电池、锂离子电池极板材料、锂离子电池用六氟磷酸锂、镍氢动力电池正极新材料、动力电池储能材料等已形成较为完整的产业链。在稀土提取及相关产品方面形成了我国的特色产业。

### （三）产业的整体技术水平落后

目前，我国许多新材料企业仍采取了简单的外延式扩张模式，在短期内投入大量资本，在低端制造领域通过引进资本或设备迅速形成产能。目前，技术先进、产品附加值高的高端材料主要由国外厂商供应，而国内厂商在低端材料方面优势明显。总体来看，我国新材料领域的研发水平与发达国家还存在较大差距。据测算，目前我国大约有10％左右的领域在国际上处于领先地位，60％～70％的领域处于追赶状态，还有20％～30％存在相当大的差距。

### （四）各地区集聚发展态势越来越明显

目前，我国有20多个省市都将新材料作为高技术产业发展的重点之一，并通过产业基地的形式发展新材料产业。在各地新材料产业快速发展的同时，新材料产业在空间上的区域分工体系开始逐步形成。东部地区新材料产业园主要依靠市场、技术与人才等要素，其中华东地区综合实力最强，研发实力突出；东南地区市场需求广泛；东北地区以重工业引领需求；中西部地区主要依托矿产资源优势。新材料产业在各地区呈现集聚发展态势。

**（五）龙头企业的带动作用越来越明显**

新材料产业内不同规模的企业相互竞争合作，逐渐形成了专业化分工的模式。"十一五"以后，中国新材料企业加快了产业整合的步伐，通过进入新材料上下游产业降低经营成本、提高产品附加值、改变不利的产业竞争地位，并以此增强企业自身整体盈利水平。许多新材料企业从技术薄弱、规模弱小成长为技术领先、具备较大生产能力的上市公司及知名企业，行业竞争也由无序低价竞争转向以客户需求和市场导向来发展。

# 第二节　天津及滨海新区新材料产业发展的总体特征

随着天津工业化进程的推进，新材料产业快速发展，并呈现出了一些新特征，滨海新区作为天津新材料产业的重要集聚区，其发展特征更加突出。

## 一、天津新材料产业发展特征

材料工业是天津的传统优势工业之一，在新的发展环境和条件下又呈现出新的发展特征，成为天津正在蓬勃成长的又一新兴产业领域。

**（一）产业发展迅速，规模扩张明显**

天津新材料产业在"十一五"期间逐步发展壮大，膜材料、先进陶瓷材料、硅材料、钛材料等多种材料的研发制造能力处于全国领先水平。产业技术创新能力不断提高，特别是近年来引进了一批国际领先、市场急需的先进技术，研发生产了一批具有国际竞争力的拳头产品，形成了一批能够带动产业发展的骨干企业，在产业链条延伸、产业集聚和规模发展上取得了较大进步，为推动天津经济发展和产业结构转型提供了重要支撑。

**（二）科技实力雄厚，创新能力不断提高**

天津市在新材料领域拥有雄厚的科研基础，形成了国家级重点实验室、工程中心、国家级研究院所、大专院校科研机构、市级研究机构等多层次的创新机构体系；具备了从基础研究、应用技术研究到支撑产业化制造技术的全方位的科研开发能力，呈现出研发企业化、项目市场化、合作国际化的特点。产品技术创新水平不断提高，突破了锂离子电池、镍氢电池、高分子材料、纳米材料、膜分离技术等一批国内领先的关键技术和工艺，产业技术水平大幅提升。南开大学在镍氢电池相关材料的开发和生产技术方面取得了重要进展，特别是成功研制出了 D 型、F 型动力镍氢电池，填补了国内空白。其中，"镍氢电池、电池组及相关材料产业化关键技术的研究与系统集成"获得国家科技进步二等奖。

### （三）产业集聚趋势增强，产业链条逐步完善

通过招商引资和自主创新"双轮驱动"的发展方式，天津集聚了多家世界级新材料企业，实现了产业规模的快速增长，产业创新能力、企业技术水平提高迅速，初步形成了有一定影响力的产业集群，特别是在电子信息新材料、新能源材料等领域具备了较强的竞争力，产业规模迅速扩大。天津新材料产业初步形成了以金属新材料、化工新材料、电子信息新材料等为骨干的多样化产业门类，以及较为完善的产业链和配套体系。例如，绿色电池覆盖了锂离子电池、六氟磷酸锂、锂离子电池正负极材料等配套材料生产体系。金属新材料领域形成了以无缝钢管、焊条材料、石油套管、合金材料等产品为代表的产品体系；化工新材料在氟硅材料、合成树脂、涂料、环保和膜材料等领域已形成规模。

### （四）涌现了一批骨干企业

天津新材料领域聚集了巴莫、中环半导体、膜天膜、无塑集团、金发科技等一批规模大、效益好、研发制造能力强的骨干企业。力神公司产业化水平居国内领先地位，已形成 2.5 亿只锂离子电池的生产规模；膜天膜公司中空纤维膜材料产业化国内领先，部分产品达到国际先进水平，年产 100 万平方米中空纤维生产基地规模居亚洲第一。骨干企业的涌现带动了配套企业快速发展，形成了以龙头企业为主导、配套企业为基础、专业化分工为纽带的产业集群，产业竞争力全面提高。

## 二、滨海新区新材料产业的发展特征

"十一五"以来，滨海新区新材料产业依托产业基础和科技优势得到较快发展，开发了一批独具特色的新材料产品，新材料产业呈现出快速发展态势。

### （一）产业规模不断壮大

目前滨海新区已聚集各类新材料企业 100 余家，在绿色电池、电子信息材

料、化工新材料等领域产业基础雄厚，初步形成"八大"新材料体系：一是以晶体硅材料、磁性材料、光纤材料为代表的电子信息新材料；二是以锂电池正极材料、薄膜太阳能电池材料、光伏玻璃、LED衬底和外延片为代表的新能源材料；三是以无缝钢管、焊接材料、石油套管为代表的新型金属材料；四是以氟材料、硅材料、合成树脂、涂料和膜材料为代表的化工新材料；五是以高性能碳纤维及制品为代表的航空航天新材料；六是以介入治疗材料、药物缓释为代表的生物医药材料；七是以新型墙体材料、保温隔热材料为代表的新型建筑材料；八是以纳米材料、超导材料为代表的先导材料及技术。新材料产业已经成为滨海新区经济快速发展的重要支撑和拉动力量。目前，滨海新区集聚了中环、巴莫、膜天膜、三环乐喜等一批国内国际知名的新材料企业。同时，吸引了鑫茂、巴斯夫、金发、富通、陆港石油橡胶、西控茵诺威达等一批带动力强的项目入驻。其中，滨海高新区华苑产业园聚集了中环、鑫茂等国内重要的电子信息新材料生产企业；空港经济区聚集了古德里奇、PPG等多家知名的航空航天材料生产企业。

## （二）重点企业发展迅速

伴随着滨海新区新材料产业的迅速发展，一批规模扩张迅速、创新能力强的大企业在快速成长，成为滨海新区新材料产业发展的坚实支撑。如天津膜天膜科技股份有限公司，作为以膜材料和膜设备制造及膜工程设计施工和运营服务为产业链的国家高新技术企业，拥有数十套现代化的膜性能检测设备及所需的研发中心、营销中心、设计中心、工程中心、运营管理与服务中心等配套设施和机构。其生产的中空纤维超、微滤膜及膜组件等产品的性价比、售后服务连续多年在业内权威统计排名中稳居第一位，各项指标均稳居前两位。从事高科技绿色环保电池系列材料的研制、开发和规模化生产的天津巴莫科技股份有限公司，已发展成为国内技术力量雄厚和生产规模领先的锂离子电池正极材料研发、生产中心。天津市环欧半导体材料技术有限公司作为拥有单晶硅、硅片等半导体材料50余年生产历史和专业经验的国有控股企业，已形成了以直拉硅单晶、区熔硅单晶、直拉硅片、区熔硅片为主的四大系列产品，是国内同行业企业中硅单晶种类齐全的少数几家之一。企业综合经济实力、产品质量水平和市场竞争力、技术开发能力、经营管理水平都在稳步提升。天津立中合金集团作为汽车、高铁、航空航天、电力等工业用铝合金新材料的重要研发和生产基地，自建厂至今连续实现产销量翻番，客户已遍及东北、京津等环渤海区域。目前，在滨海新区还有一批正在快速成长的新材料企业，它们构成滨海新区新材料产业发展的主体。

### （三）产业集聚趋势不断增强

随着滨海新区国家片式元器件产业园区、国家通讯产业园区、国家集成电路产业园区建设和电子信息产业的发展，在电子信息材料方面滨海新区已经形成了以中环半导体为代表的晶圆材料、以长飞鑫茂为代表的光存储材料、以海泰超导为代表的超导膜材料的产业集群，聚集了在行业有领先地位、研发实力强的大型企业10余家，为新区的电子信息产业、半导体产业提供了良好的支撑。近年来，滨海新区在金属材料方面也有很大发展，主要以焊接材料和合金类企业为主，聚集了20多家大中型企业及研发机构，具有一定的产业集聚效应和研发实力。其中生产焊接材料的代表性企业有金桥焊材、天津冶金集团天材科技、永久焊材、三英焊业、金龙焊材等企业。滨海新区在保温材料、涂料、新型墙体材料已经聚集大型企业10余家，中小型企业30多家。其中有生产植物型油漆涂料的鎏虹科技，国内规模较大的生产聚脲、聚氨酯的防水防腐专业企业科泰化工，生产挤塑板的可耐福、生产保温一体化建材的赛恩科技，生产玻璃纤维保温隔热材料的欧文斯科宁，专业生产直埋保温管的泰达保温等。特种材料是冶炼、设备制造生产过程中的关键性材料，目前滨海新区在该领域的研发、生产主要集中在特种陶瓷、耐火材料方面，包括多家大型跨国公司，企业集群初步形成。

在促进产业集聚的过程中，滨海新区不断延伸重点领域的产业链，逐步形成多条较为完整的产业链条。"十一五"期间，通过引进和培育，滨海新区化工新材料初步建立起石油化工—合成树脂—改性塑料—塑料助剂—塑料加工—制品应用的产业链条；半导体照明材料初步形成了衬底材料—外延片生产—芯片制作—封装—应用产品的产业链条；电子信息材料初步形成单晶硅棒—单晶硅片—电子器件—电子产品的完整产业链条。

### （四）引进了一批带动力强的好项目大项目

随着滨海新区"大飞机"项目的实施，滨海新区吸引了多家大型材料类企业投资建厂，为该项目提供配套材料。生产飞机用复合材料的天津波音复合材料有限公司，总投资额约为1亿美元，成立于1999年，是一家世界级的复合材料制造公司。生产航空电缆的加铝（天津）铝合金产品有限公司由加拿大铝业公司（简称加铝）在 2008 年投资建设，该公司是全球领先的铝矾土、氧化铝和铝制品供应商及全球顶级工程和包装原材料提供商。世界 500 强企业 PPG 工业公司在空港经济区投资建厂，PPG 天津航空材料支持中心的投资总额为 210 万美元，待二期项目完成后，将实现年产航空涂料 200 吨，密封胶 100 吨，飞机风挡玻璃年周转 100 块的综合能力。

随着滨海新区"十大战役"加快推进，石化、装备制造业等龙头项目的带动和新区开发开放所形成的广阔市场，低碳、环保的新型建材产业迎来良好的发展契机。欧文斯科宁在天津的子公司是国内第一家同时具有生产玻璃纤维保温隔热材料及挤塑泡沫板两条生产线的企业。西控茵诺威达新型建材（天津）有限公司节能环保型工厂化房屋项目率先在轻纺经济区开工动建，主要以生产复合树脂低碳建材为主，建成后将成为亚洲最大的复合树脂低碳建材生产基地。该项目的建设将对延伸滨海新区石化产业链，大力发展低碳环保产业，加快推进轻纺经济区开发建设起到重要作用。

### （五）研发实力不断增强

产业技术创新体系逐步完善，新材料领域拥有各类重点实验室和研发中心 13 家，在纳米材料的制备、荧光粉体的制备、超级电容器的开发等重大产业应用领域取得了突破。新材料科研成果转化能力不断提高，依托天津工业大学的技术优势组建了我国中空纤维膜产业的龙头企业膜天膜集团公司，中空纤维膜材料产业化国内领先，部分产品达到国际先进水平，年产 100 万平方米中空纤维膜生产基地规模居亚洲第一；依托南开大学的技术优势，天津津能公司建成了 5 兆瓦非晶硅薄膜电池生产线。另外，滨海新区新材料产业的重点工程（技术研究）中心有国家纳米技术与工程研究院（国家级）、天津市膜技术工程中心（市级）、天津市焊接新材料技术工程中心（天津三英焊业股份有限公司，市级）等；重点企业技术中心有天津灯塔涂料有限公司技术中心（国家级）、天津市金桥焊材有限公司技术中心（市级）、天津三环乐喜新材料有限公司技术中心（市级）、中远关西涂料化工（天津）有限公司技术中心（市级）。依托这些重点工程（技术研究）中心和企业技术中心研发出的技术，培育出众多产业化项目。

在电子信息材料方面，中环半导体及其子公司环欧半导体中环领先拥有全球独特的半导体材料——半导体器件和新能源材料——新能源器件双产业链，拥有1个博士后科研工作站、2家省部级研发中心。直拉单晶及硅片技术和产销规模方面居国内前列；抛光片产业采用国际一流的新技术、新工艺流程，独立开发具有自主知识产权的大直径硅抛光片生产技术。海泰超导是国内第一家致力于超导通信电子产品及无源微波器件开发的公司，是国内超导薄膜制备、芯片加工及超导滤波器相关器件的研发和制造的工程中心，设有博士后科研工作站，拥有专利50余项，完成国家科技部"十五"及"十一五""863"科研课题，并承担工信部、天津市、滨海新区、高新区等各级政府多项科技攻关任务。目前公司已经建成了国内唯一的高温超导薄膜材料及高温超导滤波器子系统生产线，填补了国内高温超导弱电应用产业化的空白。

在纳米材料方面，滨海新区建立了国家纳米技术产业化基地、国家纳米技术与工程研究院检测中心，2007年通过了CNAS认可和CMA认证，是国内第一家通过双认证的纳米技术检测实验室。2008年经国家质量监督检验检疫总局授权和中国实验室国家认可委员会认可成为国家纳米产品质量监督检验中心，是从事纳米产品质量监督检验、仲裁的最高权威机构。经过几年的发展，目前已拥有科研大楼近1万平方米，拥有各类科研人员100多人，其中博士28人，海归9人，已基本建立了公共研发平台、公共检测平台和11个涉及不同领域的专业研发平台。根据产业发展情况，选择与纳米材料技术密切相关的新能源产业和生物医药产业为突破口，强调以产业发展为研发导向，兼顾纳米技术的共性问题，设立了纳米光电材料、薄膜太阳能、生物医药试剂和药物筛选、超临界药物晶型设计、微纳机电（MEMS/NEMS）纳米催化剂等专业研究室，形成既紧跟新技术产业发展又有广泛跨行业辐射力的研发服务平台。

在金属材料方面，金桥焊材公司是目前国际国内大型焊材企业，主要生产碳钢、低合金钢、耐热钢、低温钢、不锈钢、堆焊、铸铁七大类电焊条和$CO_2$气保实芯焊丝、药芯焊丝、埋弧焊丝、氩弧焊丝、焊剂，并组建了金桥焊接材料研究所，专门研究开发新型焊接材料。

虽然滨海新区新材料产业取得了显著进步，但距离新区建设国内重要的新材料产业基地的目标和定位仍有一些差距：一是产业规模小，产品种类多，缺少特色，产业的支撑作用不明显，带动性需要进一步加强；二是产业发展尚不协调，产业布局还相对分散，产业链条与配套能力不够完整；三是缺少核心竞争力，企业数量较多，但是拥有自主知识产权和先进生产技术的大型企业较少。

## 第三节　滨海新区新材料产业的发展趋势

加快新材料产业发展是滨海新区培育和发展战略性新兴产业、构建现代产业体系的重要内容，对推动新区工业自主创新和产业升级起着重要作用。滨海新区新材料产业也将呈现出以下发展趋势。

### 一、产业发展重点将进一步明确

未来滨海新区新材料产业将重点发展新能源材料、电子信息材料、新型金属材料、化工新材料等滨海新区具有一定规模和优势的行业，通过发挥原有产业优势，跟踪技术发展趋势，进一步提高产品的规模和质量，建设成为全球重要的电子信息材料、新能源材料生产基地，国内重要的新型金属材料、化工新材料生产基地。积极培育建筑新材料、航空航天新材料、生物医用材料等基础性、市场需求量大的行业，通过加强与上、下游产业相衔接，加快开发适合市场需求的新材料；积极培育纳米材料、海洋新材料等具有较大潜在优势的行业，通过自主创新、加快产业化进程、加大引资力度等方式逐步形成产业基础，形成国内领先的航空航天新材料、生物医用材料、建筑新材料产业集聚区和纳米材料、海洋新材料研发及产业化基地。

### 二、产业规模将进一步扩张

目前，滨海新区新材料产业企业规模普遍偏小，65％以上的新材料企业销售额不到1亿元，支撑作用尚不明显。未来滨海新区新材料产业将按照"为优势产业的产品与技术升级提供材料支持，为高端智能化绿色制造业提供材料保障，为循环经济发展提供材料服务"的发展思路和"材料功能复合化、功能材料智能化、使用绿色化"的发展方向，重点发展支撑航空航天、石油化工、电子信息、汽车、装备制造、生物医药、新能源等重点产业的新材料。重点发展特种功能材料技术和材料共性技术，发展特种塑料、特种高分子材料等绿色化工新材料；硅基材料、发光二极管材料、光电子材料等电子信息材料；锂电池中的正负极材料、非晶硅薄膜、砷化镓等新能源材料；聚合物基复合材料、金属基复合材料、陶瓷基复合材料等轻质且高强高韧、耐老化、耐腐蚀的航空航天专用材料；仿生材料、活性材料、可降解和吸收生物材料以及组织和器官修复与替代等生物医药材料。另外，还将发展纳米材料、先进复合材料、先进金属材料、纺织新材料等。

## 三、产业布局将进一步得到优化

根据滨海新区产业总体布局，新材料产业的布局将进一步得到调整优化，形成轻纺经济区新材料产业集聚区、经济技术开发区综合性新材料产业集群和空港经济区新材料产业集群。以经济技术开发区、轻纺经济区、空港经济区为主要空间载体，将滨海新区建设成为全球重要的电子信息材料、新能源材料生产基地，国内重要的新型金属材料、化工新材料生产基地，国内领先的航空航天新材料、生物医用材料、建筑新材料产业集聚区和纳米材料、海洋新材料研发及产业化基地，使新区成为国内领先、具有一定规模和特色的新材料产业基地。

轻纺经济区延伸拓展石化下游产业，以合成树脂、合成纤维、合成橡胶三大石化合成材料为原料基础，着力发展高性能纺织材料、高性能纤维材料、功能性高分子材料、新型建筑材料、高性能膜材料、纳米材料、生物医用材料等新材料产业，将轻纺经济区建设成国内重要的化工新材料产业基地和新型建筑材料产业基地。经济技术开发区着力发展电子信息材料、新能源材料、新型金属材料、高性能膜材料、纳米材料、生物医用材料等行业，形成一定的产业规模，实现产品高端化发展，增强对航空航天、汽车、高端装备制造、新能源等产业的配套能力。空港经济区重点发展航空航天用复合材料、高端金属结构材料和电子信息材料，支撑航空航天、高端装备制造、电子信息等产业发展需求。

## 四、产业创新能力将进一步提升

目前，滨海新区新材料企业总体技术层次还不高，缺少核心技术和具有自主知识产权的高附加值产品。新材料的应用水平低，高技术含量关键材料大部分依赖进口，企业以材料加工为主。缺乏全国领军企业，与国内领先企业有较大差距，没有占领产业制高点，成为相关产业发展的瓶颈。从事新材料开发的高等院校和科研院所虽然拥有一支实力较强的科研队伍，但和企业间的结合不够紧密，创新体系需进一步完善。为提高滨海新区新材料产业的创新能力，未来将进一步构建和完善新材料产业自主创新体系，集聚国内外创新资源，以自主知识产权成果的开发应用为核心，推动原始创新、集成创新和引进消化吸收再创新，提升产业自主创新能力，增强产业核心竞争力。重点建设企业创新支撑平台、公共研究服务平台、设立新材料产业联盟等，整合创新资源，完善服务体系，突出企业主体作用，促进技术主体与生产主体的相互联系，不断实现重大技术突破，显著提高新区新材料产业的自主创新能力和核心竞争力。

# 第十章
## 滨海新区汽车产业

汽车产业由于具备产业链长、产业关联度高、中间投入和价值转移比重大等特点，在很多国家和地区都被作为主要产业来发展。天津和北京、山东、河北一同构成我国汽车产业的环渤海产业集群，而滨海新区的汽车产业又是天津市和环渤海产业集群的重要构成部分。

## 第一节 汽车制造业产业链及发展环境分析

汽车产业是一个既古老又新兴的行业，已有一百多年的发展历史，是现代工业文明的发祥产业之一，同时又系统全面地应用现代新兴技术来提高产品的性能、品质，并不断降低成本，让汽车随着一个国家或地区的经济发展，逐渐由奢侈品向普通耐用消费品转变，造福民众。

### 一、汽车业的产业链描述

汽车业的产业链条相对较长，有资料表明汽车产业可带动 100 多个相关产业的发展。汽车制造业主要由五大部分构成，以汽车整车制造业为核心，向上可延伸至汽车零部件制造业以及和零部件制造相关的其他基础工业；向下可延伸至服务贸易领域，包括汽车销售、维修等传统服务行业，以及汽车金融、租赁等新兴汽车产业。此外，在汽车产业链的每一个环节都有完善的支撑体系，包括法律法规标准体系、试验研究开发体系等（见图 10.1）。

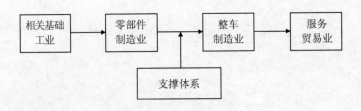

图 10.1　汽车产业链

### (一) 整车制造业

汽车的整车制造企业，一般只从事汽车总装及车身制造，包括总装、冲压、焊装及油气四大工艺；其余部分则由专业零部件制造企业生产，主要包括发动机零部件、电器电子装置等；对于汽车轮胎、橡塑件等生产部门，习惯上称为相关基础工业部门（见图 10.2）。

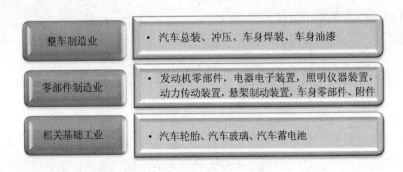

图 10.2　汽车制造业主要构成

### (二) 零部件制造业

汽车零部件种类繁多，载货汽车的零部件总数达到 7000～8000 个，而轿车的零部件总数达到 1 万个以上。按照汽车零部件的材质、用途等分类如下：①按材质分类，可分为金属零部件和非金属零部件。②按用途分类，可分为汽车制造用零部件和汽车维修用零部件。③按性质分类，可分为发动机系统、动力系统、传动系统、悬挂系统、制动系统、电气系统及其他。④从模块化供应的角度来看，可分为"模块→总成→组件→零部件"几个层次。⑤按科技含量分类，可分为高科技类、科技类和一般类。

### （三）相关基础工业

汽车生产涉及冶金、石化等原材料工业，以及电子、电器等其他十多个产业部门，这些行业和汽车产业的关系都十分密切。目前全世界钢材产量的约 15%，铝产量的约 25%，橡胶产量的约 50%，塑料产量的约 10%，石油产量的 1/3 以上用于汽车产业。

### （四）汽车服务贸易业

汽车服务贸易业主要包括以下几个行业：①汽车金融业。汽车金融主要是指与汽车产业相关的金融服务，是在汽车研发设计、生产、流通、消费等各个环节中所涉及的资金融通的方式，是汽车产业链条中极为关键的一节。②汽车租赁业。汽车租赁业作为一种全新的消费形式，不仅可以有效地缓解生产与销售之间的"瓶颈"，而且对汽车消费市场的拓展也具有积极作用。③汽车保险业。近年来我国汽车保险业呈现出市场主体增多，竞争加剧等良好态势，但总体而言，我国的汽车保险业还很不成熟。④汽车物流服务业。目前我国只有30%的汽车公司将物流业务外包，与国外还有很大差距，同时物流企业提供的服务范围窄。⑤汽车设计服务业。我国汽车设计服务业尚处于起步阶段，整体规模偏小，多数设计公司不具备整车开发的实力。

## 二、汽车产业发展的国际环境

进入 21 世纪以来，中国汽车产业高速发展，已经成为世界汽车生产大国。2008 年金融危机的爆发和蔓延，更使中国的汽车市场受到严重冲击。而这两年，由于全球经济环境的复苏，中国汽车产业面临的国际和国内环境又有新的变化。

### （一）全球汽车市场逐渐复苏

由于世界各地经济复苏，消费者信心改善，汽车消费需求上升。根据汽车工业协会发布的统计数据，2010 年全球汽车产量达到 7761 万辆，同比增长 25.8%。在北美地区，2010 年美国轻型汽车销量为 1160 万辆，与 2009 年（1040 万辆）相比增长 11%。加拿大 2010 年轻型汽车销量为 160 万辆，与 2009 年相比增长 7%。新兴汽车市场在 2010 年首次占据了全球轻型汽车销量的一半以上，未来还将继续保持这种增长势头。

### （二）汽车市场逐渐向发展中国家转移

在金融危机影响下，中国市场的作用和战略地位进一步体现，成为跨国汽车巨头利润的最主要来源地，目前各大跨国巨头不断扩大在华产能，逐步完善其在华布局，抢占中国市场。全球汽车产业市场重心从欧洲、美国、日本为代表的发达国家转移到了以中国为代表的发展中国家，中国已经成为全球最大的汽车生产和消费市场（见图 10.3）。

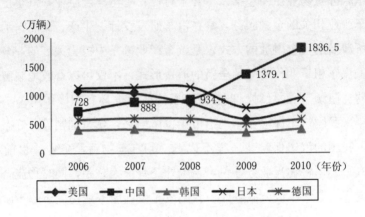

（万辆）

**图 10.3　主要汽车生产大国汽车产量趋势**

资料来源：国际汽车制造商协会。

### （三）节能与新能源汽车是未来发展趋势

目前全球汽车产业的可持续发展面临着能源和环境的双重挑战，大力发展节能与新能源汽车已经成为国际社会应对能源短缺、环境污染的有力举措。日本目前积极开展和推进各种新能源汽车的研究及市场化工作，其混合动力汽车处于领先地位，节能水平达到 38%。其中，丰田汽车已经推出了混合动力的产品。美国方面，通用汽车公司全面开展氢燃料电池、混合动力等新兴汽车的研发，福特汽车公司全面开展混合动力、充电式混合动力、E85 乙醇灵活燃料的开发。

## 三、汽车产业的国内发展环境

汽车产业是中国改革开放以来融入世界发展潮流，吸纳外商直接投资的主要领域之一，也是伴随中国的工业化和城镇化进程不断发展壮大的产业。2010

年，我国汽车产销双双超过 1800 万辆，稳居全球产销第一宝座。从发展趋势看，中国汽车产业呈现以下几个特征：

### （一）大型企业集团的产能扩张项目增加

基于对中国汽车市场未来将保持增长态势这一判断，国内各主要汽车企业集团纷纷确定了未来的产能规划目标（见图 10.4）。

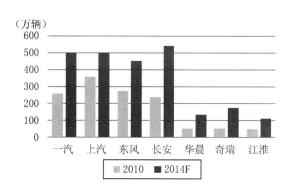

**图 10.4　我国各主要汽车企业 2014 年产能规划目标**

在近几年的发展中，国内主要汽车集团，如一汽、上汽等基本完成了在国内的生产布局。此外，国际一线汽车企业也基本完成国内布局，如丰田、大众等都已经与两家中方企业成立了乘用车合资公司。综合以上因素，可以看出未来几年中国汽车产业投资规模将进一步扩大，但是投资项目将以国内现有大型骨干企业扩大产能建设项目为主。

### （二）节能与新能源汽车是发展方向

节能、环保和安全统筹兼顾、协调发展，是汽车产业持续、健康发展的重要标志。因此，未来的 10～20 年，将是新能源汽车产业格局形成的一个关键时期。目前，我国已初步掌握了新能源汽车的部分关键技术，但是从新能源汽车发展的成熟程度上来讲，与发达国家还有很大差距。预计到 2015 年，我国新能源汽车产业及相关配套设施总投资将达到 4000 亿元，新能源汽车产销量将达到 30 万辆以上，节能技术将广泛应用于传统汽车，新车平均单车油耗将下降 30％以上，进而达到国际先进水平。

### （三）汽车产业兼并重组进程加快

发达国家的汽车工业发展史是一部生产集中程度越来越高的联合兼并史。

中国目前整车企业数量过多，市场分散，大而不强。"十二五"期间，中国将在全国范围内出台跨行业的兼并重组指导意见，克服在兼并重组过程中体制和政策上的障碍，特别是跨地区、跨所有制兼并重组的政策障碍。

### （四）汽车服务业将获得快速发展

汽车服务业是汽车产业的重要组成部分，也是汽车产业链中最为稳定的利润来源，占总利润的 60%～70%。目前，中国汽车服务业还处于初级阶段，汽车企业除了依靠自身力量发展外，将更加重视借助行业第三方技术服务机构提供的研发服务、信息咨询服务以及工程设计服务来提高自身的技术研发水平，改进产品服务，改善市场状况。

# 第二节　滨海新区汽车产业的发展特征和趋势

滨海新区的汽车产业是天津市汽车产业的重要组成部分，滨海新区也是国家级的汽车及零部件出口基地。近些年，滨海新区利用自身的区位和科研优势，充分发挥开发区作为国家级汽车及零部件出口基地、国家新型工业化产业示范基地的功能和作用，从规划、政策、平台、土地等多方面着手，力争形成产业链条完整的汽车产业集群。滨海新区在现有基础上，将以"巩固一个龙头"（轿车）、"打造一个基地"（零部件基地）、"突破两个领域"（重卡和大型客车）、"提升三个水平"（制造水平、研发水平、汽车服务业水平）和"跟进一个方向"（新能源汽车）为发展方向，重点依托一汽丰田、长城汽车等整车项目，积极发展汽车电子、汽车变速箱等关键核心零部件，大力发展通用类零部件，加快拓展汽车金融、汽车检测认证、汽车销售等汽车服务业，延长汽车产业链条、拓宽价值链增值环节。滨海新区汽车产业表现出如下的发展特征和趋势：

## 一、汽车产业已初具规模，冲刺百万产能

"十一五"期间，滨海新区汽车制造业实现快速增长，到 2010 年实现工业总产值 1060.17 亿元、利润总额 109.90 亿元，年均增长率达到 16%；其中汽车整车制造总产值 688.2 亿元。根据统计数据，滨海新区的汽车产量约占全国

汽车产量的 5.14%。

随着 2011 年初天津一汽丰田第 200 万辆汽车驶下生产线,以及长城汽车天津生产基地的正式投产,滨海新区汽车产业蓄势已久的一汽丰田和长城汽车"双引擎"已正式发动,引领滨海新区的汽车产业冲刺百万产能。2010 年滨海新区的汽车产业工业总产值已超过 1000 亿元,从业人数已达到 4 万多人(见表 10.1)。

表 10.1　2008~2010 年滨海新区汽车产业的产业规模

| 年份 | 从业人员(人) | 主营业务收入(亿元) | 资产总计(亿元) | 工业总产值(亿元) | 工业销售产值(亿元) |
|---|---|---|---|---|---|
| 2008 | 39110 | 788.05 | 309.10 | 789.66 | 784.14 |
| 2009 | 38418 | 815.98 | 378.53 | 815.05 | 809.12 |
| 2010 | 42019 | 1056.45 | 438.01 | 1060.17 | 1054.74 |

资料来源:滨海新区统计局。

从国内汽车产量的地区分布格局来看,产量超过 100 万辆是一个竞争的转折点,能够获取良好的产业集聚效应,并在国内市场发挥一定的区域品牌影响力。综观目前汽车产量已经超过 100 万辆的地区,除去广西是以重型卡车为主,是中国最大的重型卡车生产基地之外,北京、上海、重庆分别拥有 9 家、6 家、12 家整车生产企业,而天津市只有 5 家,其中长城汽车是刚刚投产,清源电动车生产规模还非常小。

截至 2011 年底,天津滨海汽车零部件产业园已引进生产型企业 48 家,商贸服务型企业 14 家,世界行业巨头相继落户,形成天津市工贸结合的汽车零部件产业集群。在天津滨海汽车零部件产业园引进的企业中,10% 的企业为外资,包括世界行业排名分别为第一、第二、第三位的日本椿本链条项目、日本大气社项目、日本东椿大气等汽车零部件及汽车制造装备项目。

## 二、汽车产业基础雄厚,逐步向"全产业链"发展

目前滨海新区汽车产业的产业链条过多集中于制造环节,产业链上游的研发设计和下游的金融、销售等汽车服务业相对滞后。据统计资料显示,2010

年滨海新区拥有各类汽车制造企业 96 家，其中零部件企业 85 家，零部件行业总产值达到 74.4 亿元，具体而言，齿轮、传动和驱动部件占零部件行业总产值的 50%，模具占 25%，阀门和旋塞占 15%，液压和气动压力机械及元件占 6%，金属密封件占 4%。现有的 85 家零部件企业中，阀门和旋塞的制造企业 20 家，液压和气压动力机械及元件制造企业 16 家，轴承制造企业 1 家，齿轮、传动和驱动部件制造企业 11 家，金属密封件制造企业 4 家，紧固件和弹簧制造企业 2 家，模具制造企业 31 家，从业人员近 3 万人。

长城汽车在天津的投产，不仅为滨海新区创造出巨大的产能，也描绘出了汽车产业链向上下游延伸拓展的路径，使滨海新区汽车产业集聚发展显现出更大的"磁场效应"。长城汽车将围绕天津基地构建完整的营销渠道，与此同时，在汽车产业与金融功能融合方面，已经与天津银行展开合作，将围绕汽车产业的供、产、销、研等特点共同研究创新金融服务模式，带动汽车产业链向金融方向延伸（详见 10.5）。

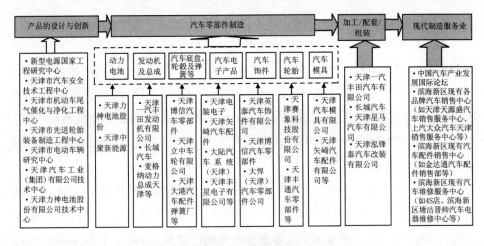

**图 10.5　滨海新区汽车制造业产业链分析**

资料来源：《滨海新区汽车及装备制造产业发展研究报告》。

## 三、研发力量崛起成汽车产业的新增长点

在汽车高端研发设计领域，滨海新区聚集了丰田技研、松下汽车电子、富士通天等一批著名企业。近年来国内合资企业纷纷开始开发自主品牌，对企业

的独立研发能力提出了更高的要求，一汽丰田研发中心已经投入使用，并在威驰平台上开发出了拥有自主知识产权的电动车，并计划在自有平台基础上开发自主品牌车型。

技术创新体系初步完善。拥有新型电源国家工程研究中心和天津市汽车安全技术工程中心、天津市机动车尾气催化与净化工程中心、天津市先进轮胎装备制造工程中心、天津市电动车辆研究中心4家市级工程（技术研究）中心；天津汽车工业（集团）有限公司技术中心、天津力神电池股份有限公司技术中心2个国家级企业技术中心。此外，斯坦雷电气、富士通天电子、松下汽车电子、锦湖轮胎等多家企业已在滨海新区设立汽车相关的研发机构。长城汽车天津基地综合办公区已为研发部门预留了上千个工位，将根据生产的需要逐步加强天津基地的研发力量。随着发动机和变速器等核心零部件厂2012年的投产，天津基地的产研体系将基本成型。

### 四、抢占新能源汽车产业发展的制高点

目前，滨海新区已经初步掌握新能源汽车的部分关键技术，建成了国内第一家具备汽车生产资质的专业新能源汽车企业天津清源电动车，以及与电动车配套的国内最大的电动汽车动力电池生产企业力神电池，还有电池相关组件的研发、生产企业，初步形成了较为完整的电动车产业链。随着滨海新区汽车产业的发展，滨海新区知名企业数目增加，在汽车模具、电动汽车自控系统上处于国内同行业领先水平，其中力神电动汽车电池及电控系统成为唯一一家通过美国高速公路测试的新能源汽车配套企业。

### 五、大力发展汽车服务业，抢占产业链高端环节

在汽车消费时代，汽车不仅是一种产品更是一种文化，汽车服务将是未来一个重要的消费增长点。目前，被业内誉为"汽车行业的达沃斯"的"中国汽车产业发展国际论坛"和各类汽车销售中心、汽车配件销售中心、汽车维修服务中心等构成汽车行业现代制造服务产业。滨海新区具有发展汽车服务业的优势条件，如港口等交通区位优势、东疆保税港区的政策优势等，因此，围绕汽车展示销售、维修养护、汽车金融、汽车物流、汽车贸易、汽车游乐等做强汽车服务业，是滨海新区汽车产业实现价值链提升的一个重要方向。滨海新区在

未来汽车产业的发展中将逐步完善产品设计和创新平台以及销售服务等环节，抢占价值链的高端环节（详见图 10.6）。

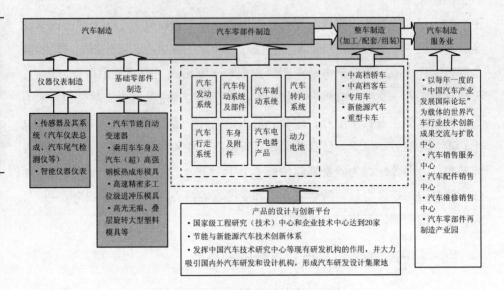

**图 10.6　滨海新区汽车产业产业链规划**

资料来源：《滨海新区汽车及装备制造产业发展研究报告》。

# 第十一章
# 滨海新区装备制造业

装备制造业是制造业的重要组成部分，是为国民经济发展和国家安全提供技术装备的基础性、战略性产业，代表着一个国家的科技进步与工业发展水平及社会进步程度。高度发达的装备制造业是实现工业化的必备条件，也是决定国家在经济全球化进程中的国际分工地位的关键性因素。

装备制造业作为滨海新区经济发展的支柱产业之一，其产业综合竞争力和国际竞争力的提高，对促进滨海新区工业实现又好又快发展，产业结构优化升级，实现国家对滨海新区建设"高水平现代制造业和研发转化基地"的功能定位起着重要的支撑作用。

## 第一节　装备制造业的产业构成及特征

装备制造业是我国专用的一个产业概念，与发达国家通常使用的先进制造业的概念有重合部分，但不完全一致。

### 一、装备制造业的内涵与分类

按照我国现行的 2002 年《国民经济行业分类》，装备制造业大致分为 7 大类（见图 11.1）56 个中类。

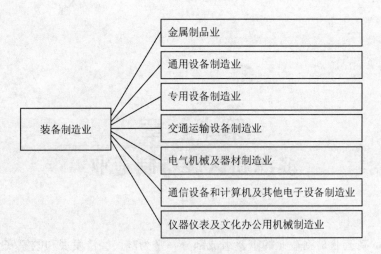

**图 11.1　装备制造业产业构成示意图**

资料来源:《国民经济行业分类》(2002 年)。

由于汽车制造业、航空航天制造业、信息产业已经独立分章论述,本章所讨论的内容不再包含这三个部分。

## 二、装备制造业产业链与产品分类

装备制造业生产制造部分的产业链大致可以分为上、中、下游三段:上游环节是原材料制造业,中游是中间件制造业,下游是机芯制造和系统集成。下游产业链内涵十分丰富,包括了各种成型装备产品的核心生产能力(详见图 11.2)。

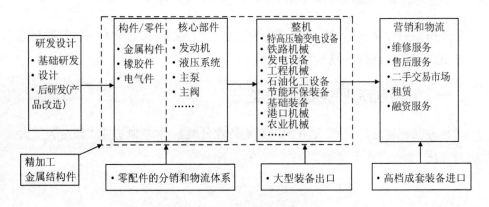

**图 11.2　装备制造业产业链**

装备制造业的产品种类繁多，其中，基础装备是以机床工业为代表的装备制造业的工作母机，它在很大程度上决定了其他装备产品的质量和性能高低；重大技术装备对结构调整、产业升级有积极的带动作用，是需要跨部门、跨地区才能完成的成套设备；高新技术产业装备多是信息与通信领域的产品，它的突出特点是技术具有十分强大的渗透性，产品具有高附加值，往往是单机装备中技术含量最高的关键设备；专用装备和一般机械装备随着经济的发展，需求不断增加，一个国家装备工业的规模和实力的大小与该国各种专用装备和一般机械装备的门类齐全程度以及技术水平的高低密切相关。

### 三、装备制造业的主要技术经济特性

一国装备制造业的发展水平是该国科技水平、工业实力的综合体现，成为国家经济实力和竞争力的集中代表。装备制造业主要具有以下特点：①装备制造业与其他产业关联度大，带动性强。不仅涉及机械加工业，还涉及材料、电子和机械零配件加工等配套行业。②装备制造业是高就业、节省能源和资源的高附加值产业。③装备制造业是事关国家经济安全及综合国力的战略性产业，装备制造业的发展水平反映出一个国家在科学技术、工艺设计、材料、加工制造等方面的综合配套能力。

# 第二节　装备制造业的国外发展现状及趋势

装备制造业在发达国家通常被冠以"先进制造业"的称谓，是发达国家制造业的主体构成，也是发达国家制造业的竞争力之本。

### 一、全球装备制造业的发展现状

当今世界装备制造大国是美国、日本、德国、中国等。装备制造业是主要工业化或后工业化国家的主导产业，占其制造业的比重均超过 $1/3$[①]。另有一

---

① 周凤武：《2007 年机械行业研究：深度报告》，东方证券。美国为 41.9%、日本为 43.6%、德国为 46.4%。

些国家在装备制造业的某些行业处于强国的地位，代表世界领先水平，如俄罗斯的重型机械、加拿大的轨道车辆等。狭义的装备制造业主要指机床业，机床业又称为装备制造业的"母机"，目前机床业的高端产品和研发等核心环节主要集中在发达国家和地区，中低档机床的生产制造则通过跨国公司的全球化运营向次发达地区转移（详见图11.3）。

**图 11.3　世界机床产业分布**

资料来源：《天津经济技术开发区装备制造业"十二五"发展规划》（概要）。

## 二、世界装备制造业强国的共性特征

世界装备制造业的强国主要有美国、日本、德国、法国等国家，这些国家的竞争优势领域又各不相同。但从发展方式和组织形式上却拥有一些共性特征：①大型跨国公司是发达国家装备制造业的支柱。美国的通用电气，日本的三菱、东芝等跨国公司资产规模大，全球化配置资源，技术研发、系统集成能力强，具有提高成套设备的能力。②培育产业集群成为增强装备制造业竞争力的重要举措，如英国北部的汽车与金属加工等制造业集群、博洛尼亚地区的包装机械集群、都灵的自动化装备机械集群。③生产方式和管理模式发生深刻变革，开创了以并行工程、精益生产方式等为特点的制造业定制生产的新时代，管理结构向扁平的网络结构转变。④大型装备制造企业的系统设计、成套制造能力不断增强，通用电气、西门子、三菱重工等大型装备制造企业都在朝着总体设计、系统集成、成套生产、配套服务等"一揽子"功能的大型装备制造企业转型。

## 三、世界装备制造业的发展趋势

世界先进制造业的发展趋势呈现出如下特征：①专业化，装备制造业的产业链不断细分，从主机开发设计到分系统零部件的分包制造、总装测试、售后服务各环节都可通过企业协作来完成。②全球化，装备制造业的技术研究、开发、生产以及销售的全球化合作日趋加强，呈现出全球化的发展趋势[①]。③市场结构集中化，电力、冶金、石化大型成套设备制造商以及数控系统、基础零部件等领域，均呈现市场结构集中化与大型跨国公司主导的局面。④产业集群化，由龙头企业带动，相同或相关行业的企业在区域内集聚，形成大、中、小企业配套协作关系，细化、优化产业链分工，发挥地区制造平台作用和企业协作能力，进而获取较强的区域竞争力。⑤服务化，跨国公司为了保有和争夺海内外市场，其竞争领域已经发展到针对个性需求的快速响应能力，以及面向客户的全方位全寿命工程服务。⑥信息化与高技术化，主要表现为将计算机、自动化控制、光机电一体化、网络技术等高新技术运用于装备制造的设计与加工设备等领域，推动装备制造技术的不断升级。⑦绿色制造和极端制造，前者是在保证产品的功能、质量、成本的前提下，综合考虑环境影响和资源效率的现代制造模式，推行节能降耗的生产方式，后者是指在极端环境下制造极端尺度或极高功能的器件和功能系统的能力。

---

① 主要通过两种方式：一是发达国家将劳动及资源密集型制造业向发展中国家转移；二是跨国公司将各类装备制造业的高端部分及全球营销服务网络控制在手中，其他零部件制造或组装等生产环节则向海外市场扩散。

# 第三节　我国装备制造业的现状特征

我国装备制造业经过半个多世纪的艰苦奋斗，已经步入历史上最好的发展时期，呈现出持续、快速、全面增长的势头。目前我国装备制造业已经形成门类齐全、规模较大、具有一定技术水平的产业体系，成为国民经济的重要支柱产业。

## 一、规模迅速扩张，居于世界前列

随着《国务院关于加快振兴装备制造业的若干意见》的实施，我国装备制造业的发展步伐明显加快，重大技术装备自主化水平显著提高，部分产品技术水平和市场占有率跃居世界前列（详见表 11.1）。

表 11.1　2006～2009 年中、美、日、德四国装备制造[①]工业总产值

| 国别 | 2006 年 | 2007 年 | 2008 年 | 2009 年 |
|---|---|---|---|---|
| 中国 | 11197 | 15186 | 20167 | 22524 |
| 美国 | 20200 | 20300 | 19800 | 15186 |
| 日本 | 13900 | 15000 | 15600 | 13180 |
| 德国 | 10300 | 13100 | 13251 | 10956 |

资料来源：赛迪顾问：《中国装备制造业发展报告》（2006～2009）。

## 二、三足鼎立的所有制格局初步形成

随着对外开放、体制改革和市场化的深入，目前我国装备制造业中国有、民营、外资企业三足鼎立的格局已经初步形成（详见图 11.4）。其中，民营和外资企业在行业中的经营比重不断加大。

①　此处装备制造为广义的装备制造，包含航空航天、汽车等。

**图 11.4　2011 年 1～5 月我国工程机械行业工业销售总产值构成**

资料来源：中国工程机械行业月度统计数据 2011 年 6 月，中国机械工业联合会机经网。

## 三、一批具有核心竞争优势的企业脱颖而出

近年来，我国成长起一批具有国际竞争力的装备制造骨干企业，它们积极投入新技术、新产品研发，在各自领域冲破了国外垄断，赢得了市场，走上了良性循环的发展道路（详见图 11.5）。

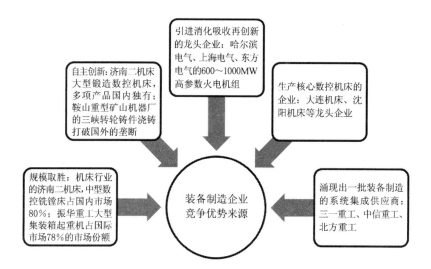

**图 11.5　我国装备制造企业竞争优势来源①**

资料来源：笔者整理。

---

①　系统集成商的业务领域：工程机械领域的三一重工，自主研发全系列工程机械，部分产品已经达到世界先进水平；中信重工成为超大型矿山装备制造与工程总承包商；北方重工成为千万吨级露天煤矿成套设备集成供应商等。

## 四、产业集聚效应得以显现

在市场和政府的双重推动下，我国装备制造业内以高度专业化分工和规模化生产为特点的产业集群正在迅速形成，产业集聚效应得以初步显现。目前我国装备制造业集群大体可分为如下五个区域：广东、福建以通信设备和计算机为基础；长三角地区以电子信息设备及汽车零部件为基础；数控机床、轨道交通、海洋工程、航空航天等是环渤海工业带的优势高端装备产业；东北是我国的老工业基地，以重大成套设备为特色；中西部装备制造业主要集中在四川、重庆、湖北和陕西，以军事装备为特色。

## 五、"进口替代"与"出口扩张"双管齐下

近几年来，我国装备制造企业通过引进消化吸收再创新，与世界先进水平的技术差距正在逐步缩小。同时，随着我国装备制造企业在一些领域内产品技术水平的提高和品牌知名度的提升，在部分领域形成了性价比优势，积极开拓国际市场。

虽然我国装备制造业取得了令人瞩目的成就，但我国毕竟还处于工业化的中期阶段，与美、日、德等发达国家存在较大差距。具体表现为：组织结构不合理，大、中、小企业分工协作的良性效应尚未达到；企业自主开发能力低，对国外技术和设备的依赖程度还很高；产品结构不合理，结构性过剩和结构性短缺并存。

# 第四节　天津市与滨海新区装备制造业的发展特征

天津市是改革开放之前我国机械工业的主要生产地之一，具有较为雄厚的产业基础，特别是仪器仪表和机床生产优势明显。但随着改革开放与体制变革，产业变迁的步伐加快，天津市的装备制造业发展呈现出一些新的特征。滨海新区作为天津市工业的重要聚集区，也是承载天津市装备制造业发展的核心区，特别是近几年，一批重大装备制造项目落户滨海新区。

## 一、天津市装备制造业历经涨落再度兴起

天津市早在计划经济时期就是我国电器机械、仪器仪表、船舶制造等行业的重要生产基地，具有悠久的发展历史。但 20 世纪 90 年代以后，天津市装备制造业的发展陷入一段停滞期，电器机械、仪器仪表、船舶制造等几个传统优势行业都纷纷丧失了从前的竞争优势地位，大批企业或转产或转制或破产，装备制造业一度萧条。近几年，得益于滨海新区的进一步开发开放和天津市的企业改革与市场化深入推进等多种有利因素，天津市的装备制造业再度兴起，展露出新的生机。目前已经初步形成了涵盖装备制造业的所有七大产业门类的相对完整的产业体系。特别是在工程机械、机床装备、石油化工设备、轻工包装设备、数字医疗设备、仪器仪表、通信终端设备、智能化装备等行业领域具有较强的竞争能力，成为我国装备制造业发展的既古老又新兴的区域。

## 二、天津市装备制造业的区域性聚集初步显现

从空间发展来看，天津市装备制造业外资和其他内资企业主要集中在滨海新区所属的经济技术开发区、保税区、临港经济区、高新区以及环城四区。开发区内聚集了维斯塔斯、SEW、约翰迪尔、霍尼韦尔、奥的斯、新兴铸管等装备制造企业，保税区有久益环球、扎努西压缩机、阿尔斯通水电设备、柳工机械、卡特彼勒、麦格纳、瑞士百超、豪士卡、天汽模、恒银金融科技、特变电工等企业，临港经济区聚集了北车集团、中船重工、新河船舶、湘潭电机、太原重机等国内装备制造业龙头，高新区有西门子、鼎盛天工、歌美飒等企业聚集。在环城四区中，装备制造企业最集中的是北辰区，主要包括珀金斯动力、ABB、汉森风电、中国兵器、中船重工、塑力集团等；其次是东丽区，主要有中国一重、中核机械、精诚机床等，西青区有丰田发动机等（详见图 11.6）。

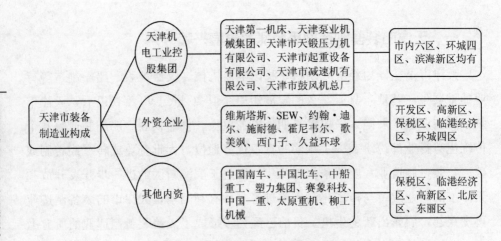

**图 11.6 天津市装备制造业构成及分布区域**

资料来源：笔者整理。

## 三、装备制造业成为天津市新的产业增长点

最近十余年，天津市产业体系的提升与重塑步伐加快，装备制造业则成为产业体系的新增长点之一，成为拉动天津市工业经济快速增长的主要动力。特别是随着海上油田开采装备制造、大型盾构机等一批重大工业项目的落户，天津装备制造产品领域进一步拓宽，在工作母机、电梯、基础零部件等优势产品领域的基础上，不断向大型成套化方向拓展，形成了以石油钻采设备、超高压输变电设备、工程机械、水泥装备等为核心的系列成套装备和以重型起重设备、兆瓦级风力发电设备等为代表的优势产品，产业整体水平和竞争力显著增强。

作为天津市新的产业增长点，装备制造业的特征还体现在具有较强的技术创新与自主创新能力上，2009 年天津市规模以上装备制造企业 R&D 经费投入占销售收入的平均比重达到 2.6%，多项重大装备填补了国内空白，其中"巨型工程子午线轮胎成套生产技术与设备开发"和"超深复杂井用超高强度石油套管及其特殊管串结构技术"分别获得国家科学技术进步一、二等奖，专利申请量占全市的 50% 以上，创新投入和技术创新体系建设成效显著。产业发展总体呈现出设计信息化、装备智能化、流程自动化、管理现代化的趋势。

## 四、滨海新区占天津市装备制造业的半壁江山

伴随 20 世纪 90 年代天津市"工业东移"战略的实施，以及 2006 年滨海新区综合配套改革试验区的获批，滨海新区在天津市经济和产业发展中的地位显著增强。装备制造业的这一特征更加突出，2009 年滨海新区装备制造业产值为 1241.1 亿元，天津市装备制造业产值为 2373.6 亿元，滨海新区装备制造业占天津市装备制造业的 52.29%（详见表 11.2）。

表 11.2 2007～2009 年滨海新区装备制造业产值以及 2009 年占天津市的比重

| 行业 | 滨海新区工业总产值（亿元） | | | 天津市工业总产值（亿元）及占天津市的比重（%） | |
| --- | --- | --- | --- | --- | --- |
| | 2007 年 | 2008 年 | 2009 年 | 2009 年 | 2009 年 |
| 金属制品业 | 112 | 185.1 | 139.8 | 522 | 26.78 |
| 通用设备制造业 | 241.7 | 324.5 | 374 | 634.8 | 58.92 |
| 专用设备制造业 | 55.9 | 194.1 | 258.3 | 474.6 | 54.42 |
| 电气机械及器材制造业 | 105.8 | 145.8 | 380.8 | 623.1 | 61.11 |
| 机械制造 | 72.8 | 103.5 | 88.2 | 119.1 | 74.06 |
| 总计 | 588.2 | 953 | 1241.1 | 2373.6 | 52.29 |

资料来源：《天津滨海新区统计年鉴》（2008～2010）、《天津市统计年鉴》（2010）。

根据表 11.2 可以看出，尽管经历金融危机，但滨海新区装备制造业的工业总产值整体上仍然稳步上升。从细分行业来看，受金融危机影响较大的行业主要是金属制品业和机械制造业，它们的工业总产值出现了明显的下滑。与此相反，通用设备、专用设备、电器机械及器材制造业的工业总产值则不断地快速提升，电器机械及器材制造业增长率甚至达到 161%。另外，滨海新区的装备制造业以通用设备制造业和电气机械及器材设备制造业为主的格局短期内不会改变，二者在 2007～2009 年占滨海新区的装备制造业总产值的比例分别为 59.08%、49.34% 和 60.82%。

## 五、滨海新区的装备制造业规模迅速扩张

近几年，滨海新区装备制造业发展迅猛，产业规模不断壮大。目前，滨海

新区规模以上装备制造企业（含汽车及零部件生产企业 91 家）近千家。2010 年，装备制造业完成工业总产值 2154.1 亿元（含汽车），占滨海新区工业总产值 10653 亿元①的 20.22％，实现销售收入 2132.6 亿元，利润 217.2 亿元，分别比上年增长 14.14％、16.14％、33.99％。近 3 年滨海新区装备制造业主要经济指标增长情况见表 11.3。

表 11.3 2008～2010 年滨海新区装备制造业主要经济指标　　　单位：亿元

| 主要指标 ＼ 年度 | 2008 | 2009 | 2010 | 年均增长率（％） |
|---|---|---|---|---|
| 工业总产值 | 1890.8 | 1887.2 | 2154.1 | 6.74 |
| 销售产值 | 1849.3 | 1836.3 | 2132.6 | 7.39 |
| 利润总额 | 143.0 | 162.1 | 217.2 | 23.24 |

资料来源：滨海新区统计局。

从表 11.3 可以看出，滨海新区装备制造业各项经济指标近几年呈现稳定增长态势，其中利润总额年均增长率超过 23％。2009 年滨海新区装备制造业工业总产值较 2008 年有所降低，但 2010 年又略有上升。究其原因主要是受金融危机的影响以及许多大项目、新项目尚未建成投产的缘故。伴随着新项目、大项目的引进和投产，滨海新区的装备制造业的工业总产值将会大幅度提升。

## 六、滨海新区龙头企业带动的产业集聚效应显著增强

滨海新区聚集了一批国内外知名龙头企业。如约翰迪尔、奥的斯、霍尼韦尔、卡特彼勒、施耐德、阿尔斯通等世界 500 强企业，维斯塔斯、SEW 等行业内领先企业以及渤海装备、东方电气、新兴铸管、赛象科技、柳工机械、中船重工等国内行业龙头企业。除了生产制造企业之外，滨海新区的装备制造业还陆续开始聚集装备制造企业的总部，包括奥的斯的中国总部、SEW 的中国总部和阿尔斯通的中国总部。由于龙头企业集聚产生的带动效应，滨海新区的装备制造业已经形成若干产业集群。如以海洋石油工程装备、海水淡化工程装

① 资料来源：《天津市滨海新区工业发展"十二五"规划》。

备为代表的海洋工程装备制造产业集群，以大型工程机械、石油钻采、轨道交通为重点的大型装备制造产业集群，以风电设备、水电设备等为代表的新能源装备产业集群已初具规模（详见表11.4）。

表11.4 滨海新区装备制造业基本情况

| 序号 | 行业名称 | 2010年产值（亿元） | 在国内同行业中的地位 | 已有项目基础 |
|---|---|---|---|---|
| 1 | 海洋工程装备与造修船产业 | 130.0 | 海洋工程装备产业处于全国领先地位，产值约占国内同行业产值的33%；船舶产值约占国内同行业产值的1% | 中船重工天津临港造修船基地项目、中海油天津研发产业基地项目、博迈科临港海洋重工建造基地 |
| 2 | 石油石化装备 | 122.0 | 总产值约占国内同行业的4.9% | 天津大港钻采装备产业园区、天津立林高性能石油复合钻具成套基地、天津无缝特殊管材深加工基地等项目 |
| 3 | 发电及输变电设备 | 252.08 | 风电设备年生产能力6000兆瓦，约占全国的30% | 施耐德万高生产基地、阿尔斯通天津水电设备制造基地、明阳风电产业集团天津基地等项目 |
| 4 | 工程机械和起重运输机械 | 154.2 | 总产值约占国内同行业的3.49% | 太重（天津）滨海重型机械有限公司正在建设基地项目、杭州西子电梯有限公司电梯部件综合制造基地建设项目、柳工北部工程机械研发制造基地建设项目、中国工程机械总公司研发及产业化项目 |
| 5 | 基础零部件 | 74.4 | 总产值约占国内同行业的0.97% | 天津汽车模具出口加工基础、圣恺工业陶瓷阀门制造基地 |

| 序号 | 行业名称 | 2010年产值（亿元） | 在国内同行业中的地位 | 已有项目基础 |
|---|---|---|---|---|
| 6 | 仪器仪表及自动控制系统 | 33.13 | 总产值约占国内同行业的0.63% | 中环天仪新型智能仪器仪表及控制系统产业化项目、正天医疗器械加工生产基地 |
| 7 | 轨道交通设备 | 2.6 | 总产值约占国内同行业的0.17% | 铁道部大功率机车综合维修制造基地项目、凯发轨道交通产业化基地项目 |

资料来源:《滨海新区汽车及装备制造产业研究报告》。

## 七、滨海新区大型装备制造项目的带动势头强劲

随着滨海新区开发开放的深入,最近几年一批投资规模大、影响力强的大型装备制造项目加速向滨海新区聚集。其中,东方电气(天津)风电科技有限公司天津开发区项目2010年实现工业产值25亿元;天津电力机车有限公司和谐型大功率机车项目落户滨海新区,已形成3000台和谐型电力机车的检修能力;明阳风电产业基地、柳工北部工程机械研发制造基地等项目建成投产;300万吨造修船、太重天津临港重型装备研制基地等一批项目的开工建设,有力促进了滨海新区装备制造业的集聚。

在滨海新区装备制造业中,外资企业扮演着重要角色。截至2010年底,奥的斯电梯产值超过百亿元,维斯塔斯风力技术(中国)有限公司、施耐德万高产值近50亿元,歌美飒风电天津基地项目、阿尔斯通天津水电设备公司产值超过20亿元,霍尼韦尔在天津的公司产值超过10亿元。到2010年底,滨海新区装备制造业工业总产值中外资企业所占比重达到47%。

## 八、滨海新区装备制造业基于研发的优势产业链基本形成

滨海新区装备制造业建立了国家、行业、龙头企业三个层面的研发组织体系。拥有工业水处理、新型电源、电气传动、海水淡化与综合利用、重型技术

装备 5 个国家级工程（技术）研究中心；天津赛象科技股份有限公司技术中心、天津汽车工业（集团）有限公司技术中心、鼎盛工程机械有限公司技术中心、天津力神电池股份有限公司技术中心 4 个国家级企业技术中心；12 个市级工程（技术）研究中心；41 个市级企业技术中心；59 家经国家认定规模以上的高新技术企业。滨海新区现已基本形成海洋工程与石油石化装备产业链（见图 11.7）雏形：由研发体系→金属冶炼、压延（石油石化和海洋工程用油气集输管制造）→海洋石油工程装备、陆上石油钻采装备、炼油、化工、装备船舶制造、海水淡化工程装备→生产性服务业组成。另一优势领域是重型装备制造产业（见图 11.8），由重型装备研发体系、基础零部件制造业、仪器仪表及工业控制系统制造业等配套产业、风电装备、水电装备、工程机械、轨道交通等整机和成套装备制造业、生产性服务业构成。

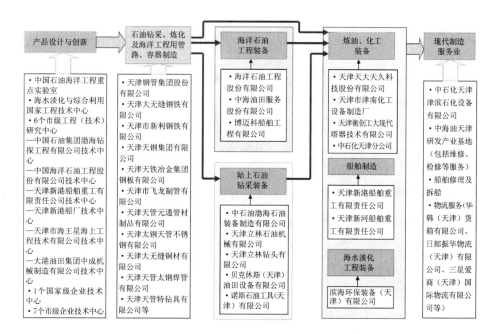

**图 11.7 海洋工程与石油石化装备产业链**

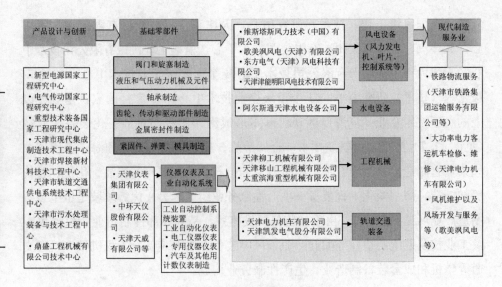

**图 11.8　重型装备制造产业链**

资料来源：《滨海新区汽车及装备制造产业研究报告》。

## 九、滨海新区装备制造业在战略性新兴领域蕴藏潜在优势

　　高端装备制造业是我国未来重点培育的战略性新兴产业之一，未来将走信息化、智能化、高技术化、成套化、集成化、服务化的发展之路。滨海新区的装备制造业已经初步显现出这一发展趋势。近几年，围绕大型成套设备生产，滨海新区重点培育轨道交通设备、节能环保及资源综合利用成套设备、大型船舶及配套产品、海洋工程装备、石油和石化装备、大型工程机械、港口机械、兆瓦级风力发电成套设备、智能制造装备，积极研发制造 70 万千瓦以上水电成套设备、超特高压输变电成套设备等（见图 11.9）。

　　从培育战略性新兴产业优势的角度，滨海新区的高端装备制造业正在朝着建成集国内特色化高端装备的基础研发、技术集成、生产制造和系统服务为一体的创新—制造—服务基地的方向而努力。

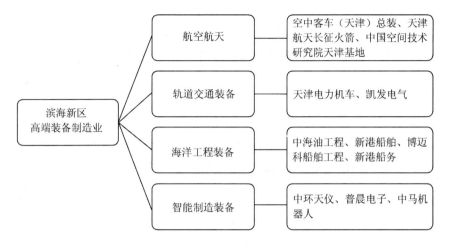

**图 11.9　滨海新区高端装备制造业优势领域及代表企业**

资料来源：笔者整理。

## 十、滨海新区装备制造业的核心竞争优势尚未充分形成

中国装备制造业"大而不强"的特点在滨海新区较为明显，总体规模偏小，缺乏规模优势，滨海新区装备制造业要走一条专业化、特色化之路，面临以下问题：一是相关产业和支持产业发展不完备，产业集群程度低，配套环境有待提升；二是企业的空间集聚效应有所显现，但纵向的产业链条短，限制了产业集群效应的发挥；三是核心零部件的研发和生产能力薄弱，作为装备制造企业组装加工地的特点仍然突出。面临这些不利条件，滨海新区装备制造业要走一条后发展地区的赶超发展之路，而当前滨海新区适逢这样的赶超发展机遇，主要表现为国内市场的强劲需求。例如，随着我国产业结构的调整升级和产业转移以及我国正在进行的大规模基础设施建设与大型工程项目建设，加之城镇化建设和居民消费结构的变化，对工程机械、风力发电设备、超高压输变电设备、环保设备等都产生强大需求，而这些正是滨海新区装备制造业未来发展的着力点，因此，如何抓住机遇，塑造独特竞争优势就是滨海新区装备制造业发展面临的最大挑战。

# 第五节　滨海新区装备制造业的发展方向与趋势

从总体规模上看，装备制造业是滨海新区的"大"产业，但面临行业散、链条短、竞争力弱的不足，因此，未来的发展将以突出优势行业为主线，以延伸产业链条，加强产业集聚为方向，以技术创新为核心，以培育名牌产品为导向，加快推进装备制造业向核心零部件的制造与研发，大型装备产品的系统集成，以及市场导向的竞争力提升方向转变。具体而言，集中力量发展船舶及海洋工程、石油石化装备、发电与输变电设备、起重机械、工程机械、基础零部件、轨道交通、智能制造装备。围绕重点企业形成多个产业发展亮点，如橡胶机械制造、环保成套设备、仪器仪表、通用设备制造等，提升企业和品牌优势。

## 一、规模化、集群化发展趋势凸显

滨海新区为实现成为国家级重型装备制造业基地和特色化装备部件生产基地的目标，正在不断凝练核心优势领域，强化核心领域的规模化和一般领域的特色化。风力发电设备制造是目前滨海新区装备制造业竞争优势最突出的领域，集群化发展的趋势已很明显，作为国内最大，世界上也绝无仅有的多家知名风电设备制造企业的集聚地，进一步提高规模是一个方向，但从滨海新区目前针对风电设备制造的招商政策和产业政策看，更突出以规模调方向。因此，将重点攻关兆瓦级以上机组，变速运行、变桨距及无齿轮箱等核心零部件企业，强调优势领域代表产业发展的技术和产品方向的特点。

## 二、重点企业带动效应明显增强

滨海新区的装备制造业中不乏一些在国内具有行业领导力的重点企业，如橡胶机械领域的赛象、通用设备制造行业的天锻压力机有限公司等，这些行业内的重点企业，正在成为滨海新区装备制造业跨越式发展的主导力量，发挥其吸引和培育中小企业的作用，凭借自身强大的科研和规模优势，加快从目前的产品和设备提供商向装备制造运营服务商转型，使之成为滨海新区装备制造业的多个"亮点"。

一批专、精、特企业逐步形成。滨海新区汽车和装备制造业逐步形成了一批专业化企业。如汽车模具行业的高端汽车模具企业，海洋工程装备行业的海上平台模块化建造专业企业，输变电行业的变压器制造企业等一批技术起点高、产品特色突出的专、精、特企业。

### 三、研发制胜，抢占产业价值链高端

装备制造业领域的竞争归根结底是研发能力的竞争，滨海新区的装备制造业正围绕着四大重点产业，以亮点行业为核心，构建产学研合作联盟和国际技术交流与合作联盟，在基础研究、产品技术研发、成果转化、生产工艺改进、人才培养等多方面加强与国际、国内的高校、科研机构、同行企业、上游供应商、下游客户等的交流与合作，旨在提升亮点行业的技术水平，抢占产业价值链的高端。为了健全技术创新体系，滨海新区已经采取的具体措施有：新建一批国家级或市级创新平台；推进企业技术中心建设；强化创新公共服务体系建设。推进国家"863"计划产业化伙伴城区试点，结合产业聚集区和产业集群的发展需求，积极鼓励国家"863"计划高端制造项目承担单位携带成果在滨海新区实施转化或创建企业，重点建设中国科学院产业创新与育成中心、泰达科技发展中心，建成一批国家级高技术成果产业化基地、专业孵化器和公共技术平台。例如，公共技术平台主要有新型电源国家工程研究中心、电气传动国家工程研究中心、重型技术装备国家工程研究中心、海水淡化与综合利用国家工程技术中心等。

### 四、抢抓机遇、对接重大项目，培育装备制造业的新兴成长点

装备制造业作为我国十大产业振兴规划之一，在未来的几十年间都将是我国重点发展的产业。近两年，滨海新区装备制造业发展面临的外部机遇显著，随着中船重工、新河船厂在临港经济区造修船基地的建设，目前滨海新区已建成一座华北地区最具规模，集造船、修船、机械装备制造为一体的现代化总装造修船基地。一批重大项目的开工建设投产，为滨海新区培育新的装备制造业的成长点创造了可能。例如，在加大对现有仪器仪表企业的培育和扶持力度上，鼓励企业提高科技研发水平，促进产品更新换代的同时，有目的地引入船

舶类的仪器仪表企业，提升滨海新区仪器仪表行业的整体产品结构与技术水平。霍尼韦尔、欧玛执行器（天津）有限公司、中环天仪股份有限公司、天津费加罗电子有限公司等仪器仪表行业的重点企业正在快速成长。

## 五、支撑产业发展公共服务平台日趋完善

装备制造业是国民经济发展的基础性产业，也是实现自主创新，技术引领发展的主要产业领域。滨海新区的装备制造业，嵌入式发展与自主创新同时并存，而装备制造业由于其广泛的产业关联效应，对产业发展的创新体系和服务平台建设提出更高的要求，滨海新区公共服务平台中除了最核心的创新服务平台外，一些在国内外颇具影响力的展会和论坛也日趋完善，如中国（天津）国际装备制造业博览会、中国国际齿轮传动与装备（天津）展览会、中国国际工业自动化技术装备展览会、中国国际冶金技术装备（天津）展览会、中国天津滨海国际游艇暨名品展、环渤海（天津）国际船舶工业展览会、国际船舶与海洋工程机械年会等，都为产业发展搭建了良好的服务平台。

## 六、以大企业集团为核心，向系统集成商、成套设备供应商转变

破除传统的分割体制，推进跨地区、跨行业的联合、兼并与重组，在大力提高单机技术水平、质量和性能的同时，高度重视装备系统成套能力的提高，组建一批具有系统设计、系统成套和工程总承包能力的装备承包公司，形成几家在国际上有较高知名度和竞争实力的装备总承包商或大供应商。目前滨海新区由于缺乏当地行业龙头企业，外资和外地企业一般只是把新区当做其全国甚至全球布局的一步，所以系统集成能力和提供成套设备的能力较弱，新区应鼓励当地知名企业做大做强核心业务，向"微笑曲线"两端拓展，提高产品附加值。如奥的斯可以利用其下属子公司的资源优势，向提供系统集成、成套装备、融资租赁、物流配送等服务的大企业集团发展。

# 第十二章
## 滨海新区石油和化工产业

　　天津是中国现代化学工业的发源地，是全国重要的石油化工基地之一，化学工业已有近百年历史。天津是全国唯一集聚中石油、中石化、中海油和中化工四大国家石化企业于一地的城市，拥有中国北方第一大港天津港，优良的港口条件为石化产业的资源输入与产品输出提供了良好的基础设施。

　　近些年，天津市石化产业总体上一直保持着迅速增长的态势，石化产业产值占工业总产值的比重虽然有所下降，但一直保持在 15％以上。随着中俄大炼油、丙烷脱氢年产 60 万吨丙烯等一批大项目的实施完成，在未来较长的一段时间内，石化产业在天津工业经济中的支柱性地位将会继续得以保持。通过近十几年的整合与搬迁，目前天津市石油和化工产业主要集中在滨海新区。

## 第一节　世界石化产业发展特点和趋势[①]

　　石化工业是支撑全球经济发展的基础性产业，也是受全球经济波动影响最大的产业之一。

### 一、波动中呈现明显的周期性

　　石化行业的景气度与宏观经济环境高度相关，并呈明显的周期性循环。近20 年世界石化行业周期变化情况如图 12.1 所示。

---

① 　参见《天津滨海新区石化产业发展规划》。

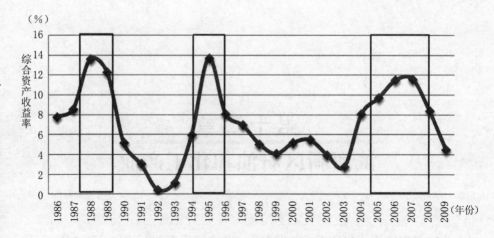

**图 12.1  近 20 年石化行业周期变化走势**

资料来源:《天津市滨海新区石化产业发展规划》。

总体来看,随着全球石化行业进入成熟期,石化行业景气周期将延长并趋向平缓,行业盈利水平将趋向收敛。作为在相当长一段时期内世界经济发展的重要支柱,石油和化学工业在周期性波动中仍蕴涵着长期的增长机会。

## 二、世界石化产业格局演变,产业重心东移

近年来,世界石化工业发展重心加速向具有市场潜在优势的亚太地区和具有资源优势的中东地区转移。目前亚太以及中东地区已拥有全世界 35% 的炼油能力和 43% 的乙烯能力,并且是世界上最大的合成树脂、纤维、橡胶的生产地区。未来世界新增炼油和乙烯项目仍将主要集中在亚太和中东地区,成为未来全球石化产品供应中心。此外,拉美、俄罗斯以及非洲部分国家,凭借其丰富的油气资源条件,其石化产业也蕴藏着较大的潜力。

## 三、全球石化产品市场竞争日趋激烈

伴随着连续多年的经济增长,世界石化产业也经历了快速发展的黄金时期,部分产品生产能力已超过市场需求。在世界石化生产全球化和市场国际化日益显著的情况下,产能过剩必然使全球石化产业的竞争更加激烈。国际金融危机之后,我国作为世界为数不多的经济保持快速增长的区域,将成为国外石化产能的主要转移目标。其中,中东地区依托其资源优势,并通过合资合作引

进跨国公司先进的管理、技术资源，进行超大型化、超常规发展，产品成本优势突出。我国周边的日本、韩国等国石化产业基础雄厚，技术水平高，长期以来将我国作为石化产品的主要输出目标。

## 四、新产品、新技术的开发受到高度重视

石油和化学工业发展的前期主要靠资源、投资拉动，而中后期主要靠创新拉动。近年来世界石化科技创新在三个方面表现突出：一是对节能、环保技术的开发与应用，重点提高生产效率和原料利用率，减少能源消耗，实现清洁生产；二是在油气成本不断上升的情况下，开发多种能源资源，包括煤炭的清洁利用、可再生的生物质能源和化学品的开发等；三是技术含量高、资产回报率好、具有前瞻性的产品成为科技开发的重点，化工产品应用研究力度不断加大。未来化学工业的常规技术将继续提升，高端化工产品技术将加紧与高科技产业的融合。

## 五、原料多元化、发展新能源成为战略重点

石油和化学工业与能源的关系密不可分，而经济、政治等多重因素使得国际能源市场格外复杂。在此背景下，世界各国纷纷根据国情制定和调整能源战略，大力实施原料供应多元化成为世界化学产业发展的重要特征。其中，表现最为突出的包括：非常规油气资源开发的技术逐步成熟，油砂、重油等非常规油气资源的地位日益重要，乙烷和凝析油在石化原料中的比例将快速提高；煤炭作为领先的替代品前景被看好，甲醇制烯烃技术获得推广；谷物和其他生物质原料的替代作用得到高度重视，"生物乙醇→乙烯路线"已开始引起世界的关注和重视，并有望减少全球对原油的依赖。

## 六、大型化、一体化、临港基地化成为发展趋势

建立高度一体化的大型生产体系，提高产业集中度，是当前世界化学工业的主要趋势之一。目前，全球已形成了美国墨西哥湾，日本东京湾，韩国蔚山、丽川，新加坡裕廊岛，比利时安特卫普等一批世界级的大型石化工业区；中国的长三角、珠三角、环渤海地区，以及沙特的朱拜勒地区等也正在形成一批新兴的大型石化基地。这些大型石化基地的一个突出特点是临港建设，符合

石化原料与产品大进大出的特点，符合全球化条件下世界范围生产贸易的要求，也使大型港口成为最有效率、最优良的石化工业生产基地。

## 七、以差异化、高价值的产品技术引领发展

在面临中东以乙烷为原料生产的乙烯及其衍生物的低成本压力下，世界主要大型化学公司积极调整产品结构，在大宗基础化工产品生产方面采取差异化发展策略。一是提升产品品质，避开与中东同类产品直接竞争；二是加大向丙烯系和苯乙烯系产品转型的力度。与此同时，世界主要大型化学公司利用自身在资金、技术、装备、管理、市场等方面已有的优势，加强了重点领域新产品和新技术的研发与商业化步伐。着力发展应用于汽车、飞机、电子电器、通信信息、生命科学、医药、保健、环保和能源等领域的新型化工材料及功能化、专用化和精细化的产品，推进定制型服务，以加快树立在特定高端产品领域的市场领先优势。

# 第二节　滨海新区石化产业发展现状与特征

滨海新区石化产业历史悠久，但又几经曲折，当前适逢发展的有利时机，呈现出一些很明显的特征。

## 一、石化产业资源丰富，产业基础较为雄厚

滨海新区自然资源丰富，具有丰富的石油、天然气、原盐、海洋资源等，渤海湾探明石油储量 40 亿吨，天然气储量 1300 亿立方米，原盐产量 250 万吨，位居全国前列。滨海新区石化产业起步较早，建立起了较为完整的石化产业链，目前主要有石油及天然气开采、原油加工及基础化学原料生产、盐化工以及化学纤维、塑料、橡胶制造等石化产业。

## 二、产业规模不断扩大，中上游产业比重较高

近些年，滨海新区的石化产业总产值呈现出不断上升趋势。2009 年实现总产值 2209 亿元，在中石化 1000 万吨/年原油加工等大项目完成投产后，

2010 年滨海新区石化产业总产值更是达到了 3175 亿元。随着中俄大炼油以及渤海化工园一期的建成与投产，预计到 2015 年，滨海新区石化产业总产值有望超 5000 亿元。

滨海新区石化产业主要由石油和天然气开采业、石油加工炼焦及核燃料加工业（主要是石油加工炼焦）、化学原料及化学品制造业构成，产业结构偏向于产业链前端。产业链中后端的塑料制品业、橡胶制品业、化学纤维业在滨海新区石化产业中所占比重很低，尤其是化学纤维业，其产值规模很小。

## 三、化学工业历史悠久，多个名优产品国内领先

天津是中国现代化学工业的发源地，是全国重要的石油化工基地之一，化学工业已有近百年历史。滨海新区内以天津碱厂、天津化工厂为代表的化工产业有半个多世纪的发展史。

滨海新区拥有一批石化产业名优产品和著名商标。区域内拥有"长虹"牌（橡胶促进剂）、"DEK"牌（DEK 系列活性染料）、"红三角"牌、"红三晶"牌、"天工"牌等驰名商标；拥有"红三角"牌纯碱及氯化铵、"红三晶"牌聚氯乙烯及烧碱、"天工"牌糊装聚氯乙烯及烧碱等中国名牌产品。

## 四、坐拥环渤海经济圈，市场需求潜力巨大

环渤海经济圈是我国继长三角、珠三角后的第三个重要的经济增长极，滨海新区雄踞环渤海经济圈的核心位置，拥有港口优势，临近极具消费潜力的经济圈。轻工、汽车、石化、纺织、家电、医药等产业的发展为滨海新区石化产业发展提供巨大的区域市场机会。同时，环渤海地区经济的快速增长势头也将推动这些下游产业在未来取得更大发展，为上游石化产业创造更大的市场空间。

## 五、大学及科研院所众多，人才及研发平台丰富

天津是我国最早的化学工业基地，多年来在石油和化学工业的生产、技术、研发领域培养了一大批人才。天津市拥有在国内外石化科技领域的天津大学、天津工业大学等石化类相关大专院校 37 所，专业人才 50 多万人，拥有雄厚先进的科研开发和教学实力，可为石化产业的发展提供充分的技术和人才保

障。同时，天津市拥有石化行业从业人员 20 余万人，大量科技人才和高素质产业工人为石化工业发展储备了雄厚的技术人力资源。区域内有天津大学滨海工业研究院、国家工业水处理技术研究中心、化学工程联合国家重点实验室等众多的科研公共平台。

## 六、石油行业大企业主导，重大项目带动行业快速发展

天津拥有中石油、中石化、中海油和中化工四大国家石化集团的直属公司，2009 年中石油、中石化、中海油、渤海化工四大集团实现产值 1449.5 亿元，占全市化工产业工业总产值的 73.47%。未来几年，随着各主要石化企业大项目的陆续布局与实施，这四大龙头企业在滨海新区的原油开采、原油存储与加工、化工原料的生产制造几个领域的主导地位将会加强，其行业龙头作用将进一步凸显。区域内除中石油、中石化、中海油、中化工外，还有中沙石化、天津乐金渤海化学有限公司、渤化集团、天津碱厂、大沽化工、天津渤天化工有限责任公司、天津市陆港石油橡胶有限公司等企业。大型石化企业在滨海新区的石化产业中占据着绝对的主导地位。

滨海新区在这几家大企业的主导下已经实施完成或即将实施一批石化产业重大项目。2009 年中石化 1000 万吨/年原油加工装置与 100 万吨/乙烯装置的投产，使得滨海新区的原油加工能力达到 1500 万吨/年，乙烯生产能力达到 120 万吨/年。"十二五"期间一系列石化大项目的实施完成，不仅将推动滨海新区石化产业的产值向 5000 亿元的台阶迈进，一个世界级的石化产业集群将在滨海新区逐步成形。

## 七、石化产业加速集聚，有望建成世界级石化产业园

天津市石化产业布局比较分散，但随着一系列新的规划的实施，以天津碱厂为代表的化工企业搬迁工作的逐步完成，天津市石化产业正加速向滨海新区的石化产业园区集聚，目前滨海新区石化产业主要集中在大港存量石化产业集群和临港经济区渤海化工园。随着大项目的实施，未来南港工业区石化产业园将成为世界级的生态型石化产业园区（见图 12.2）。2011 年滨海新区举办了亚洲石化科技大会、中国国际石油化工大会两个展会，展会的召开也对滨海新区石化产业地位及影响力的提升起到了巨大的推动作用。

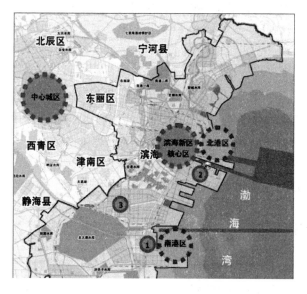

**图 12.2　滨海新区石化产业主要集聚区**

注：1. 南港工业区石化产业园；2. 临港存量；3. 大港存量。

## 八、环保压力日益增大，石化产业整合进一步加快

随着国民经济的发展，环保已经受到越来越多的关注，石化产业正面临着越来越大的压力。目前滨海新区一批化工企业积极通过搬迁、改造生产技术，以满足日益提高的环保要求，通过搬迁整合石化产业生产集聚区域，借此推动产业升级。天津碱厂的搬迁工作已于 2010 年下半年基本结束，不仅为于家堡金融中心的建设提供了土地发展空间，也提高了自身的装备和技术水平。

# 第三节　滨海新区石化产业体系发展方向与趋势

经过多年发展，滨海新区石化产业已经建立了从上游到下游全面覆盖的石化产业链。近些年，伴随着一系列石化大项目落户滨海新区，区域内石化产业的规模与产值更呈现出加速增长趋势，产业链日益延伸，循环经济逐步建立，区域内石化产业的发展更加符合节能、环保的要求。

## 一、大项目推动石化产业规模快速增长、产业结构不断优化

以炼油、乙烯为主导的大石化产业体系是石化产业体系的支柱，是带动石化产业整体规模和产业水平提高的主要支撑力量。随着中俄大炼油项目与渤海化工—卡塔尔石油—韩国 LG 三方合资的 130 万吨/年乙烯裂解项目的推进实施，滨海新区的原油加工能力和乙烯生产能力将分别增加到 4000 万吨/年和 300 万吨/年。大石化产业的强力发展将为下游合成纤维、合成橡胶、塑料等产业的发展提供丰富的原材料资源，一批以乙烯生产为基础的下游产业将日益深化，石化产业在不断做大规模的同时，产业结构将日益优化。

## 二、现代盐化工产业将逐步取代传统盐化工产业

滨海新区盐化工产业是区域内的传统优势产业，在全国一直具有较强的竞争力，但盐化工产业也存在布局分散以及部分工艺及生产设备较落后的问题，环境压力迫使传统盐化工产业进行调整和转变。滨海新区内以炼油、石化产业为代表的大石化产业体系的发展，也为传统盐化工产业向现代盐化工产业转变提供了良好条件。未来滨海新区的盐化工产业将充分利用搬迁整合的有利时机，重新布局，淘汰落后工艺，从传统的单一的盐化工产业逐渐转变到石油化工—现代盐化工—C1 化工的一体化现代盐化工产业。

## 三、产业链下游逐步完善，高端石化产品日益崛起

"十二五"期间，环渤海地区区域经济将高速发展，电子信息、汽车、装备制造、医药、新能源等产业发展水平将不断提高，对高档石化产品的需求也将保持快速增长趋势。未来，滨海新区高端石化产品集群将不断涌现，高性能树脂、新型合成纤维原料、高性能合成橡胶等化工新材料产品和电子化学品、加工助剂等专用化学品和高端产品需求将不断增强，这些产品与区域内橡塑加工、轻工纺织等下游产业形成有效对接，高端产品集群将日益崛起。

## 四、烯类生产原料来源多元化，资源利用率提高

石化产业原料多元化是未来重要的发展方向，在促进原料多样化方面最具有发展潜力的是分别利用重油、富含烯烃的 C4~C8、石脑油、甲醇等生产乙

176

丙烯等。其中富含烯烃的 C4～C8 是石化产业炼油与乙烯裂解过程中的副产品。滨海新区具有相当规模的炼油与乙烯生产装置，未来装置规模与数量会进一步提升。充分利用炼油与乙烯生产中的富含烯烃的 C4～C8 生产石化产业下游所需的各种烯类是滨海新区石化产业一个重要的方向。

## 五、节能及低碳重要性凸显，循环经济逐步建立

随着我国经济的发展，能耗与碳排放量不断升高，节能与低碳化是我国经济长期增长所必需面临的一个硬约束。石化产业是能源消耗与碳排放大户，在节能与碳减排方面面临很大压力。未来滨海新区石化产业将朝着节能与低碳化方向发展，为了节省能源与降低碳排放量，滨海新区石化产业的技术水平将进一步提升，低能耗的高端石化产品将会得到更多的政策支持，石化资源的综合利用率随着技术水平的提升而提升。未来滨海新区石化产业将主要在企业、园区以及整个天津市三个层面做出一系列调整以逐步建立循环经济。

# 第十三章
## 滨海新区现代冶金产业

冶金产业是指对金属矿物的勘探、开采、精选、冶炼以及轧制成材的工业部门，包括黑色冶金工业、有色冶金工业和稀有金属冶炼等种类。冶金工业是重要的原材料工业部门，广泛应用于建材、化工、轻工、石油、电子、机电、农业、医药卫生、环境保护、航天航空和国防军工等各个领域，具有延伸链条长、产业关联性强，渗透到国民经济与社会发展的各个领域及各行各业，是一个国家、一个地区国民经济的基础产业，关系着国家的经济安全，是国家综合国力和国防实力的重要体现。

## 第一节　国外冶金产业的现状及趋势

冶金产业是全球的主要产业之一，在发达国家和发展中国家之间也呈现出不同的发展特征与趋势。

### 一、各国冶金产业积极谋求资源掌控，提高生产原燃料自给率

近年来，以中国为代表的新兴国家工业化、城镇化的速度持续高增长，推动了全球冶金产品的需求不断增加，各主要全球冶金产业大国的产能不断扩张并全量释放，导致全球钢铁等冶金产品产量连续创新高。然而，由于钢铁等冶金产业产品生产所需的主要原燃料（如铁矿石、有色金属矿石、稀有金属矿石、炼焦煤等）集中于少数几个国家或集团手中，因此，主要钢铁等冶金产业大国的原燃料大部分依赖于贸易进口。为了抗拒垄断，国外主要钢铁产业生产

大国或集团早已着手通过联合开发、参股等各种渠道和形式在全球范围内直接掌控原材料资源，减少对垄断资源的依赖性。

## 二、各国冶金产业生产布局越来越趋于沿海、资源产地和终端市场

目前钢铁等产业已形成全球化格局，主要钢铁生产国的原燃料大部分需要进口，而相当部分产品需销往海外市场。2003 年以来，全球矿石、煤炭以及石油等原燃料的海运、陆运成本急剧增加，造成钢铁生产成本大幅上升，严重影响了一些国家钢铁工业的国际竞争力。因此，在临海区域、资源产地或终端市场配置钢铁联合企业，将减少陆地或水上运输，节省运输成本，竞争优势明显。尤其对生产成本已降至相当低水平的企业而言，至关重要。

## 三、各国冶金产业集中度趋于不断提高

近年来，冶金产业的产业集中度不断提高，为了提高产业的国际竞争优势，各国的冶金企业通过自身寻求互补、自我完善来适应全球化市场，充分整合利用全球范围的各种资源，由此创造出属于自己的独特优势或在行业里形成自己的强势，从而避免在参与全球化市场竞争中遭遇垄断阻力。对一个国家的冶金产业来说，就是要提高产业集中度，获得全球范围内上、下游交易的充分话语权和公平交易权。

## 四、各国冶金企业趋于积极进行品牌塑造

当前世界冶金产业强国都在努力实施国际化经营战略，通过全球经营网络、参控股或海外投资建厂等方式，将产品销售到全球各地。但是，冶金产品要实施国际化经营，对特色品牌的要求更高。例如，安赛乐米塔尔集团，其汽车板年产量高达 1740 万吨，占该类产品全球市场的 26%；新日铁和 JFE 是世界多功能、高强度特殊用途中厚板的主要生产厂家，其产品行销全球。而树立品牌必须有完善的质量保证体系、专注于品牌的开发以及有关的基础工艺研发。

## 五、各国在政策与技术研发方面积极致力于促进节能减排

冶金产业总体上是高耗能产业，也是温室气体排放的主要产业之一，综观

主要冶金产业大国，特别是钢铁工业能源消耗比例和 $CO_2$ 排放量比例在所有工业中都是最高的。因此，降低能源消耗，减少温室气体排放，打造绿色钢铁，提高产品竞争力是冶金工业实现可持续发展的必然选择。

# 第二节　国内冶金产业的现状及趋势

冶金产业是我国工业化和城镇化发展的基础性产业，也是面临很大区域间竞争压力的产业。

## 一、企业经营规模急剧扩张，产业集中度迅速提升

中国冶金企业间的兼并重组成为潮流。跨地区重组不断推进，宝钢重组新疆八一钢铁和宁波钢铁；武钢重组鄂钢、柳钢和昆钢股份；鞍钢与攀钢实现联合重组；首钢重组水钢、长治钢铁、贵阳钢铁和通化钢铁；沙钢兼并河南永钢等。区域联合重组取得新进展，相继组建了河北钢铁集团、山东钢铁集团、渤海钢铁集团、新武安钢铁集团等。通过联合重组，行业集中度不断提升，冶金企业出现了集团化的发展趋势。钢铁工业发展迅速，2010 年粗钢产量达到了6.27 亿吨，占全球粗钢产量的 45%，粗钢产量连续 15 年位居世界第一，我国已成为全球最大的钢铁生产国和消费国。

## 二、产业结构持续优化升级

在产业结构调整方面，冶金产业立足国内需求，严格控制总量扩张，优化品种结构。在产品研发、资源综合利用和节能减排等方面取得了新进展，加大淘汰落后产能力度，以市场为导向，创新能力强、管理先进的冶金企业会占据更多的市场份额。冶金企业将向着集团化、大型化、专业化、品牌化方向发展。产品的技术开发、质量、管理能力、销售服务等综合实力成为企业做大做强的关键因素。

## 三、全国范围内的产业布局持续优化

冶金产业在"十二五"将按照区域主体功能定位，能源资源、环境容量、

市场空间等因素，优化重要产业生产力布局。按照内陆控制、沿江适度、沿海发展的原则，科学合理地布局，重点在临海港口建设大型钢铁等冶金基地，未来沿海钢铁生产能力占全国的比重将进一步提高。同时，有序推进城市钢铁、有色金属等冶金企业的环保搬迁。从发展趋势上看，未来我国冶金产业将以产业链为纽带，以产业园区为载体，形成一批专业特色鲜明、品牌形象突出、服务平台完备的现代产业集群。

## 四、技术创新能力不断增强

在冶金产业技术改造方面，为增强全球市场竞争力，在获得国家政策支持的条件下，冶金企业倾向加快应用新技术、新材料、新工艺、新装备，改造提升传统产业，增强市场竞争能力；推动研发设计、市场流通、企业管理等环节的信息化改造升级，推行先进质量管理，促进企业管理创新。技术创新成为行业发展的最大推动力。

## 五、冶金产业价值链进一步完善

随着国内钢铁企业对资源重要性认识的增强，未来海外投资铁矿数量将有所增加，将逐步实现全球布局，进一步提高掌控上游生产资源能力，建立多元化的原材料供应渠道。在下游产业链建设上，实现产品的增值服务，完成由钢铁材料生产商向钢铁材料综合服务商转变，已成为钢铁企业生存发展的必然趋势。冶金产业呈现出跨越企业、产业、区域界限，钢铁、铝材加工、稀土等优势企业积极实施强强联合、跨地区兼并重组，在细分市场中锁定更多客户资源，取得差异化竞争优势，由注重发展规模向注重提升企业价值转变的产业发展趋势。

## 六、面临更加严峻的节能减排和淘汰落后产能的压力

在国家"十二五"节能减排的要求下，工信部初步核定，在"十二五"期间，钢铁工业单位增加值能耗 2015 年比 2010 年要下降 18％，$CO_2$ 排放量下降 18％，耗用新水量下降 30％，固体废弃物利用率提高到 72％等目标。钢铁、氧化铝等产业面临着加快淘汰落后产能的压力，国家将会通过制定淘汰落后产能标准来推进钢铁等冶金产业淘汰落后的进程。从国家政策导向来看，国

家将积极支持发展目前国内短缺的高端冶金品种，减少进口提高自给率。用高质量、高性能冶金产品取代中低档产品，延长冶金产品使用寿命，提升全球产业竞争优势。

# 第三节　滨海新区冶金产业的现状及特征

滨海新区冶金产业基础良好，随着滨海新区的开发开放，产业规模持续扩大，产业绩效位居全国前列，技术创新能力也得到了显著提高，产学研合作不断推进，具备先进的生产装备、工艺和技术，拥有一大批具有专业技术和管理能力的各级人才队伍。冶金产业已经形成了以渤海钢铁集团下属的天钢集团、天管集团、天铁集团、天冶集团及荣钢集团、天津鞍钢天铁冷轧薄板有限公司为龙头的冶金产业集群，形成了一批拥有自主知识产权的优势产品和相对完整的产业链条。

## 一、产业规模持续扩张

2010 年滨海新区冶金产业工业总产值为 13211629 万元，同比增长31.28%，主营业务收入 14936347 万元，同比增长 25.51%，总资产 10927899万元，分别占天津市冶金产业比重的 41.35%、41.73%、42.13%，特别是有色金属冶炼及压延加工业总产值、总资产和主营业务收入比重都超过了 50%，滨海新区已成为天津钢铁产业主要聚集区，产业规模优势明显。

滨海新区的冶金产业行业门类齐全，主要产品涉及钢、铁、铜、铝等金属冶炼及压延加工，形成板材、管材、线材、金属制品的产品系列。2010 年滨海新区生铁产量 930.2 万吨，粗钢产量 1106.7 万吨，钢材产量 1123.7 万吨，分别占天津市总产量的 48.29%、51.19%、25.06%。

表 13.1　2010 年滨海新区冶金产业占天津市的比重　　　　单位：%

| 比例<br>产业 | 工业总产值 | 总资产 | 主营业务收入 |
|---|---|---|---|
| 冶金产业 | 41.35 | 42.13 | 41.73 |
| 黑色金属冶炼及压延加工业 | 39.41 | 40.99 | 39.82 |
| 有色金属冶炼及压延加工业 | 53.07 | 57.36 | 54.21 |

资料来源：《天津滨海新区统计年鉴》(2011)、《天津统计年鉴》(2011)。

## 二、产业集中度和经济效益远高于全国平均水平

到 2010 年底，滨海新区共有规模以上冶金企业 82 家，其中黑色金属冶炼及压延加工业 50 家，有色金属冶炼及压延加工业 32 家，冶金企业平均工业总产值、平均总资产分别达到了 161117.42 万元、133267.06 万元，这些指标远远超过了全国冶金企业的平均水平。2010 年滨海新区冶金产业平均主营业务收入 182150.58 万元，平均利润总额 5589.54 万元，而全国分别为 52027.94 万元和 2344.16 万元，分别高出 2.5 倍和 1.4 倍。滨海新区冶金产业的劳动生产率为 356.70 万元，而全国冶金产业劳动生产率仅为 148.83 万元，不及滨海新区劳动生产率的一半。从细分产业来看，除了滨海新区有色金属冶炼及压延加工业平均利润额低于全国平均水平外，黑色金属冶炼及压延加工业的平均主营业务收入和平均利润额都远远高于全国水平。

表 13.2　2010 年滨海新区冶金产业运营情况　　　　单位：万元

| 企业规模<br>产业 | 企业单位数<br>（家） | 工业总产值 | 总资产 | 平均工业<br>总产值 | 平均总资产 |
|---|---|---|---|---|---|
| 冶金产业 | 82 | 13211629 | 10927899 | 161117.42 | 133267.06 |
| 黑色金属冶炼及压延加工业 | 50 | 10801966 | 9894174 | 216039.31 | 197883.47 |
| 有色金属冶炼及压延加工业 | 32 | 2409663 | 1033725 | 75301.98 | 32303.91 |

资料来源：《天津滨海新区统计年鉴》(2011)。

表 13.3　2011 年全国冶金产业运营情况　　　　　　　　单位：万元

| 产业＼企业规模 | 企业单位数（家） | 工业总产值 | 总资产 | 平均工业总产值 | 平均总资产 |
|---|---|---|---|---|---|
| 冶金产业 | 16081 | 799526000 | 662823800 | 49719 | 41218 |
| 黑色金属冶炼及压延加工业 | 7881 | 518335800 | 459842500 | 65770 | 58348 |
| 有色金属冶炼及压延加工业 | 8200 | 281190200 | 202981300 | 34291 | 24754 |

资料来源：《中国统计年鉴》（2011）。

表 13.4　2010 年滨海新区冶金产业经济效益　　　　　　　单位：万元

| 产业＼项目 | 平均主营业务收入 | 平均利润总额 | 产销率（％） | 劳动生产率（％） |
|---|---|---|---|---|
| 冶金产业 | 182150.58 | 5589.54 | — | 356.70 |
| 黑色金属冶炼及压延加工业 | 247383.16 | 8528.52 | 98.4 | 327.96 |
| 有色金属冶炼及压延加工业 | 80224.66 | 997.40 | 102.1 | 587.44 |

资料来源：《天津滨海新区统计年鉴》（2011）。

表 13.5　2010 年全国冶金产业经济效益　　　　　　　　单位：万元

| 产业＼项目 | 平均主营业务收入 | 平均利润总额 | 产销率（％） | 劳动生产率（％） |
|---|---|---|---|---|
| 冶金产业 | 52027.94 | 2344.16 | — | 148.83 |
| 黑色金属冶炼及压延加工业 | 69142.15 | 2726.85 | 98.72 | 149.97 |
| 有色金属冶炼及压延加工业 | 35579.51 | 1976.37 | 98.00 | 146.77 |

资料来源：《中国统计年鉴》（2011）。

## 三、形成一批具有自主知识产权的工艺和产品

　　滨海新区已形成了以渤海钢铁集团四大钢铁公司为代表的众多优势产品，许多产品远销海内外。天津钢管集团有限公司的石油套管国内市场占有率保持在 40％左右，产品远销近百个国家和地区，石油套管成为"中国名牌产品"，无缝钢管成为"中国名牌出口商品"，TPCO 商标被认定为"中国驰名商标"，获"国家质量管理卓越企业"称号。天津钢铁集团的 34M5、37Mn5 石油套管

用钢质量达到国际石油套管 API 标准，达到国际先进水平；轨枕钢丝专用高线盘条达到国内领先水平，分别获天津市企业技术创新优秀项目一、二等奖；低碳钢热轧圆盘条、钢筋混凝土热轧带肋钢筋、碳素结构钢和低合金结构钢热轧厚钢板及钢带荣获 2010 年年度全国冶金产品实物质量金杯奖，造船板获劳埃德船级社认证。天铁集团的冷轧薄板、热轧板卷、品种钢坯、精轧螺纹钢筋、涂层螺纹钢筋、优质高线、高强建材、特种方坯圆坯以及焦炭、煤化工等产品，在国内外享有较高的信誉，产品打入北京奥运工程、高速铁路、核电、南水北调等国家重点工程，并出口到美国、东南亚、日本等国家。天津冶金集团的冷、热轧板材、镀层板材、无缝钢管、精轧螺纹钢筋等优质钢材和低松弛预应力钢绞线、铝包钢绞线、桥梁缆索用热镀锌钢丝、弹簧钢丝、焊丝、电梯和航空钢丝绳等高档金属制品，以及钛合金丝、不锈钢管材、极薄带、磁性材料等特殊合金材料等产品畅销国内外市场，已应用于长江三峡水利、黄河小浪底、秦山核电站、岭澳核电站、青藏铁路全线桥梁、国家大剧院、北京奥运场馆、神舟五号、六号载人飞船和嫦娥一号运载火箭等一大批国家重点工程，并出口到国际市场。

## 四、资源整合不断优化

2010 年天津钢管集团、天津钢铁集团、天津天铁冶金集团和天津冶金集团四家国有钢铁企业联合组建的国有独资公司渤海钢铁集团，进一步整合了冶金产业资源，推动了天津现代冶金产业的发展。新集团总资产超过 1000 亿元，产能接近 2000 万吨，一跃成为国内钢铁企业十强，四家企业重组会在产业链上产生关联和协同效应，四家公司可以在研发、生产、营销、管理等方面因为共同利用新集团的统一资源而产生整体效应，天津钢铁集团的生产线可以弥补天津钢管集团的管坯产能需求，而天津钢管集团则可利用其他三家企业的转炉炼钢生产低端钢管，在节约成本的同时也有助于钢管下游产品的延伸。渤海钢铁集团可以充分开展钢铁产品上下游之间的供需合作，依托其丰富的产品线，与天津市区和滨海新区城市基础设施建设领域、房地产开发领域、汽车制造、装备制造以及造船业领域就钢铁的需求展开全方位的合作。

## 五、产学研合作初见端倪

随着滨海新区经济的快速发展，经济和科技体制改革的不断深化，滨海冶金产业的产学研合作发展态势良好，企业技术创新和技术进步取得明显进展，已经具有了一定的技术创新能力，许多大型钢铁企业已经开始各种产学研合作，其模式在技术创新中的地位不断提高。天津钢铁集团有限公司不断加大产学研合作力度，与高等院校及科研院所如北京大学工学院、东北大学、北京科技大学、郑州大学、浙江大学、中国科学院工程研究所、钢铁研究总院等建立起长期稳定的合作关系。并分别建立了"中国科学院工程研究所—天津钢铁有限公司冶金生态工程联合研发基地"，"钢铁研究总院—天津钢铁有限公司联合研发基地"，"东北大学轧制技术及连轧自动化国家重点实验室—天津钢铁有限公司联合研发基地"，"北京大学工学院过程节能与资源再利用联合研发基地"四个研发基地，主要围绕开发高附加值和高技术含量的新产品，对相关工艺技术以及工艺中的节能、环保与生态技术相结合等方面进行联合重点研究。天津天铁冶金集团有限公司坚持多形式、多渠道与国内知名院校开展合作。天铁集团把研发中心设在滨海新区，研发大楼已投入使用，上亿元的一流研发设备已经到位，重点实验室和产品检测中心开始运行。把人才发展规划与企业发展规划同步实施，采取战略合作等多种方式，大力引进德国、英国、奥地利、意大利等国的知名专家加盟天铁，聚集了一批科技领军人物；大力实施"借脑工程"，与水平领先的科研单位结成永久或长期技术协作伙伴，通过钢种开发和课题攻关，培养自己的学科带头人；大力延伸产品产业链的研发服务，与下游行业实力用户单位结成战略同盟，在共同研发中培养专业拔尖人才。

## 六、形成了以大型冶金企业为中心的研发平台

2010年，天津钢管集团、天津钢铁集团、天津天铁冶金集团三家产业技术研发平台率先通过了由天津市经济和信息化委和滨海新区政府组织有关专家进行的评审验收。三年来，产业研发平台在科技投入、人才引进培养、开展重点项目和关键技术研发等方面取得了阶段性成果。这三家研发平台的建设，为天津市和滨海新区冶金产业发展奠定了坚实的基础。

钢管集团三年来投资 28 亿元建设世界一流的研发平台，建成 12000 平方

米的科技大厦和 1200 平方米的中间试验厂，新增试验与研究等仪器设备 342 台套，科研设备仪器原值由 2.2 亿元增加到 3.56 亿元，其中投资 1620 万元购置的卧式载荷复合力试验设备，是目前世界上唯一一套可以模拟油田不同地层和不同工作条件下管柱串受力情况的加载设备。同时，研发平台建立了全新的用人机制，加快人才的引进、使用和培养，研发人员由 330 人发展到 458 人，其中博士由 2 名增加到 12 名，硕士 34 名，技术带头人 16 名，并培养出钢管领域国内知名专家 32 名，国际知名专家 12 名。通过研发平台建设，近年来共完成新产品新技术新工艺研发项目 427 项，TP-TS 特殊扣、镍基合金抗腐蚀套管、TP170V 超高强度油井管等 30 多种高端产品纷纷涌现，纯净钢冶炼技术、微合金化钢技术、钢管在线常化技术等世界先进冶金技术层出不穷，极大地提高了企业核心竞争力。2008 年，集团获科技部颁发的首批创新型企业称号，2009 年获国家发改委颁发的国家认定企业技术中心成就奖。

天津钢铁集团研发平台三年来科技投入达到了 32.3 亿元，科技投入率每年保持在 5％以上，研发队伍从原来的 285 人增加到 679 人，开发新品种 106 个，完成了重点研发项目 132 项，取得高碳钢小圆坯连铸工艺等技术成果 110 项，拥有的专利数量从 2007 年的 7 项增加到 2009 年的 31 项（其中发明专利 6 项），获得天津市科技进步奖 7 项，市企业技术创新奖 11 项。这些年来，集团产品结构不断优化，实现了由普碳钢向低合金高强度结构钢（高质量等级）、高强船板钢等高端产品领域的跨越。产品更新换代步伐明显加快，新产品销售收入比重由原先的 34.8％提高到 55.9％，三年累计新增销售收入 215 亿元，新增利税 15 亿元，新增出口创汇 17.9 亿美元。

天铁集团建成 15000 平方米的技术开发中心大楼，配置了品种齐全的试验研究分析仪器设备，完善了研发队伍建设，研发人员从 346 人增加到 728 人，其中具有高级职称的研发人员达到了 86.5％，博士 53 人，领军人物 23 人。三年累计新产品销售收入比计划指标增长 16.52％，新产品利税比计划指标增长 30.52％，出口创汇增长了 42 倍。申报专利 48 项（含发明专利 15 项），其中授权 11 项。三年累计完成新产品、新工艺研发项目 216 项，提高了企业自主创新能力，2008 年被授予国家认定企业技术中心。

# 第四节　滨海新区冶金产业发展趋势

滨海新区的冶金产业未来必须也只能坚持走以质取胜的发展之路，表现出以下几个明显的趋势。

## 一、滨海新区加快建设为冶金产业发展提供了良好的市场机遇

滨海新区将积极发展高端制造产业，特别是装备制造、汽车、航空航天、石油化工等优势产业发展，将带动钢铁产业需求激增和产品质量的跃升，成为冶金产业转型发展的一个突破口。近几年滨海新区快速发展，一大批大工程、大项目的投入建设，对各种冶金产品的需求也在增长。总投资 41 亿元的一汽丰田三工厂新建项目、四工厂项目、总投资 20 亿元的一汽夏利汽车扩能项目、新港船厂 50 万吨级我国最大船坞兴建项目、京津城际铁路客运专线项目、天津滨海国际机场扩建工程、蓟港铁路扩能改造工程、新港船厂搬迁项目等，为滨海新区的现代冶金产业的发展提供了广阔的市场空间。

## 二、南港工业区建设将使冶金产业集聚经济效应逐步显现

以滨海新区为核心的半径 300 公里以内，分布了 3000 多家钢铁企业，国内外多家钢铁企业纷纷投资天津，中铝、中钢投资天津，世界知名钢铁制造商意大利得兴集团投资的冶金设备工厂正式开业，台湾烨联股份公司与香港伟顺企业共同在开发区西区投资设立独资企业，天津环海联合集团、中国环渤海投资担保（集团）股份有限公司投资组建"天津环渤海钢铁工程技术开发有限公司"，使天津成为中国最重要的钢铁产业基地之一，产业集聚效应越来越明显。未来，海河下游冶金工业区冶金产业将逐步向南港工业区转移和聚集。南港工业区拥有铁路、公路、港口及航空四维一体的高效运输网络，特别是将规划建设 20 万吨级的专业港口，同时拥有 55 平方公里水域的航道港池，固体、液体、散货等各种货物可通过航运直达世界各个港口，吞吐量至 2020 年将达到 30000 万吨，为未来冶金产业集聚发展奠定了坚实的基础。充分利用南港工业区的优良的港口条件，使原料和成品的运输距离大大缩短，既有矿石资源优

势，又有港口资源优势，供应链的竞争优势突出。按照公布的《天津南港工业区总体发展规划（2009～2023年）》，南港工业区将接纳天津的部分新增钢铁产量1000万～1500万吨，并大力发展钢铁精深加工和利用钢铁冶金产品为原材料的装备制造业，形成上下游产业链结合的冶金装备制造业产业集群。

### 三、冶金产业技术化提升趋势越来越明显

首先，滨海新区加大信息技术在冶金工业发展中的广泛应用，用信息和自动化技术改造天津冶金工业，提高管理水平和生产经营效率。采用新型传感器技术、光机电一体化技术、软测量技术、数据融合和数据处理技术、冶金环境下可靠性技术，进行关键工艺参数闭环控制、物流跟踪、能源平衡控制、环境排放实时控制和产品质量全面过程控制。其次，建设生产管理控制系统。实现铁—钢—轧横向数据集成和相互传递，实现管理—计划—生产—控制纵向信息集成。

节能减排生产和应用技术将得到进一步应用和推广。在生产过程节能减排方面，将加快推广低温轧制、在线热处理、润滑轧制等成熟节能减排技术的应用。另外，为了满足低碳、环保的发展要求，滨海新区新建冶金基地炼铁系统采用非高炉炼铁与高炉炼铁相结合，炼钢系统采用转炉炼钢和电炉炼钢相结合。在污染末端控制和资源能源回收技术方面，将积极推广焦炉采用干法熄焦，高炉配备高效喷煤和余热余压回收装置，提升转炉负能炼钢水平。进一步推广普及应用干法除尘、蓄热式燃烧等节能技术。加强冶金渣、尘泥等固体废弃物的综合利用，加快冶金行业资源能源回收利用产业的发展。

### 四、外资开始逐渐进入滨海新区冶金产业下游深加工领域

滨海新区拥有良好的区位优势和产业基础，为冶金产业提供了良好的条件，冶金产业规模持续增加，而且开始呈现集聚态势，同时也吸引了大量外资企业进入冶金产业下游的深加工领域，通过其高效、低成本服务，已经占据了相当一部分高附加值钢材加工市场。以浦项为代表的外资钢铁企业，以住友商事、三井物产为代表的外资商社，已经进入冶金产业下游的深加工领域，主要围绕新区及周边汽车、家电、能源等企业提供钢材加工、配送、仓储服务，进一步完善了新区钢铁产业链条。

## 五、滨海新区现代制造业快速发展将使冶金产业链条进一步完善

　　一方面，随着滨海新区开发开放进程的推进和基础设施的完善，以滨海新区石油化工、工程机械、汽车制造、造船及海洋船舶、轨道交通和风电等优势产业为重点，发展高端钢材产品和高档金属制品两大产品体系，产业链条将得到进一步延伸，冶金产业将于下游产业实现高度融合。在高端钢材产品系列中，重点发展优质钢管产品、精品板材产品和高强棒线材产品三大系列。在高档金属制品系列中，重点发展专用钢丝绳和高档钢绞线、高端标准件和金属罐、不锈钢制品以及机械、铁路、新能源用制品。另一方面，冶金产业服务化初见端倪，围绕冶金产业链，发展节能环保服务业、高端商用服务业、原材料采购平台以及仓储、加工、配送等，逐步形成现代化冶金生产服务体系。

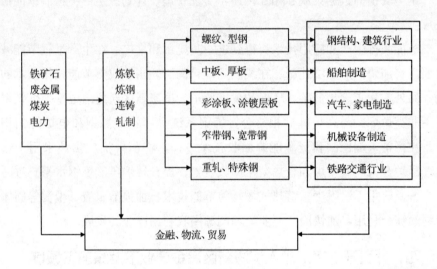

**图 13.1　滨海新区冶金产业链**

# 第十四章

# 滨海新区食品（粮油）产业

食品工业是关系国计民生的"生命工业"，是一个国家经济发展水平和人民生活质量的重要标志。按照国际分类标准，食品工业包括农副食品加工业（包括粮油加工）、食品制造业、饮料制造业和烟草加工业四大门类，在国民经济中涉及第一、第二、第三产业，具有产业链长、行业跨度大的特点。按2011 年修订的 GB4754《国民经济行业分类》标准，我国食品工业包含农副食品加工业、食品制造业、酒和饮料、精制茶制造业、烟草制造业 4 大类、22个中类、57 个小类，共计 2 万多种食品。

## 第一节　食品（粮油）产业发展趋势及市场运行特点

食品（粮油）产业在每个国家都是经久不衰的产业之一，随着经济发展和社会进步，粮油产业也表现出新的特点。

### 一、产品多样化、精细化及营养化成为食品饮料工业发展的方向

随着人民生活水平的提高，居民消费层次的变化以及年龄、文化、职业、民族、地区生活习惯的不同，食品消费个性化、多样化发展趋势越来越明显。各种精深加工、高附加值食品，肉类、鱼类、蔬菜等制成品和半成品，谷物早餐，以及休闲食品等和针对不同消费人群需求的个性化食品，在相当长的一段时间内都将大有可为。以营养产业为例，目前我国食品工业开发生产的用于营

养改善的食品，无论是品种、质量还是方便水平，都难以满足人们营养健康的需要和市场需要，今后营养产业将朝着"全"营养食品、营养专用食品、营养强化食品、富营养素食品、营养补充剂、牛奶和大豆制品等方向发展。

## 二、方便食品、绿色食品及有机食品将成为食品消费的主旋律

随着人们生活节奏的加快，简便、营养、卫生、经济、即开即食的方便食品市场潜力巨大。与此同时，居民健康意识日益提高，人们对食品品质的要求越来越高，绿色食品、有机食品将越来越受到消费者青睐。人们的饮食习惯更加合理、更加科学，烟酒等嗜好类产品的比重将逐步下降，食品工业产品结构将进一步得到优化。

## 三、油脂油料产量与进口迅速增加，产业风险不容忽视

我国是食用植物油生产和消费大国。2010 年全国食用植物油产量 3916.09 万吨，比 2005 年增长 142.9%，年均增长 19.4%；实现现价工业总产值 6076.80 亿元，比 2005 年增长 185.1%，年均增长 23.3%。在可以预计的未来，伴随着我国经济的快速发展以及人均食用油消费量的不断提升①，我国粮油工业仍将保持快速增长的态势。根据海关总署的统计数据显示，2005~2010 年我国年度进口油脂（含大豆与油菜子折算）总量年均增速为 8.75%，2010 年进口量为 1753 万吨。由于对进口依存度的高位运行，如果全球油脂供应偏紧，将会给中国粮油加工企业带来巨大风险，也会给我国食用油产业安全带来潜在威胁。

## 四、食品工业各细分产业均实现持续快速发展

"十一五"期间，食品工业重点行业 2010 年工业总产值与 2005 年相比，增长率分别为：粮食加工业增长 368.4%，年均增长 29.80%；食用油加工业增长 185.1%，年均增长 13.11%；液体乳及乳制品制造业增长 120.6%，增长相比其他细分行业较低，年均增速仅有 3.82%；葡萄酒制造业增长 206.2%，年均增速 15.57%；屠宰及肉类加工业增长 232.3%，年均增速为

---

① 2010 年全球人均年消费食用油 16 千克，美国为 32 千克，欧盟为 27 千克，中国为 18 千克。

28.36%；方便食品制造业增长 239.4%[①]，年均增长 19.08%。除上述列举的行业外，食品工业中的其他行业也都取得了令人瞩目的发展成就，例如烘焙制造业、软饮料制造业和精制茶制造业等现价工业总产值及主要产品产量年均增长均在 20% 以上。

## 五、主食产业化将成为食品工业的重要增长点

主食产业化既是粮食加工行业延长产业链和提高附加值的重要途径，也是促进国民健康以及推动我国传统食品快速发展的必然选择。目前，我国食品产业结构并不乐观，主要表现在：主食产业规模以上企业较少，在食品工业统计中地位薄弱；居民食物中工业化生产的食品还不到 30%，与发达国家的 70%～90% 相比差距甚大；多数食品普遍存在产品技术含量低、企业科研投入少等现象，未形成真正的核心竞争力。鉴于此，《国家粮食安全中长期（2008～2020 年）发展规划指出》，要大力发展粮油加工，引导粮油食品加工向规模化、集约化方向发展，推进传统主食工业化生产，提高优、新、特产品的比重。

## 六、完善油脂产业链，增加产业附加值

油脂产业链首先是从育种开始，到油料生产、油料压榨，最后到副产品加工。以棕榈油为例，棕榈油精炼后液体油可以作为食品行业需要的煎炸用油，固体油可以做成特种油脂，产生的废料和辅料则是油脂化工的原料。废油水解成脂肪酸后，经过处理再做成硬脂酸，硬脂酸可以成为塑胶塑料工业需要的添加剂，还可以做成香皂、肥皂。产业链上下游打通后，棕榈油每一块的价值都能利用起来（甚至辅料和废料都进行了深加工），有利于减少中间环节，控制损耗和生产时间。在这方面，益海嘉里已经处于领先地位。另外，我国油脂企业也可以通过如下途径实现产品附加值的提升。例如在马来西亚、印度尼西亚、巴西、阿根廷等地，收购或租赁种植园，寻求货源的新突破；在海外和国内沿海地区扩建港口、油脂加工厂、分销网络等，进而整合产业链资源优势，构建全球物流系统、分销系统。

---

① 《2010 年食品工业经济运行综述及 2011 年展望》，《中国食品安全报》《中国食品质量报》。

未来，随着市场竞争的愈加激烈，各食用油企业不仅会积极拓展新的销售渠道，而且会更加完善其产业链布局。在渠道方面，近年各大油企开始拓展直营店、网店等销售终端。以开设直营店为例，益海嘉里早在 2006 年就已经进入，中粮和九三油脂也分别在 2009 年和 2011 年开始进入；而网上平台，目前中粮推出"我买网"。在产业链方面，益海嘉里、嘉吉等跨国公司已经具有种植、加工、销售一体化产业链优势。国内企业在油脂原料供给偏紧的情况下，也开始去海外建设种植基地，控制上游原料，逐步完成自身的产业链布局。

## 第二节　滨海新区粮油产业发展现状与特征

滨海新区是我国北方最大的粮油综合加工基地，制油能力可达 200 万吨/年，精炼能力可达 450 万吨/年，分提能力可达 430 万吨/年。聚集了如益海嘉里、九三集团、中粮、京粮等在粮油加工产业具有"话语权"的知名企业。此外，滨海新区临港经济区的港区码头、保税区港口码头和航道建设取得成效，为粮油加工业的原料物料和产品的输入输出提供了重要的粮油码头和物流通道。另外，临港经济区正在着力建设两个物流集散区，即一个以中部港池为基础的中心物流集散区和一个以南部岸线资源为基础的物流集散区，形成配合园区各产业的通用物流集散区，这些基础设施的建设与完善为滨海新区粮油加工业发展提供了重要的基础条件。

### 一、粮油产业发展迅速，成为新区新增长点

天津港作为中国最大的粮食进口港以及中国北方重要的粮食进口通道，滨海新区已成为京津地区粮油原料的主要供应基地，具备发展食品（粮油）产业的原料优势。另外，临港经济区港区码头和航道建设也为粮油和产品大进大出提供有力保障。再加上，面临京津及环渤海地区广阔市场，以及诸多的优惠政策和健全的服务体系，这些都吸引着国内外知名粮油企业集聚新区，促进新区粮油加工业迅速发展，规模不断提升，粮油产业已然成为滨海新区一个新的产业增长点。2010 年，滨海新区食品（粮油）产业规模以上企业达 119 家；资产总额达 326.32 亿元，同比增长 32.0%；完成工业总产值 440.10 亿元，同

比增长 22.9%，占天津市的 50.8%；实现主营业务收入 458.29 亿元，同比增长 25.2%；上缴利税总额 27.74 亿元，同比增长 30.3%。天津市食品（粮油）产业前 50 强企业基本都集中在滨海新区，滨海新区食品（粮油）产业逐步呈现出以经济技术开发区、保税区和临港经济区为主要载体的产业集聚效应，已建成我国北方最大、全球第六大粮油加工基地以及我国北方重要的食用盐生产基地。

## 二、大企业大项目集聚，产业链条不断完善

目前，临港经济区正加快粮油加工产业板块的建设，粮油基地总占地面积为 4 平方公里，中粮、京粮、印度尼西亚金光集团等 6 家大型粮油加工企业先后落户，投资额超过 160 亿元，主要进行粮油食品精深加工。预计到 2015 年，滨海新区临港经济区将形成年工业产值 1000 亿元的粮油加工产业集群，形成年产 1000 万吨压榨油和 400 万吨精油的产出规模，食用油日产量将超过 1 万吨，能满足 2 亿人的食用需求[①]。粮油行业也已经成为保税区的传统优势产业，以嘉里粮油（天津）有限公司、九三集团天津大豆科技有限公司、天津龙威粮油工业有限公司、中纺油脂（天津）有限公司四大支柱企业为龙头的粮油加工产业正在保税区加速聚集。据了解，目前保税区粮油行业总资产超过 70 亿元，年产量超过 160 万吨，主要从事大豆压榨、精致食用油提炼加工、棕榈油加工等。

## 三、产品呈现多样化发展，产业体系持续优化

滨海新区食品（粮油）产品结构逐步向多元化、优质化、功能化方向发展，产品细分程度加深，深加工产品增多，新产品不断涌现。2010 年方便食品、营养保健、食品添加剂等高附加值食品产值占食品（粮油）产值的比重达 20% 左右。粮油产业除了加工生产大豆油，还有棕榈油、菜子油、花生油等，其中龙威粮油各类油脂年精炼能力达到 70 万吨，棕榈油年分提能力达到 135 万吨，油脂储存量达到 18 万吨，是全国最大的油脂综合加工厂，经营产品涉及棕榈油、色拉油、椰子油、白砂糖、饲料原料和杂粮杂豆等产品。天津嘉里

---

① 中国日报网：《"大粮油"板块滨海新区临港崛起》。

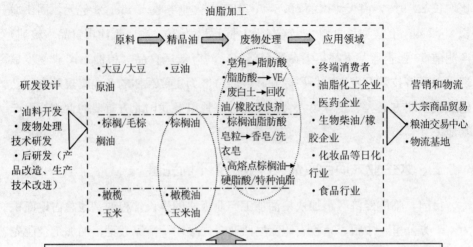

**图 14.1  油脂加工产业链及滨海新区骨干企业**

粮油公司除了生产、加工、精炼和分装各类植物油，还从事生产人造黄油、起酥油等各类食用特种油脂、各类动植物油脂的（保税）仓储业务和生产硬脂酸、皂粒、洗涤皂类、香皂代加工等油化业务。

## 四、工艺设备国内领先，原料综合利用率较高

新区的部分粮油加工企业在生产工艺和设备设施等方面处于国内领先地位，有些接近甚至领先国际水平。例如，龙威粮油引进德国全套先进的植物油精炼生产设备，实现生产自动化，保证了精炼产品的品质，其开发的规模化生产熔点在 5℃ 以下的超低熔点棕榈油提炼技术就处于世界领先水平。嘉里粮油作为在国际上有重要影响的粮油巨头，其生产工艺和设备设施处于世界领先水平，能够实现全产业链的生产模式，基本做到了产业链内各环节的循环利用，实现了油料的"吃干榨净"。

## 五、投资主体更加合理，骨干企业作用凸显

滨海新区投资主体的多元化可以从近些年滨海新区粮油加工项目的引进略

见一斑，既有来自新加坡的益海嘉里、印度尼西亚的金光和春金等外资企业，也有以中粮、九三、中纺和中兴等为代表的大型国有粮油企业集团，还有京粮、天津粮油集团等地方粮食企业，又有龙威（及其总部）等大型民营粮油企业，这些企业在业内地位高，代表性强，具有较大的话语权，它们在滨海新区的聚集使滨海新区形成多种所有制企业协作共存、共同发展的产业集群，推动滨海新区食品（粮油）产业的投资结构合理化，增强产业活力和抗风险能力。2010年，产值超过10亿元的粮油食品企业9家，占滨海新区食品（粮油）产业总产值的80%左右，涌现出了一批市场占有率高、带动能力强的骨干企业和企业集团，形成了康师傅、金龙鱼、胡姬花、福临门、可口可乐、芦花盐等具有较大市场影响力的品牌产品。

### 六、粮油基地初步建成，行业影响日趋显现

凭借专门的粮油码头、开放的优惠政策、临京临海的区位优势、背靠"三北"的广阔市场等一系列产业发展优势，滨海新区吸引了中粮、京粮、中纺油脂以及新加坡益海嘉里、印度尼西亚金光和春金等一大批国内外知名的粮油加工企业在此投资设厂或者增资扩产。粮油巨头的入驻，使得一个集粮油加工、储存、贸易、物流于一体的"大粮油"产业链正逐渐形成和完善，并成为滨海新区经济发展的重要产业板块。滨海新区正在逐渐发展成为我国重要的粮油加工产业集聚地、我国北方最大的粮油综合加工基地和全球第六大粮油产业基地。天津市粮油学会于2004年发起并承办了中国粮油学会天津地区重点油脂加工企业座谈会，至今已连续举办了七届，不仅展示了天津在粮油加工行业的产业优势，也向业界扩展了行业影响力，同时为新区粮油产业的繁荣发展献言献策。然而，滨海新区距离建成我国粮油产业的技术研发中心、期货交易中心和中国最大粮油产业基地仍有相当长的路要走。

## 第三节　滨海新区食品饮料产业发展现状与特征

滨海新区食品饮料产业是吸引外资最早的产业之一，也曾经是天津经济技术开发区的代表性产业之一。

## 一、产业发展基础较好，产业规模不断提高

20世纪90年代，以康师傅、可口可乐为代表的一批知名企业在滨海新区投资建厂，引领滨海新区食品饮料产业进入快速发展阶段。近几年滨海新区食品饮料产业快速增长，截至2010年，该产业工业总产值达到167.9亿元，其中2008～2010年食品饮料工业总产值一直占据滨海新区轻工纺织产业总产值的1/3以上，年均增速为16.33%。另外，滨海新区食品饮料产业规模的提升也可以从特定产品的产量看出。据统计，滨海新区2010年软饮料产量达到388.50万吨，较2009年增长76.40%；饮料酒产量为1.38亿升，较2009年增长40.21%；方便面为30.5万吨，较2009年增长47.08%；罐头15.9万吨，较上一年增长20.52%。

## 二、产品链条逐步完善，企业实力不断增强

目前，滨海新区已经形成了以方便面及其他方便食品、糖果、巧克力、果蔬罐头、碳酸饮料、果蔬汁饮料、茶饮料及其他软饮料等为代表的食品饮料业。如百事可乐和可口可乐在滨海新区生产碳酸饮料的同时，也生产少量诸如酷儿、水森活、原叶茶和佳得乐等非碳酸饮料；康师傅除了生产方便面外，也生产饮品、果汁和糕饼等。另外，据ACNielsen 2010年12月零售市场研究报告的调查结果显示，总部位于开发区的康师傅在方便面、即饮茶及包装水销售额的市场占有率分别为55.8%、51.9%和20.8%，稳居市场领导地位；稀释果汁以17.5%、夹心饼干以22.7%同居于市场第二位。经过多年的耕耘与积累，天津滨海新区"康师傅"已成为中国最为消费者熟悉的品牌之一（详见图14.2）。

## 三、投资来源多样化，知名企业高度聚集

滨海新区食品饮料产业投资主体多元化，资金来源国际化。有来自欧美国家的世界著名企业，如可口可乐、百事可乐、雀巢等；有来自日本的企业，如大冢饮料、养乐多；有来自新加坡和中国香港、中国台湾的企业，如嘉年华国际有限公司、顶新集团、统一等；还有内资企业，如东大化工、晨光集团、华润啤酒等；更有典型的本土企业，如天泉速冻、王朝葡萄酒等。来自不同国家

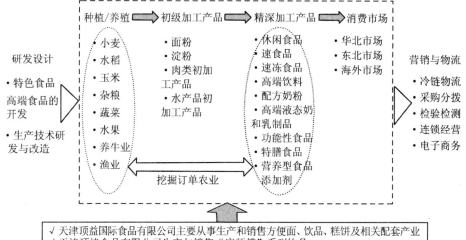

**图 14.2 滨海新区食品饮料制造产业链现状**

知名企业的高度聚集使滨海新区食品饮料产业投资结构呈现多元化特征，产业结构不断优化（见图 14.3）。

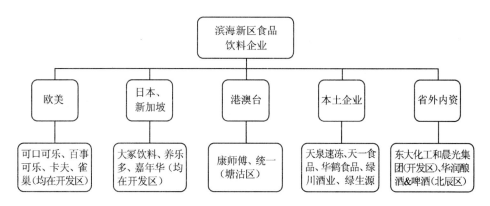

**图 14.3 滨海新区食品饮料企业投资来源**

资料来源：笔者整理。

## 四、科技投入持续增加，科研能力不断提升

2010年食品（粮油）行业从事科研活动的规模以上企业达22家，科技活动项目236项，申请专利67件。天津科技大学在滨海新区建立了天津市唯一的省级食品加工工程中心，并与开发区国际创业中心建设"天津食品生物创新公共平台"，以实现"源头创新—小试成果—中试验证—产业化"整个链条的一体化。总部位于开发区的康师傅控股有限公司设有中央研究所，研究新产品的开发，如对茶饮料、咖啡饮料的研发，使康师傅推出绿茶、酸枣汁、酸梅汁等畅销新品。随着众多食品企业在滨海新区设立了研发机构、开展研发项目，滨海新区在食品饮料业的产品研发能力在国内的影响力开始逐步显现。

## 五、产业集群效应显现，产业结构亟须优化

滨海新区已经形成以开发区为主要载体的食品饮料产业集群，产业集群效应初步显现。但目前仍存在一些问题：缺少面向全国市场的项目，缺乏龙头企业，像百事可乐、可口可乐、雀巢等跨国公司的项目只是其全球布局的一环；产品主要集中在大众消费品，高端、营养、健康产品缺少；发展高端产品面临着北京的竞争等。未来滨海新区食品饮料产业的结构升级将占据主导：提高产品附加值，抢占产业价值链核心位置；延伸产业链，由加工制造向前后延伸到原料采购、物流配送、食品销售和进出口贸易等环节，形成从原材料生产到食品最终消费的"大食品产业链"。

# 第四节　滨海新区食品（粮油）产业发展趋势

未来滨海新区食品（粮油）产业的发展表现出一些很明显的趋势，这对增强滨海新区食品（粮油）产业的竞争力具有重要意义。

## 一、食品饮料产业将向前后端拓展价值增值环节

目前滨海新区已经初步形成了开发区西区"食品、饲料及食品机械工业园"、汉沽现代产业区"食品添加剂工业园"、临港经济区"油脂和粮食加工工

业园"、开发区"食品饮料集聚区"等为代表的特色产业园区，区域品牌已经开始显露。未来滨海新区食品饮料产业将向加工制造前后延伸到原料采购、物流配送、食品销售、进出口贸易和产品研发等环节，产业环节链将向"微笑曲线"的两端（附加值提升）扩展，形成从原材料生产到食品最终消费的全产业链。农副产品深加工、绿色食品、食品生物工程、葡萄酒酿造等将获得更多发展空间，滨海新区将发展成为具有全国影响力的北方地区规模最大的生物食品产业基地。

## 二、滨海新区将成为我国最重要的粮油加工产业聚集地

滨海新区粮油加工产业发展拥有五大不可复制的优势：坐拥华北和东北地区广阔的市场优势、政策优势、港口和区位优势、国内外企业聚集的产业集群优势和密集的人才研发资源优势。这些优势已经吸引着知名粮油企业不断聚集新区，形成强大的产业规模优势，未来这些优势会继续吸引更多的产业链上下游企业及其相关企业研发部门云集滨海新区，届时，滨海新区粮油加工业的产业链优势、产业集群优势和技术优势将会逐步发挥，推动滨海新区成为我国最重要的海内外知名的粮油加工产业聚集地。

## 三、粮油加工业将向安全化、品牌化、高技术化方向发展

由于人们对食品安全问题的关注度越来越高，以及《食品安全法》的颁布实施，滨海新区食品（粮油）产业将把食品质量作为工作的重中之重，以谋求长远发展。为了提升产品附加值，谋求持续稳定的发展，滨海新区食品（粮油）企业将逐步完善产业价值链，向"微笑曲线"两端的研发和营销发展，如利用高新技术丰富产品内容、提高原材料利用率，利用品牌与其他企业进行区分、进而谋求品牌溢价。如粮油产业依赖高新技术的渗透逐步形成包含精炼、小包装油、特种油脂和油脂化工等整个油脂加工及废、副产品综合利用的全产业链模式。

## 四、滨海新区将逐步成为我国最大的粮油交易中心

目前，滨海新区是我国北方最大的粮油综合加工生产基地，无论是制油能力、精炼能力还是分提能力，都已经达到较高的规模和技术水平。重要的是，

滨海新区聚集了一批在国内外粮油加工产业中具有"话语权"的知名企业。此外，滨海新区拥有发展粮油加工这种大进大出产业的最大基础设施优势——港口优势以及金融改革先行先试的政策优势。借助港口、物流基础设施优势和金融改革先行先试的优势，滨海新区将有充分条件发展国内最大的粮油交易中心，将生产优势与交易中心优势充分结合，滨海新区粮油产业将会获得更好更快发展。

# 第十五章
## 滨海新区轻工纺织产业

轻工纺织产业是主要生产消费资料的部门，包括纺织服装、食品、造纸、日用消费品生产等几十个行业，是国民经济的重要组成部分。尽管国际金融危机对全球轻工业产生了较大的冲击，但由于轻工产品和日常消费密切相关，轻纺工业中长期发展趋势没有改变：产业结构面临加快调整，产业链亟待进一步拓展完善。轻工纺织行业向纵深发展，产业布局调整加快。信息化与工业化融合趋势日趋深化，推动轻工纺织行业不断升级。引导和创造消费、商业模式创新成为轻工纺织行业发展和水平提升的重要方向。

## 第一节　国际轻工纺织产业发展趋势与动态

国际产业结构加速调整，世界市场的国际分工进一步细化，在垂直分工基础上的水平分工得到发展，发达国家一些产业的生产重心已转移到亚洲，如玩具、钟表、缝纫机、自行车等产业已转向发展中国家。

### 一、轻纺产业在全球范围内配置资源的趋势明显

目前，轻工纺织产业大力发展，在全球范围内产业链不断向横向和纵向方向延伸。发达国家利用其先进技术优势占据高端市场。在轻工产业，相对成熟的地区主要在欧洲、北美，其中美国、欧盟等国不但轻工业发展阶段成熟，而且占据了多数产品的高端市场，而以中国为主的亚洲国家则在轻工产业的多数领域还处于高速成长期。在纺织产业，世界纺织工业格局还在发生深刻变化，

许多高档产品和产业用纺织品的加工正在由经济发达的传统纺织强国向我国转移，中低档服装及家用纺织品的加工则由我国向南亚和东南亚国家转移。

## 二、经济危机导致国际贸易环境剧烈恶化

2008 年全球金融危机之后，世界各国纷纷加强保护本国市场和产业发展，利用各种非关税壁垒，如环保标准、技术标准、社会责任标准和市场准入标准进行限制，贸易摩擦事件增多，我国轻工与纺织工业的贸易环境恶化，国内企业需加强自我保护意识以应对国际贸易新形势。据 WTO 统计，2008 年中国遭遇反倾销调查 73 起、反补贴调查 10 起，分别占全球案件总数的 35％和 71％。中国已连续 14 年成为遭遇反倾销最多的成员，连续 3 年成为遭遇反补贴最多的成员。

## 三、国际竞争逐步演变为综合实力的竞争

未来以产业链分工为主的跨国生产和经营，使产业链的低端技术、常规产能不断向发展中国家转移，而发达国家依靠资金、技术等优势，掌控世界轻工纺织产业高端市场，运用市场网络主导高附加值领域，国际轻工纺织业的竞争也由"价格和质量"竞争转向"以高新技术为主导，以品牌竞争为焦点"的综合经济实力竞争。如现代纺织设备运用自动化等高新技术，实现了纺织生产过程中各种参数的在线检测、显示、自动控制和自动调节，实现了设备运行的自动监测、显示、超限报警等功能，保证和提高了产品质量和生产效率，降低了产品成本，增强了产品的竞争力。坚持以技术创新为动力，走高端化、集约化、品牌化发展之路，是轻工纺织企业的必然选择。

# 第二节　我国轻工纺织产业的发展现状及趋势

轻工纺织业是我国参与全球产业竞争最充分的产业之一，不仅能较好地满足国内市场需求，也成长为国际消费品重要生产基地，已成为很多轻工商品的国际制造中心和采购中心，成为重要的国际贸易集散地和供应地。

## 一、轻工纺织产业快速扩张，产业结构不断优化

2000～2010年，工业总产值的年均增长率为18.80%。2009年全年轻工行业增加值同比增长11%，2009年我国规模以上纺织企业累计实现工业总产值37979.89亿元，同比增长10.3%，我国鞋类、家具、箱包、玩具、玻璃制品、陶瓷等多种轻工产品出口额占全球出口总额第一位。轻工商会会员企业已从2001年的4043家企业发展到9700家。

同时，轻工产业结构不断优化，形成了一批区域化的具备完整产业链的产业集群。从2002年底至今，中国纺织工业协会命名了100多个集群试点，研究发现，这些试点的企业虽然平均规模较小，但通过集群的形式摆脱了日益高涨的成本压力、资本投入的先天不足、无力发展品牌的困境。

## 二、国际贸易竞争力较强，贸易顺差持续扩大

轻工纺织工业是我国消费品工业的主体，也是对外贸易特别是出口的主要工业产业，是创汇和实现顺差的大户。据海关统计，2010年轻工产品累计出口额3555亿美元，同比增长29.1%，全年累计进口额950.9亿美元，同比增长31.1%，全年轻工行业贸易顺差为2603.8亿美元，同比增长28.4%。家具制造业和文教体育用品制造业是轻工业中贸易竞争力最强的两个行业，食品饮料业和塑料制造业的贸易竞争力则相对较低。而我国纺织产业贸易竞争力强，其中出口和进口的差额在逐渐扩大，贸易顺差显著。

## 三、科技进步成绩显著，产品创新能力增强

纺织行业提出的亟须解决的"28项关键技术和10项新型成套关键装备"，在"十一五"期间取得显著成效，并且在高性能、功能性、差别化纤维材料技术，产业用纺织材料技术，纺纱织造高新工艺技术，高效、环保染整技术，纺织信息化技术和新型纺织机械等重点领域的关键技术攻关和产业化上取得了突破，多项高新技术实现从无到有的实质性转变，一批自主研发的科技成果和先进装备在行业中得到广泛应用。2000年以来，我国纺织领域共获得26项国家级科技奖励，其中国家技术发明奖二等奖5项，国家科技进步奖一等奖和二等奖分别为2项和19项。纺织行业发明专利和实用新型专利数年均增加1000余

件，约占全国总量的 2%；纺织产品开发中心在大中型企业和高校科研院所之间广泛建立，企业产品创新力度不断增强。

## 四、轻工纺织产业问题仍存，产业结构亟待调整

轻工纺织产业结构亟待调整。中低端产品多，高质量、高附加值产品少；骨干企业发展缓慢，产业集中度低；加工能力主要分布在广东、山东、浙江、江苏等沿海地区，中西部地区发展滞后；出口市场主要集中在世界发达国家，尚未形成多元化格局；重复建设和盲目扩张现象严重，大豆油脂、酒精、乳制品、味精、柠檬酸等行业产能过剩，小造纸、小皮革、小酒精等污染严重的落后产能尚未淘汰。自主创新能力有待加强。自主知识产权少，中低端产品多，处在产业链的最低端。虽然已经培育出一批国内知名品牌，但国际知名品牌屈指可数，产品出口贴牌现象比较普遍，在产品研发、设计、采购、生产和营销的产业链中局限于加工制造。销售渠道继续拓展。许多轻工纺织外销企业过去通常出口给大型国际经销商或为其他品牌代工，无须考虑销售问题。经过 2008 年国际金融危机冲击之后，这些轻工纺织企业必须把握经营主动权的机会，重视国内渠道建设，积极进入流通领域、投资零售终端，并从收购国外企业向收购国外品牌、渠道转型。

# 第三节  滨海新区轻工纺织产业发展现状与特征

轻工纺织产业从规模上在滨海新区的产业体系中并不占有很大比例，但是从发展基础和潜力上还是表现出很多积极的因素。

## 一、产业规模稳步扩大，产业结构进一步改善

滨海新区轻纺工业通过实施"主业提升、研发带动、品牌支撑、加快重组"四大战略，形成了良好的发展态势，产业规模稳步扩大。2010 年，天津市滨海新区轻纺产业通过技术改造不断优化升级，实现产值 246 亿元，资产总额与主营业务收入分别达到 308 亿元、248 亿元，目前已初步形成包括纺织、塑料、包装、日化、自行车、手表及精密机械、家电等行业的多元化产业结

构，并且在塑料、日化等领域已形成较完整的产业链，建立了优势产业为主体，特色产业协同发展的轻纺工业体系，涌现出天女油墨、海鸥手表等一大批知名企业和名牌产品。

## 二、部分产业优势明显，形成多条完整产业链

经过多年的发展积累，滨海新区部分轻工行业形成了比较完整的产业链。如形成了以手表机芯、成品表、精密加工为重点的精密机械制造业产业链，如海鸥表业集团以海鸥表业为核心，形成了由 23 个钟、手表及精密器件生产厂家等组成的行业性集团，并为摩托罗拉、三星、精工、西门子等跨国集团进行高新技术产品的配套；以天津纺织集团为主体的天津高新纺织工业园内形成了纺纱、织布、印染、服装制作等完整的产业链，棉纺织、毛纺织、色织印染、针织服装、装饰家纺连为一体，园区内织布大部分用自己的纱，印染用自己的布，园区完整产业链的形成，节约了运输及包装，减少了资金占用。此外，以石化上下游原材料为重点的塑料、日用精细化学产业也形成了比较完整的产业链。

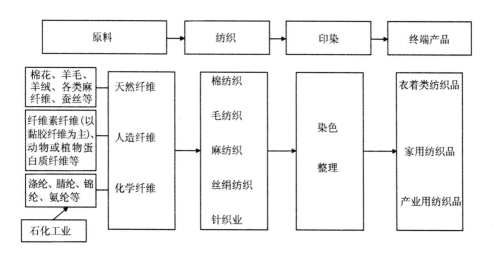

**图 15.1　轻工纺织产业链示意图**

### 三、创新体系不断完善，科技创新能力逐渐增强

轻纺工业技术创新投入不断加大，技术创新体系不断完善。滨海新区组建了纺织工程研究院，搭建起纺织前沿科技的研发平台。纺织工程研究院与美国哥马克公司、天津出入境检验检疫局合作组建了阻燃实验室。该实验室将成为国内最高水平的大型阻燃测试研发与检测机构。同时，天津纺织还利用试验基地研发手段，开发了 19 个纺纱系列品种、15 个面料系列品种。全面推进羊毛物理细化、热熔复合纱技术、天鹅羽绒花式纱纺纱技术、软体桩基系列、精细数码提花织物、自动验布系统及自适应式调温黏胶等 7 项省市级重点计划项目的实施，并完成了"高精细数码提花面料的开发"等 5 个项目的市级新产品、新技术的鉴定，技术水平均达到国内领先。

依托天津工业大学（前身是天津纺织工学院）在纺织复合材料、中空纤维膜分离技术、特种功能纤维材料、纺织油剂助剂等研究的科研优势，建设了目前全国设计规模最大的纤维界面处理技术产业化基地，与百万吨乙烯工程配套，开发石化产业下游深加工技术与产品，能达到年产 3 万吨纤维界面处理剂能力，形成 10 个系列近百个品种的产品，推动滨海新区纺织业改造升级，形成产学研紧密结合的新型纤维材料产业链。

### 四、外资企业集聚，促进轻工行业的国际化发展

天津市作为北方传统的轻工业城市，部分产业基础雄厚，产业资源丰富。滨海新区依托良好的产业发展基础，以其卓越的区位优势，对外资企业产生强大吸引力。目前，轻工行业国际巨头如东洋油墨、富士能等齐聚滨海新区，通过投资、合作、产品配套等形式，将技术、管理、营销等要素逐渐向本地转移，带动本地企业管理水平和技术水平提升，促进了滨海新区轻工行业的国际化发展。如天津高新纺织工业园的内资企业在外资企业的影响下，引进世界最先进的纺、织、染、整设备，彻底改变了天津纺纱普通型中低档的落后局面，而且通过学习西方园区化的发展模式，企业产品能耗每百米布用电量由 18 度降到 12 度，万元产值取新水量由 17 吨降低到 9 吨，大大降低了企业生产成本，提高了产品竞争力。

# 第四节　滨海新区轻工纺织产业发展趋势

滨海新区轻工纺织产业未来的发展面临规模与质量之间的有机协调问题，基本方向是数量支撑，质量优先。

## 一、轻纺产业将向精深加工环节延伸，产业用纺织品成为重点领域

随着基础设施和环境条件的改善，新区的轻工纺织产业链将逐步完善，以粮油加工、食品饮料、纺织、包装、日用化学、塑料六大领域为核心的轻工纺织产业体系将逐步形成。在纺织领域，受下游产业需求拉动，一些附加值高或是高新技术产品将获得更快发展，产业用纺织品将成为重点发展领域，如以合成纤维、化纤材料为基础的广泛应用于航空航天、医疗卫生、建筑工程、过滤、包装、装备、安全防护等领域的复合材料用纺织品。目前，产业用纺织品的发展已经成为纺织工业结构调整、产业升级和提升核心竞争力的重要标志，是发展现代纺织工业新的增长极。

目前滨海新区依托轻纺经济区、高新纺织工业园，瞄准高端化、高质化、高新化的发展方向，围绕滨海新区乙烯、化纤、化工材料等产业的发展吸引新项目，加强技术推广和成果转化，大力发展大宗纺织助剂，使低档产品高档化，提升大宗纺织产品的附加值；开发高性能纤维，促进产业用纤维的发展；提升自主开发合成纤维生产成套技术能力，降低能耗，并使产品逐步替代进口。

## 二、受高端制造业发展带动，轻纺新材料产业将获得发展机遇

滨海新区作为高端制造业基地和研发转化基地，一方面拥有轻纺新材料生产制造研发基础和上游石化原材料的资源基础，另一方面拥有广阔的需求空间。轻纺新材料既能够为优势产业的产品与技术升级提供材料支持，也能够为高端智能化绿色制造业提供材料保障，还可以为滨海新区循环经济发展提供材料服务，具有广阔的发展空间和市场。围绕新区高技术产业发展，以合成纤维、合成树脂、合成橡胶等合成材料为基础，一些领域将具有很大发展空间，

如产业用纺织品新材料、新型复合材料以及具有较高抗压性、阻隔性、热封性、阻气性等高性能包装材料、塑料及膜材料，还有特种纤维、复合树脂建材、工业防腐材料、LED新型衬底材料、高性能电容膜、液晶膜及新一代膜技术等新材料。

## 三、科技型中小企业将推动轻纺产业结构优化调整

科技型中小企业是民营经济的重要组成部分，而轻纺工业正是民营企业发展最为充分的产业之一。随着滨海新区越来越多的科技孵化器、科技园等科技平台的建设和完善，以及金融、物流、人才等公共平台功能的完善，轻纺工业科技型中小企业将获得更大的发展空间。如即将建成的纺织纤维界面处理技术产业化基地，集产学研用于一体，在带动滨海新区乙烯下游化工产业发展的同时，促进高校和科研机构的科技成果产业化。科技型中小企业凭借其自身特有的创新性、高成长性、易聚集等特点，将会给新区轻纺工业的发展注入活力，进而推动新区轻工纺织产业结构的优化调整和集群化发展。

## 四、滨海新区轻纺产业链配套体系建设将逐步完善

滨海新区正围绕轻纺经济区致力于打造轻纺产业核心产业链，培育发展与轻纺产业配套的装备及关键零部件企业，延伸产业链，提高协作配套能力，实现配套设备与轻纺产业的有效对接，提升轻纺产业整体竞争力。一方面，滨海新区在发展订单农业、废旧塑料再生、废旧纺织品循环利用等保障原料供应方面具有很大潜力，这样可以拓展上游渠道。另一方面，滨海新区正在积极促进或引入认证中心、检验检疫中心、研发中心、物流配送等环节完善轻工纺织产业链，逐步形成以大企业为主导、研发机构为支撑、中小企业为基础的协作配套关系网络，打造专业化分工与产业化协作紧密关联的产业链体系。未来，滨海新区将致力于建设我国北方最大的高端纺织品生产基地、我国北方石化衍生轻工产品生产基地和国内重要的轻纺新材料研发生产基地。

# 第十六章
## 滨海新区节能环保产业

节能环保产业是顺应当前全球性的资源和环境发展形势而生的新兴产业，是世界主要国家竞相培育的新兴产业。在我国，节能环保产业也被视为未来重点发展的战略性新兴产业之一，受到了前所未有的重视。

## 第一节　节能环保产业构成及技术经济特征

节能环保产业也被称为"绿色产业"，通常由节能产业、环保产业与资源循环利用产业三大部分构成。

### 一、节能行业的产业链

能源是经济和社会发展的动力来源，节约能源就是节约社会财富。节能行业就是为节约能源提供设备、材料、技术和服务的行业，是一个渗透到经济和社会发展方方面面的方兴未艾的产业。其产业链大体如图 16.1 所示。

### 二、环保产业链

环保产业是节能环保产业的主要构成部分，从大的构成看，环保产业包含环保设备制造、环保产品生产和环保服务三个部分。环保产业链大体如图 16.2 所示。

211

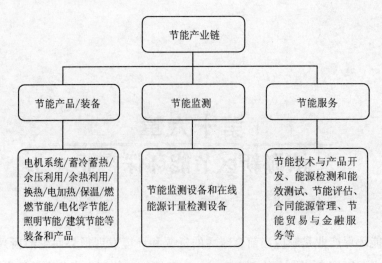

**图 16.1　节能行业产业链构成**

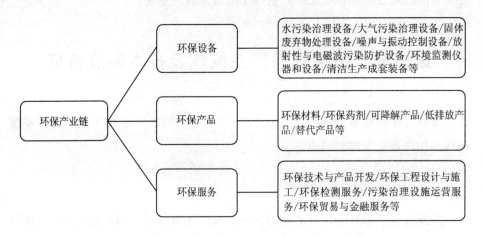

**图 16.2　环保行业产业链构成**

## 三、资源循环利用产业链

资源循环利用就是"变废为宝"的过程，是利用先进的技术、工艺和装备将废渣、污水、废旧物资和废气回收再利用，主要包括对矿产共伴生资源、工业"三废"、再生资源、餐厨余物等其他废弃物的回收利用，以及利用生活垃圾焚烧发电和对海水的综合利用等，以此创造新的经济效益和社会效益的过程。以资源的"高效利用、循环利用和无害化生产"为原则的资源循环利用，是实现经济可持续发展的重要方式之一。资源循环利用产业链如图 16.3 所示。

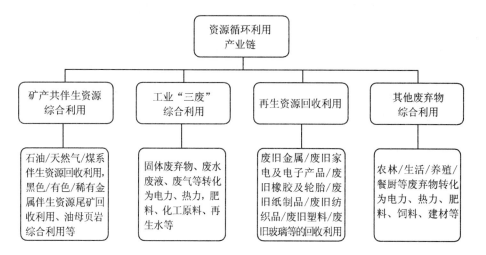

图 16.3　资源循环利用行业的产业链构成

## 四、节能环保产业的技术经济特征

节能环保产业是一个复合型产业，其构成行业之间也有很大的不同，但总体而言，具有一些共同的特点：

### （一）节能环保产业启动资金高，短期效益不明显

节能环保产业前期固定成本投入较大，短期内很难实现较高利润，一些基础设备与技术的投入也会随着需求以及上游产业的变化而加速折旧，因此初始利润和需求的不确定性会使节能环保产业具有投入较大、风险较高的特征。

### （二）节能环保产业的正外部性强，容易得到国家政策支持

节能环保产业具有部分公共产品属性，一些方面会出现市场失灵，使得有些情况下节能环保企业提供产品与服务的成本与收益并不对称，这时政府会对产业发展予以一定的政策引导和支持。

### （三）节能环保产业构成复杂

节能环保产业构成复杂，所属行业的技术经济特征差异很大，使得节能环保产业间的技术共享性相比其他行业有所下降，行业内并存多条产业链。

## 第二节　节能环保产业的国际国内发展特征与前景

在各国工业化发展进程中，生态与环境遭到了严重的破坏，从 1972 年的《联合国人类环境会议宣言》到《内罗毕宣言》，再到《京都议定书》的正式生效，节能环保理念在世界范围内不断深化。

### 一、节能环保产业的国际发展特征

近年来，节能环保技术的创新速度加快，产业内的国际合作更加突出，整体发展迅猛。

#### （一）全球节能环保市场规模不断扩大

目前，美国、欧盟、日本等发达国家节能环保产业产值占其 GDP 的比例大约为 10%～20%，并以高于 GDP 增长率 1～2 倍的速度快速成长。以全球环保业为例，1992 年约为 2500 亿美元的市场规模，2007 年已超过 6000 亿美元，2009 年的平均增长速度更是达到了 7%左右，预计到 2015 年全球环保产业市场规模将超过 13000 亿美元。近年来，发展中国家（尤其是新兴经济体）在工业进程中的节能环保意识也不断增强，其节能环保需求的快速上升成为了全球节能环保市场的拉动力量，推动着节能环保产业结构的优化和持续壮大。

#### （二）国际节能环保市场由发达国家主导

美国、德国、日本等发达国家占据国际节能环保产业的主导地位。美国作为世界最大节能环保技术生产和消费国，其节能环保产业产值占全球的 1/3，位居全球第一；德国节能环保产业有望在 2020 年超过传统的汽车和机械制造业成为主导产业；日本作为全世界推进节能最先进的国家，是全球节能产品生产大国，节能服务业每年以 30%的速度增长。

#### （三）良好的政策和市场发展环境推动节能环保产业发展

美国、欧盟、日本等发达国家均有完善的节能环保法律体系，为产业发展奠定了良好的基础。以美国为例，先后颁布实施了《能源政策与节约法》、《清洁水法》、《1990 清洁空气法》、《国家电器产品节能法》、《2005 能源政策法》等一系列法律、法规，从立法上提出了促进企业、家庭和个人节约能源保护环境的可行措施。此外，欧美等发达国家还通过多元化的财税政策、制定和修订产业标准引导节能环保产业的健康快速发展。

### （四）科技是节能环保产业发展的核心驱动力

开发应用新技术是节能环保产业发展的核心驱动力，也是各国节能环保产业竞争的焦点。美国和日本都制定了专门的财税政策，鼓励节能环保技术的研发和应用；欧洲委员会也制定了环境技术行动计划，通过吸引更多的私有和公共投资用于环境技术的开发和示范应用，鼓励创新工艺，大力支持相关研究成果向市场推广。目前，美国的脱硫、脱氮技术，日本的除尘、垃圾处理技术，德国的污水处理技术在世界居于前列。技术优势是奠定美、日、德三国在世界节能环保产业领域主导地位的关键因素。

## 二、节能环保产业的国内发展特征与趋势

根据我国目前节能环保产业所处的发展阶段，以及我国工业体系调整升级的整体发展思路和节能减排的整体目标，我国节能环保产业发展特点和趋势主要表现在以下几个方面：

### （一）节能环保产业已具备大规模快速发展的条件

我国节能环保产业已拥有一批较为成熟的节能环保技术，部分关键、共性技术已经产业化。在节能领域，干法熄焦、高炉煤气发电、炉顶压差发电、变频调速等节能技术得到普及推广。在环保领域，我国已具备自行设计、制造大型城市污水处理、垃圾焚烧发电关键装备的能力，具备了自行设计大型火电厂烟气脱硫的能力，一般工业废水治理和工业消烟除尘技术等已达到国际先进水平。在资源循环利用方面，工业废渣特别是煤矸石综合利用技术接近世界先进水平。涌现出一大批专业化节能服务公司和环保设施运营企业，在海水综合利用和新能源汽车等领域也取得了一定的成果。

### （二）市场需求为节能环保产业提供巨大发展潜力

"十一五"期间，我国节能环保产业年均增长率维持在15%～20%，根据《十二五节能减排综合性工作方案》，到2015年，全国万元国内生产总值能耗要下降到0.869吨标准煤（按2005年价格计算），比2010年的1.034吨标准煤下降16%，化学需氧量、二氧化硫排放总量、氨氮和氮氧化物排放总量也至少要比2010年下降8%，这些都拉动了节能环保产业发展的市场需求空间。

### （三）法规政策体系逐渐完善

国家发展与改革委员会、统计局和环保总局分别会同有关部门制定的《单位GDP能耗统计指标体系实施方案》、《单位GDP能耗监测体系实施方案》、《单位GDP能耗考核体系实施方案》和《主要污染物总量减排统计办法》、《主要污染物总量减排监测办法》、《主要污染物总量减排考核办法》等，形成了节能减排的规范性文件和办法，构成了科学、完整、统一的节能减排统计、监测和考核体系。

### （四）标准体系逐步颁布实施

我国关于节能环保的一批国家和地方标准陆续制定、修订出台，对规范产业发展起到了积极作用。在建筑节能方面，我国自1986年实施第一个建筑节能标准《民用建筑节能设计标准》（JGJ26-85）以来，不断出台各类规范标准，促进建筑能耗的下降，如《民用建筑节能设计标准——采暖居住建筑部分》、《公共建筑节能设计标准》、《绿色施工导则》、《绿色建筑评价标识实施细则》等。在家电节能方面，我国已陆续出台了家用电冰箱、空调、洗衣机、热水器等各类家用电器的能效标准，并逐步实施强制性能效标识，对达到节能标准的家电实施补贴，发挥消费引导作用。

### （五）国际经济技术交流与合作日益加强

目前各主要国家对华合作都把节能环保作为重要内容之一，政府组织、非政府组织、企业和民间团体等多主体全方位的经济技术交流与合作日益活跃。中国已陆续与欧盟、日本、韩国等国家和地区开展节能环保项目、节能人员培训及循环经济等方面的国际合作，在中美战略经济对话机制下，还与美国成立了能效工作组。美国的英福特、荷兰的飞利浦等国际节能巨头也陆续进入中国，开展各种节能环保项目。

### （六）"战略性新兴产业"带来新的发展机遇

2010年10月，国务院正式公布《国务院关于加快培育发展战略性新兴产业的决定》，明确了我国战略性新兴产业发展的目标、方向和重点任务。节能环保被列为七大战略性新兴产业之首，《"十二五"国家战略性新兴产业发展规划》把高效节能技术和装备、高效节能产品、节能服务产业、先进环保技术和装备、环保产品与环保服务六大领域列为重点支持对象，在财政、税收、金融等方面提供政策支持，这为产业发展创造了难得的政策机遇。

### 三、我国节能环保产业发展面临的问题

近几年，节能环保产业顺应全球绿色低碳化发展的潮流，在我国也适逢发展的机遇，取得了令人瞩目的成就，但也面临不小的问题。

#### （一）产业持续创新能力不足

节能环保产业本是一个具有技术和资金密集特征的产业，但我国的节能环保产业却更偏重资金或资源密集的特点，缺乏核心技术，具有自主知识产权的节能环保尖端技术产品很少，专业人才不足且质量不高，创新与研发融资困难，产业持续创新的能力不足。

#### （二）节能环保产业的市场作用仍需加强

近年来，国家的一系列政策指明了节能环保产业整合与协调发展的新方向，但我国节能环保产业仍处于起步阶段，信息与资源流动不畅，投融资渠道较窄，政府主导发展的色彩浓厚，且各地区与部门之间缺乏必要的交流与合作机制，使得我国节能环保产业的协调发展程度较低。

#### （三）区域合作与资源整合不明显

我国节能环保产业的区域分布不均，产业的区域间扩散效应不明显，例如部分较发达地区拥有多个污水处理企业，导致其市场范围部分重叠，不能有效地发挥规模经济效应，而部分落后地区却没有相关的治污企业，污染严重。由于节能环保产业具有区域地理性市场容量小的特点，要想达到产业资源的区域性有效配置，必须在以市场为主导的基础上统筹规划，突破区域市场进入的行政性障碍，使有限的节能环保产业资源在全国范围内得到充分高效的配置。

# 第三节　滨海新区节能环保产业的发展现状与特征

滨海新区作为我国先进制造业基地之一，既有电子信息、生物医药、新能源、新材料等高新技术产业，也有石化、冶金等传统优势产业，后者由于产业特性和发展基础等原因，面临较大的节能环保压力，对节能环保产生强大需求。同时，随着中新生态城等宜居城市建设项目的推进，为节能环保技术和产品的集成与产业化示范提供了良好的平台，成为拉动滨海新区节能环保产业发

展的动力。滨海新区节能环保产业发展具有以下特征：

## 一、产业成长速度较快

节能环保产业由三个细分部分构成，从其各自的发展水平看，2010年滨海新区节能产业总产值约223.2亿元，形成了以节能汽车和节能电器为主导的产业格局，二者占节能产业总比重达75％以上。此外，滨海新区在节能建筑材料、节能型照明器具制造、工业节能装备制造等方面也具有较大的竞争优势。2010年滨海新区环保产业总产值58.93亿元，竞争优势领域集中在环境污染防治专用药剂、环境污染防治装备、可降解产品、无汞（镉、铅）电池、水性涂料等低毒低排放产品制造方面。2010年滨海新区资源循环利用产业总产值56.66亿元，在金属废料和碎屑加工处理、海水综合利用、再生橡胶综合利用、工业废渣生产建筑材料、垃圾发电等方面的竞争优势比较突出。2010年，滨海新区节能环保产业总产值约为338.79亿元（不含节能环保服务业），占全区工业总产值的3.20％[①]。目前滨海新区现有约700家工业企业从事与节能环保产业相关的生产经营活动，其中专门从事节能环保领域的企业52家，另有经国家发改委批准备案的节能服务公司31家。

## 二、龙头企业的示范带动作用明显

节能环保产业中既有一般产业内通过技术进步实现节能环保要求的行业部门，如节能汽车、节能家电、节能建筑材料等，也有利用新型技术提升节能环保和资源综合利用水平的新型节能环保行业，如海水综合利用，既有重资本技术型的节能环保装备制造企业，也有技术和知识密集型的节能环保服务行业，如合同能源管理等。推动滨海新区节能环保产业快速发展的主要力量是龙头企业，这些龙头企业又分为几大类。第一类是产品和装备制造企业中率先以节能环保产品制造作为企业竞争力主要来源的企业，如天津一汽丰田汽车有限公司、天津市松正电动汽车技术股份有限公司、长城汽车股份有限公司天津分公司为代表的节能型汽车研发生产企业，在小排量、混合动力车研发方面积累了

---

[①] 《天津市滨海新区节能环保产业发展规划研究报告（2011～2020年）》，此处统计口径为宽口径。

较强技术优势，已具备批量化生产的条件。再如，欧文斯科宁（天津）建筑材料有限公司借助其母公司在世界建筑材料和玻璃纤维复合材料领域的领先地位，在我国保温材料特别是玻璃纤维复合材料市场占据较大份额。西控茵诺威达新型建材（天津）有限公司依托其研发的板材和建筑系统，正在轻纺经济区积极建设亚洲最大的复合树脂低碳建材生产基地，该项目的建设对延伸滨海新区石化产业链将发挥重要的作用。第二类是自主创新型的高技术企业，如天津膜天膜科技有限公司是我国最大的中空纤维膜制造基地，具有国内最完整的膜技术创新体系，在连续膜过滤（CMF）、膜生物反应器（MBR）等核心技术领域处于国际领先水平，在中空纤维微滤膜、超滤膜、反渗透膜的研究开发方面居国内领先地位，并主持制定了中空纤维微滤膜、超滤膜、反渗透膜组件及测试方法等国家标准和行业标准，产品广泛应用于海水淡化、清洁生产、医药、生物制品、食品、工业废水和市政污水的深度处理和回用、电泳漆涂装、工业用纯水和生活饮用水制备等领域。第三类是技术服务集成服务提供商型企业开始出现，最具代表性的是天津泰达环保有限公司，其主要从事环保类项目的投资建设及运营管理、环保项目的设计与咨询服务、环保技术设备开发及推广应用等。公司通过 BOT 投标、参股控股、收购等方式，积极参与国内其他省市环保项目的投资、建设和运营，不断扩大公司在国内垃圾发电、垃圾处理领域的市场份额，同时涉足污水处理、秸秆发电等其他环保领域，巩固了其在国内环保专营领域的领先地位。此外，公司较早参与了 CDM 项目的研究、选择和推广，合作伙伴的确定以及垃圾发电 CDM 项目方法学的制定，已成为国内垃圾发电行业第一个以减排指标获利的受益者。

总体上，依托良好的产业发展环境，滨海新区集聚了西门子电气传动、霍尼韦尔环境自控、诺卫环境安全、威立雅水务等一批在节能环保领域具有较强竞争力的国际知名企业，以及特变电工、膜天膜、龙净环保、泰达环保等众多在国内节能环保领域处于领先水平的知名企业，有助于推动滨海新区节能环保产业规模化、高端化发展。

### 三、节能环保的循环经济效应已经显现

近年来，依托中新天津生态城，滨海新区已成为我国领先的绿色建筑、生态环保技术及产品引进和示范推广中心。此外，随着滨海新区承办的国际节能

环保绿色产业博览会、国际生态城市论坛暨博览会、国际节能减排科技博览会等交流会议的增多，滨海新区正逐渐发展成为具有一定国际影响力的先进节能环保技术交流、引进平台。滨海新区围绕主导产业，引导企业按照产业的发展特点与规律构建循环经济产业链。例如，在汽车产业，天津丰通资源再生利用有限公司拆解丰田汽车公司生产过程中产生的废车，而天津虹冈铸钢有限公司利用丰田工厂生产中的边角废料，通过熔炼等加工过程制成钢锭，再提供给丰田模具工厂作为生产模具的原料，之后提供给矢琦汽车配件公司生产汽车零件，再回到天津丰田汽车有限公司组装成车（见图16.4）。

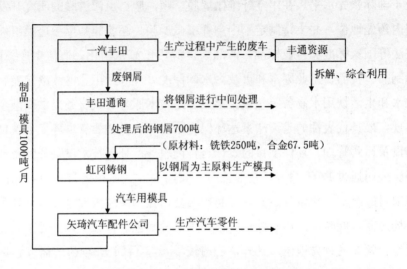

**图16.4　滨海新区汽车循环经济产业链**

## 四、高新技术成为节能环保产业的利润增长点

节能环保产业一度被认为并不需要很高的技术投入，是劳动和装备密集型的传统产业，但事实上，节能环保产业的发展将越来越依靠技术和创新的驱动。滨海新区的节能环保产业中也涌现出许多高技术型企业。例如，环保电池领域的天津力神电池股份有限公司，其拥有国内领先的自主知识产权核心技术，是主要从事绿色高能锂离子蓄电池的研发和生产经营的现代化高科技企业；泰达新水源公司以污水处理厂出水为唯一补充水源，以生态净化技术为核心，综合集成国内外先进的净化处理技术和生态修复技术，融城市污水处理、

水体生态净化与再生水利用工程于一体，形成了以再生水为源、适合北方滨海盐碱地区的城市水环境质量改善成套技术提供、系统方案解决和综合性工程示范的服务能力。此外，近几年在滨海新区的节能环保企业中，几乎都把引进技术和研发作为企业利润的主要增长点。以水处理、利用与分配行业为例[①]，滨海新区 2008 年在 2 家有科技活动的企业中，其技术改造经费支出达到了 790 万元，企业和政府筹集的科技活动经费达到了 260 万元，并且近两年有快速增长的趋势。节能环保产业的高技术化发展趋势日益显现。

## 五、企业的集聚化发展趋势初步显现

在节能环保产业中，以技术与创新为主导的龙头企业的出现为地区集群式产业发展创造了条件，也为产业链的纵向延伸提供了可能。目前，从聚集企业数量来看，经济技术开发区与高新技术产业开发区相近，高新技术产业开发区形成了较为完整的工业节能装备制造产业链，聚集了风机风扇、液压和气压动力机械、锅炉及原动机、输配电及控制装备、工业自动控制装置等工业节能装备制造企业。此外，该地区还聚集了大量建筑装饰及水暖管道零件制造领域的节能建筑材料制造商。除节能装备和产品外，高新技术产业开发区在环保试剂、可降解塑料、无汞（镉、铅）的电池等环保产品，环境污染防治专用装备制造方面也具有较大的优势。经济技术开发区聚集了众多具有领先技术的国际知名企业，在先进技术的研发引进方面更具优势。与高新技术产业开发区相比，除工业节能装备和环保药剂、无汞（镉、铅）的电池等环保产品生产外，经济技术开发区在节能汽车制造、耐火材料生产、水性涂料等低毒害环保产品、可降解塑料生产方面实力较强。此外，经济技术开发区还聚集了部分金属废料和碎屑加工处理等资源回收利用企业。

除此之外，塘沽在耐火材料生产、环保药剂、水性涂料等低毒害环保产品生产方面，汉沽在金属废料和碎屑加工处理、工业废渣综合利用生产水泥方面，大港在环保药剂、水性涂料等低毒害环保产品、可降解塑料生产方面，空港经济区在特变电工等输配电设备制造、节能电机制造领域，轻纺经济区在节能环保建筑材料生产等方面都呈现出一定的集聚发展之势。中新生态城已与中

---

① 资料来源：《天津滨海新区统计年鉴》（2010）。

国科学院及芬兰、美国、德国、新加坡等国家的企业和科研机构进行洽谈，拟合作建立生态环保检测站、盐生植物园、培训基地、水处理研发中心等项目，并开展相关课题的研究；日本斯坦雷公司拟建立 LED 路灯的研发试验销售基地。中新生态城正朝着生态环保技术研发中心和应用示范基地的方向迅猛发展。

## 六、合同能源管理等新兴服务企业迅速成长

合同能源管理作为节能环保产业发展的一个新方向，在滨海新区也得到快速成长。滨海中日能源、奥华能源、易普科技等节能服务公司以合同能源管理方式实施工业节能改造项目。截至 2011 年底，滨海新区已有 17 家备案的节能服务公司，并建成了国内首个综合性排放权交易所。依托中兴能源（天津）节能服务有限公司、中节能（天津）投资集团有限公司、远大低碳技术（天津）有限公司等专业提供节能服务的企业，滨海新区已初步具备了开展一体化节能服务的基础。

## 七、节能环保企业的竞争力有待进一步加强

尽管滨海新区节能环保产业已初具规模，但节能环保业的发展起步较晚，企业规模普遍偏小，80％以上的节能环保企业产值不足亿元，在全国市场竞争力较弱，特别是节能环保设备的制造行业更是缺乏竞争力。企业研发投入较少，缺乏对产业发展有重大带动作用的关键技术和共性技术，没有形成创新驱动的发展模式。

# 第四节  滨海新区节能环保产业的发展趋势

节能环保产业在我国总体上还是一个"小"产业，即产业规模小，在整个产业体系中所占的比重低，但从经济与社会发展的需要以及产业自身的发展趋势看，节能环保产业又是孕育很大发展潜力的产业，特别是滨海新区要实现建设我国北方现代制造业基地与研发转化基地，建设宜居城市的发展目标，更需要大力发展节能环保产业。滨海新区的节能环保产业未来要走出一条具有自身

特色的发展之路，需要坚持市场主导，扩大开放，突出重点，协调发展的原则，从以下几个方面谋求特色化发展。

## 一、产业互动的融合化发展

产业融合是现代产业发展的重要趋势，这一点在节能环保产业上表现更为明显。随着生态种植、清洁生产、绿色制造等经济发展理念的形成和推广，节能环保产业与现代农业、工业的融合发展趋势已成必然。如环保产业与现代农业融合的领域主要是无污染生物肥料、除草杀虫制剂研发生产等；与现代工业融合领域更为广泛，包括零排放技术、有毒有害原材料替代技术、可回收材料技术等。滨海新区的几大主导产业，如电子信息、生物医药、汽车与装备制造、冶金与化工等都有与节能环保产业融合发展的很大空间（见图16.5）。

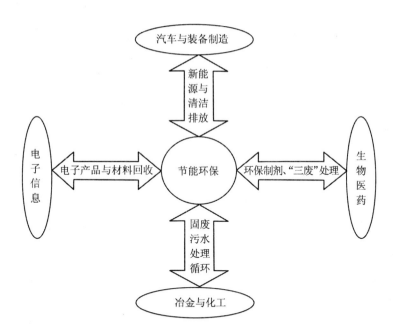

**图16.5　滨海新区节能环保产业与其他主导产业融合发展领域**

要促进节能环保产业与其他主导产业的融合发展，必须准确把握节能环保产业和传统制造业以及高技术产业的技术与需求关系，鼓励经济技术开发区、高新技术产业开发区、空港经济区等节能环保产业已形成一定规模的功能区，充分发挥其良好的产业基础和技术、人才等优势，促进传统制造业转型升级，推进节能环保技术和产品在新技术产业的充分应用，让节能环保技术和产品真正实现与主导产业的融合化发展。

## 二、高端切入的国际化发展

滨海新区是改革开放以来我国吸纳外商直接投资的主要通道之一，这为滨海新区节能环保产业吸引国内外的先进技术、资金和人力资源，提升产业层级，提高企业的技术创新能力创造了历史性机遇。特别是以中新生态城建设为契机，将吸引更多更具竞争力的节能环保企业进入滨海新区，把滨海新区作为节能环保新兴技术与产品的集成和产业化示范基地，参与国际竞争市场，走国际化发展之路。即以市场为导向，紧密结合滨海新区节能环保产业发展现状，围绕工业节能装备、节能汽车及零部件制造、污染防治装备、新型环保材料、海水综合利用等重点领域，结合节能环保产业未来发展方向，依托经济技术开发区和滨海高新技术产业开发区等功能区，大力推进节能环保技术研发或引入国际先进技术，重点进行节能环保技术的产业化应用，建成我国节能环保技术研发引进中心；依托空港经济区现有节能电力装备研发制造优势，集聚上、下游节能输配电设备制造企业，建设我国关键节能机电产品的研发生产基地。

## 三、创新驱动的协调化发展

滨海新区的节能环保企业中真正具有较高技术，特别是自主创新技术的企业不多，大多属于成熟技术的引进利用型企业，这与节能环保产业日益增强的高技术特性并不相符。未来需要大力培育类似膜天膜科技公司这种产、学、研合作的节能环保型科技企业，为此，需要确立以研发为龙头，以企业为重点的发展思路，围绕上述节能环保产业与其他主导产业融合发展的重点领域，以及海水淡化等节能环保产业的主要发展方向，协调官、产、学、研的合作机制，特别是发挥政府在研发投入、企业融资、知识产权交易、节能环保产业市场化水平推进等方面的积极作用，整体提升滨海新区节能环保产业的技术创新水平。近年来，随着节能环保标准和意识的不断提升，滨海新区节能环保产业的专业人才和技术不断涌进，创新与创业融资环境得到改善，相关配套咨询和人才技术交流等中介机构也开拓了节能环保领域的相关业务。未来需要充分发挥滨海新区节能环保产业集成平台的优势，进一步加强原始创新、集成创新和再创新能力，实现创新驱动的产、学、研协调化发展。

## 四、追求规模经济效应的集聚化发展

依托经济技术开发区和滨海高新技术产业开发区，大力发展节能汽车、节能家电、节能照明器具、工业节能装备、绿色电池等装备及产品；依托空港经济区，大力发展节能电机、关键节能电力装备和航空航天领域节能环保装备及产品；依托轻纺经济区，大力发展新型建筑材料，建设我国重要的节能环保建材生产基地；依托大港和南港工业区，积极延伸石油、化工产业链，大力发展环保材料、环保药剂、可降解产品等环保化工产品；依托临港经济区，引导大气、水污染、固体废弃物等污染防治装备、海水淡化装备、节能环保检测仪器仪表制造等上、下游企业集聚，打造我国领先的高端节能环保装备制造集群。

未来一段时期，滨海新区节能环保产业的发展重点将集中在培育集投资、建设、运营、管理、移交为一体的节能环保服务集成商上，通过开展节能环保服务带动上、下游节能环保装备制造产业及先进技术的研发引进；培育建设以中新天津生态城、经济技术开发区现代产业区等为主的滨海新区北部节能环保服务集聚区，重点发展节能环保服务业，扶持培育节能服务龙头企业和骨干企业，以合同能源管理、一体化节能服务等方式推广应用各类高效节能装备及产品；加快发展环保服务骨干企业，以工业污水治理、烟气脱硫脱硝、有机气体净化、大宗固体废弃物综合处理为重点，推进环境污染防治工程设计和设施运营管理的市场化、规范化、社会化发展，提高环境风险评估、清洁生产审核等环境业务的专业化程度。

## 五、完善产业链条的全面化发展

节能环保产业是制造与服务融合发展的典型产业之一，服务增值与增值服务是节能环保产业未来发展的重要方向。依托中新生态城和中心商务区，滨海新区承办各类节能环保大型会展、论坛等，不仅要把已有的国际节能环保绿色产业博览会、国际生态城市论坛暨博览会、国际节能减排科技博览会做出品牌和影响力，更要培育新的细分化展会，吸引国内外知名节能环保企业通过滨海新区进行装备、产品、服务的宣传推广，使滨海新区成为承接国内外先进节能环保技术转移和装备、产品引进的重要平台。

　　鼓励成立专门节能环保产业研究机构，定期发布节能环保技术发展趋势、产业政策导向、市场供求等关键信息，联合龙头企业、高等院校、科研机构等积极参与国家各领域节能环保标准制定，使滨海新区成为引领我国节能环保产业发展方向的风向标。

　　大力推进节能环保创新平台建设，依托龙头企业、高等院校、科研机构等，将研发、设计、试验、生产加工、产品检测等技术服务与信息、咨询、培训、管理、市场开拓等综合服务有机结合，建立多个节能环保科技成果研发、孵化、中试、转让、测评、交易等平台，鼓励企业充分利用社会资源，加速科技成果的商业化运用，实现创新资源的有效分工与合理衔接，提升产业整体竞争力。

# 第三篇　专题篇

# 第十七章
## 滨海新区创新体系与工业创新能力

　　创新是滨海新区发展的内在动力。"推进体制创新","走上创新驱动、内生增长的发展轨道",是中央对滨海新区的要求,也是打好攻坚战、争当"排头兵"的根本要求。近年来,滨海新区紧紧抓住纳入国家总体战略布局和国际制造业转移的历史机遇,按照中央和市委的决策部署,紧紧围绕建设高水平的研发转化基地和争创科技创新领航区,着力增强核心竞争能力,加大科技创新力度,加快推进经济发展方式转变,取得了一批重大成果。新区以提高自主创新能力为重点,建设以企业为主体、市场为导向、产学研有机结合的区域创新体系,着力提升工业创新能力,从而推动新区成为京津冀及环渤海区域经济发展创新引擎、全国新型工业化和发展方式转型示范区以及我国重要的国际化创新平台。

## 第一节　滨海新区科技发展与创新资源

　　滨海新区作为现代制造业和研发转化基地,科技发展与创新能力提升是支撑区域经济持久健康发展的根本动力。

### 一、滨海新区科技发展现状

#### (一)科技投入与科技资源聚集力度不断加大
　　滨海新区紧紧抓住其上升为国家战略、被批准为全国综合配套改革试验区的重大机遇,通过不断深化科技体制改革,加快创新平台建设,科技基础设施进一步改善,研发转化资源的集聚效应不断凸显,创新能力不断得到提升。

"十一五"以来，滨海新区科技活动经费、科技活动人员等主要科技活动投入指标增幅远高于天津市平均增幅，占全市的比重大幅度提高。2010 年，滨海新区 R&D 经费支出占生产总值的比重达到 2.5%[①]，财政科技投入占地方财政收入的比重约为 4%，科技人才聚集明显加快，人才密度高于全市平均水平。参与科技活动人员占所有从业人员的比重达到 17.6%[②]。

**（二）区域创新体系建设不断推进**

滨海新区列入首批国家创新型科技园区试点和国家知识产权示范创建园区，围绕构筑自主创新高地，通过努力构建开放型区域科技创新体系，已经初步形成了以市场为导向，以大学、研究机构为支撑，以企业为主体，政府创造环境，教育支持科研，科研带动产业发展的科技创新体系，在生物芯片、膜技术、电动汽车、干细胞、纳米等高新技术领域内具备了较强的研发能力，拥有了一批高水平人才，储备了一批先进技术。

"十一五"期间，新区相继组建了天津国际生物医药联合研究院、国家超级计算机天津中心、中国科学院工业生物技术研究所、滨海工业研究院等高水平研发机构。重点建设了 12 个国家级科技创新平台、10 家行业技术研发平台，形成了 50 多家国家和市级科研机构、50 多家大型企业研发中心和 62 家企业博士后工作站。总共拥有各类经认定的创新研发机构 197 家，科技成果转化服务机构 300 家，科技孵化器和生产力促进中心 24 家，风险投资机构 15 家。

**（三）创新环境不断优化**

作为全国综合配套改革试验区，滨海新区在行政管理体制、金融创新、科技体制、土地管理等重点领域和关键环节上已取得一系列改革事项的较大突破，为滨海新区的科技创新创造了良好的制度环境。科技体制改革在建立健全协调联动体制、科技聚集资源机制、探索新型创业风险投资模式、加快建设以企业为主体的技术创新体系以及创新科技成果转化机制等方面进行了积极探索。在金融体制改革方面，渤海产业投资基金等一批基金相继设立，"中国融资租赁模式"已初具雏形，首家全国性排放权交易市场在滨海新区挂牌、小额

---

① 天津市滨海新区人民政府：《天津市滨海新区国民经济和社会发展第十二个五年规划纲要》，滨海新区网，http://www.bh.gov.cn，2011-05-04。

② 资料来源：马晓萌：《好中求快——助推经济发展方式转变》，滨海新区网，http://www.bh.gov.cn，2011-01-19。

贷款公司在滨海展开试点，促进金融业和企业总部发展、鼓励私募股权投资基金注册登记和税收优惠等一系列支持金融改革创新的政策已经出台，滨海新区"资本池"的效应已开始凸显。

在创新政策环境方面，目前新区已初步营造了有利于研发转化的政策环境。一是出台了关于固定资产可加速折旧、无形资产缩短摊销年限等优惠政策。二是设立了每年 10 亿元的滨海新区产业发展专项资金和 20 亿元的滨海新区风险投资引导基金。三是积极整合各管委会科技政策。对引进研发机构给予大力扶持，规定对符合条件的独立法人内资研发机构、外商独资研发机构、生产性企业内部设立的非独立研发机构给予资金扶持和研发费用资助等。

### （四）科技创新领航区建设不断推进

滨海新区工业发展的总体目标是：现代制造业和研发转化基地基本建立，努力建设成为高端产业集聚区、科技创新领航区，在加快经济发展方式转变、推进产业结构调整等方面成为深入贯彻落实科学发展观的"排头兵"。围绕科技创新领航区建设，新区积极打造科技平台，优化科技发展政策环境、金融环境，建设人才高地。滨海新区先后与科技部、卫生部、中国科学院、中国医科院、中国军事科学院、中国电子科技集团等国家部委、国家研发机构和中央大企业，以及与美国、意大利、瑞典等国家和地区建立了全面科技合作关系，引入国内外创新资源规模不断扩大。截至 2011 年底，累计建成 50 个国家级和省部级研发中心、22 家市级以上重点实验室、10 个产业技术创新联盟、9 个企业技术创新平台、40 家孵化器。组织实施了 160 项自主创新重大项目。科技型中小企业达到 6799 家，小巨人企业 269 家。在基因药物、信息安全产品、新一代移动通信终端、民航机电产品、膜材料、海水淡化装置、电动汽车、无缝钢管等高端技术领域取得了突破，拥有了一大批具有自主知识产权的技术和产品。新区自主创新能力明显提升。

## 二、滨海新区科技创新资源

### （一）科研机构与人才队伍

截至 2010 年底，新区共有经认定的创新研发机构 197 家（见表 17.1①），

---

① 根据滨海新区科学技术委员会 2010 年 11 月～2011 年 1 月的科研机构摸底调查。

其中全建制科研院所 13 家、市级以上重点实验室 20 家、市级以上工程技术中心 55 家、市级以上企业技术中心 109 家。新区 2010 年共新增各类科研机构 30 家，其中国家级重点实验室 2 家、工程中心 15 家、企业技术中心 13 家。

表 17.1　滨海新区科研机构类型及数量

| 类型 | 数量（家） | 所属产业 | 说　明 |
|---|---|---|---|
| 全建制科研院所 | 13 | 生物医药、电子信息、石油化工、航空航天、水运工程、先进制造 | — |
| 重点实验室 | 20 | 生物医药、水运工程、海洋科技、节能环保、现代农业 | 国家级 9 家、国际认证 1 家、市级 10 家 |
| 工程中心 | 55 | 节能环保、新能源、生物医药、先进制造、石油化工、电子信息、现代农业、海洋科技 | 国家级 17 家，市级 38 家 |
| 企业技术中心 | 109 | 生物医药、先进制造、节能环保、航空航天、新能源新材料、电子信息、现代农业、海洋科技、石油化工 | 国家级 16 家，市级 93 家 |

　　滨海新区现有南开大学等高等院校设立的学院 4 所，有天津海运职业学院等职业教育和培训机构 8 所。"滨海研究生培养基地"已吸纳天津市 10 余所高校、在滨海新区的中国科学院天津工业生物技术研究所、天津市国际生物医药联合研究院等近百家研发机构和企业参与共建。2010 年，滨海新区的 6 所职业院校与近 500 家企业合作，成立了物流、机电、旅游三个职业教育联盟，以联盟的专业平台，为滨海新区相关支柱产业发展培养高素质的技能型人才。截至 2010 年 3 月，新区人才总量已达到 75 万人，其中专业技术人才 39.5 万人，两院院士、有突出贡献的中青年专家、享受国务院特殊津贴人员、国家科技奖项负责人等高层次人才 148 人，进入国家、天津市"千人计划"45 人。

**（二）研发转化基地建设**

　　2010 年，滨海新区按照部、市、区三级联动的方式，加强产学研合作，有效积聚整合科技资源，积极抢占科技创新制高点。积极组织自主创新重大平台与环境建设项目，面向新区重点行业和战略性新兴产业，吸引相关研发机构落户。与科技部合作共建滨海新区国家"863"计划产业化伙伴城市，筹建创新药物和医疗器械、生物新材料、新一代信息技术、装备制造、石油化工、新能源、航空航天等成果产业化基地；与中国科学院合作共建中国科学院滨海新区成果转化基地；积极关注国家大学科技园建设；通过科技成果对接，实现国家大院大所、伙伴城市与新区科技成果及人才的双向交流，提升新区整体科研能力和水平。

### （三）依托京津冀及环渤海地区的创新资源集聚

京津冀及环渤海地区是我国科技创新资源高度聚集的区域，拥有门类广博的科学技术学科体系，大学、各类研发机构与研发人员高度集中，论文、专利（发明专利）均处于全国领先地位，为科技创新活动提供了雄厚的支撑。以环渤海地区为例，目前科研机构和高校的科技活动人员总数、科学家和工程师总数均占全国的30%左右，拥有近500所院校和900多所研发机构，占全国的1/5以上，各类科技中介机构约占全国总量的35%，每年专利授权数占全国1/5，科技论文占全国1/3。

京津冀及环渤海地区以其强大的科技实力，在诸多的科技领域具有优势。在包括基础科学、农业科学、医药科学、工程技术科学以及人文社会科学的基础研究领域均优化结构的居于全国领先水平。在包括电子信息技术、生命科学与新医药、新材料、空间技术、健康卫生、农业、资源、环境、海洋等众多高新技术研究领域及其产业化方面都具有明显优势。众多科技领域发展深入，优势明显，一批特色产业创新链和产业链初步形成，产业结构整体趋于高级化、体系化，科技与经济的空间辐射和影响作用深远。区域科技合作机制已经初步建立，正在逐步克服过去临时性的、局部的和非制度化的合作局面，科学技术对社会经济的支撑和引领作用日益加强。

## 三、滨海新区科技发展思路与目标

### （一）形势与问题

"十一五"期间，新区科技创新工作取得了显著成效，但总体看，科技引领支撑发展方式转变、结构优化的作用还未得到充分体现。一是与上海浦东、北京中关村科技园区等先进区域相比，研发实力和自主创新能力较弱，外资依赖程度较强，总体上距离高水平研发转化基地的功能定位要求差距还很大。二是科技创新软硬环境亟待改善，创业孵化设施不足，科技服务业规模偏小，创新创业的氛围还不够浓厚。三是具有引领作用的科技大项目数量不够多，科技型中小企业群体数量少，缺乏带动强的创新型行业领军企业。四是制约科技发展与创新的深层次体制机制创新仍有待加强。在促进科技与金融结合、产学研结合，支持高新技术产业和战略性新兴产业发展，推进京津冀区域科技合作等方面需加大制度创新力度，进一步发挥新区先行先试的政策优势。

**（二）思路与目标**

根据《滨海新区科技发展"十二五"规划》，新区将按照中央和天津市委关于加快滨海新区开发开放的一系列重大战略部署，以支撑新区"十大战役"实施为立足点，以建设滨海新区国家创新型城区为总目标，以基本建成高水平现代制造业与研发转化基地为核心任务，以增强自主创新能力为主线，以深化改革、扩大开放为动力，着力建设研发转化平台、更大规模聚集国内外创新资源，着力开发支撑产业升级的关键技术和重大产品，加快科技型中小企业发展，着力优化创新创业环境、培育和引进高层次科技人才，全面推进经济和社会各领域的科技进步，为实施"十大战役"，打好滨海新区开发开放攻坚战提供强有力的科技支撑。到 2015 年，滨海新区自主创新能力显著增强，在全市科技创新中的龙头带动作用进一步凸显，成为自主创新的领航区、高端产业的聚集区、体制改革与政策创新的先导区，基本建成高水平制造业与研发转化基地，以及开放型、国际化、独具特色的国家创新型城区。

1. 成为自主创新的领航区

科技投入总量和强度大幅度增加，财政科技投入占本级财政支出的比重保持在 4% 以上，全社会 R&D 经费支出占 GDP 的比重达到 3.5%，企业研发投入占全区研发投入的比重达到 80% 以上。培育形成了一大批技术创新能力、产业规模、市场竞争力居国内领先的创新型领军企业和高新技术品牌。百万人年发明专利授权量达到 300 件，公众科学素质达标率达到 10% 以上。

2. 成为先进技术的承接和扩散地

围绕生物医药、新能源、新材料、节能环保等战略性新兴产业和高新技术产业领域，进一步加大重大项目引进和实施力度，加强对高新技术企业和科技型中小企业群体扶持。开发并拥有达到国际领先水平或国际先进水平的重大关键技术 50 项，形成拥有自主知识产权的拳头产品 500 项，涌现出代表国家自主创新"制高点"水平的关键产品和技术 100 项。低碳、绿色、循环经济取得更大进展，单位生产总值耗能年均下降 4% 以上。

3. 成为国家重要创新平台和跨国公司研发中心的聚集地

围绕信息网络、新能源、卫星导航、新材料、先进制造、生物医药、低碳与绿色经济、现代农业等领域建成一批大型公共创新平台；到 2015 年，累计聚集国家级科研院所、海外高水平研发机构或分支机构 200 家，其中国家工程技术研究中心 20 个，国家级企业技术中心 30 个。聚集转化服务机构和科技服务企业 500 家，聚集转化国家"863"计划、重大科技专项成果转化项目 100 项以上。

4. 成为高新技术的原创和产业化基地

一批传统产业升级和新兴产业重点领域的共性技术和关键技术取得突破；在生物医药、新能源、装备制造业、航空航天、电子信息等领域的技术创新能力接近国际先进水平，形成优势产业集群；聚集和培育年销售收入 100 亿元以上的高科技企业 10 家，形成 50 家超 10 亿元企业和 750 家超亿元的科技型小巨人企业，科技型中小企业总数达到 15000 家。高新技术企业达到 2000 家左右，高新技术产业总产值占工业总产值的 60%，增加值达到地区生产总值的 25% 左右。

5. 成为科技人才的创新创业高地

到 2015 年，科技人才队伍规模显著扩大，全区专业技术人才达到 50 万人，每万人科技活动人员增加到 300 人，每万人劳动力从事 R&D 人员数达 500 人以上，引进 100 个领军人才和创新团队。各类孵化器达到 30 家，其中专业孵化器 10 家以上，孵化面积累计 500 万平方米，成为中国北方高端科技人才密集区和科技人才创新创业的沃土。

6. 成为科技体制创新的示范地

在产学研用结合、科技与金融结合、科技成果转化转移、创新创业激励、政府管理体制等方面，加大体制机制创新，先行先试重大的改革创新措施。在政策落实、政策创新、政策整合、政策服务等方面走在全国前列。到 2015 年，完成滨海新区科技体制综合改革试点任务，建立科技与金融、产学研有机结合的新机制和新模式，建立健全科技政策法规体系，营造一流的创新创业环境。

## （三）主要任务

"十二五"时期，新区科技发展重点任务包括：支撑高水平现代制造业基地建设；服务滨海新区"十大战役"战略布局；加快建设高水平研发转化基地；促进科技型企业快速发展；加快建设科技人才高地；实施知识产权兴区战略；加快科技体制改革和机制创新；支撑社会发展与生态宜居建设；进一步优化创新创业环境九个方面。重大工程包括：实施滨海新区产业集群培育工程；实施滨海新区技术转移示范工程；实施科技型中小企业成长路线图工程；实施知识产权推进工程；实施创新型科技人才队伍建设工程；实施科技服务平台提升工程六大项。

# 第二节　滨海新区工业创新能力

创新能力，简而言之是创新资源投入与产出的高效配置能力，近几年，滨海新区工业的创新资源投入力度不断加大，创新产出也不断增加，总体上，工业创新能力呈现持续上升之势。

## 一、创新投入

近年来滨海新区科技活动经费筹集和研发投入大幅度增加，2006～2008年，滨海新区科技活动经费筹集额从 64.82 亿元迅速增长到 154.58 亿元，年均增长率达 54.4%。2008 年，滨海新区科技活动经费占天津市科技活动经费的比重为 46.9%，新区 R&D 经费占全市 R&D 经费总量的比重为 38.5%。其中滨海新区规模企业 R&D 活动人员占全区的 94.3%，R&D 支出占全区的 96.2%。

### （一）科技人员与研发机构

2010 年滨海新区有科技活动的大中型企业为 154 家，科技活动人数接近 4.30 万人，其中企业办科研机构人员仅 1.62 万人，分别较 2009 年增长了 19.4%、19.1%和 27.4%，增长迅速（见表 17.2）。

表 17.2　2010 年大、中型企业科技人员情况比较

| 地　区 | 有科技活动企业数<br>（家） | 科技活动人数<br>（人） | 企业办科技机构人员<br>（人） |
|---|---|---|---|
| 滨海新区 | 154 | 42975 | 16182 |
| 浦东新区 | 146 | 44447 | 31995 |

资料来源：根据《天津滨海新区统计年鉴》（2011）、《上海浦东新区统计年鉴》（2011）相关数据整理。

与上海浦东新区相比，虽然滨海新区的科技大中心企业略高于浦东新区（146 家），但在科技活动人员上，低于浦东新区（4.44 万人），特别是企业办科研机构人员数远低于浦东新区近 3.2 万人的水平，企业研发机构建设上存在一定的差距。自滨海新区上升为国家综合配套改革试验区之后，大量人才进入滨海新区，特别是高端人才引进上出现了热潮。但是 R&D 人员中，滨海新区规模较小，浦东新区 2006 年 R&D 人员为 1.67 万人/年，而滨海新区 2008 年才达到 1.3 万人/年。而且在科技服务业上，根据 2008 年的统计，浦东新区各类科研及服务机构数量大大高于滨海新区。滨海新区的企业研发中心数量约相当于浦东新区的 1/3，外资研发中心约相当于浦东新区的 1/3，科研平台数量约为浦东新区的 1/3，风险投资机构仅为浦东新区的 1/6。

## （二）科技经费

2008 年，滨海新区的企业资金占科技经费筹集额的 93%，成为科技经费筹集的主体，政府资金占科技活动经费筹集额的 2%，而浦东新区政府资金占科技活动经费筹集额的 24%（见表 17.3）。

表 17.3　2008 年科技活动经费筹集情况　　　　　　　　单位：亿元

| 地区 | 科技经费筹集额合计 | 政府资金 | 企业资金 | 事业单位资金 | 金融机构贷款 | 国外资金 | 其他资金 |
|---|---|---|---|---|---|---|---|
| 滨海新区 | 154.58 | 3.52 | 144 | 0.08 | 2.78 | 3.69 | 0.49 |
| 浦东新区 | 150 | 36.5 | 109 | — | 1.28 | — | — |

资料来源：根据《天津滨海新区统计年鉴》（2009）相关数据整理。

滨海新区的科技活动以应用研究以及后期的开发和市场化为主,因此企业是科技活动经费筹集的主体。但是滨海新区也通过各种基金和政策支持的方式促进产业升级,加速推进企业成为创新主体。2010 年滨海新区投入 3 亿元科技资金,2011 年滨海新区加大科技投入力度,计划投入 8 亿元科技资金,其中小巨人资金 6 亿元,创新专项资金 2 亿元。

从大中型企业科技活动经费支出的情况来看,滨海新区与浦东新区都是以内部科技活动经费支出为主,滨海新区大中型企业科技活动经费支出和科技活动项目数高于浦东新区,委外科技活动支出(包括技术改造经费支出、技术引进经费支出等)低于浦东新区(见表 17.4)。

**表 17.4  2010 年大中型工业企业科技活动经费支出情况**

| 地区 | 企业科技活动经费支出 (亿元) | 科技活动项目 (项) | 技术改造经费支出 (亿元) | 技术引进经费支出 (亿元) |
|---|---|---|---|---|
| 滨海新区 | 155.19 | 5006 | 33.49 | 19.55 |
| 浦东新区 | 142.35 | 3804 | 46.30 | 30.50 |

资料来源:根据《天津滨海新区统计年鉴》(2011)、《上海浦东新区统计年鉴》(2011)相关数据整理。

### (三) 工业企业创新投入情况

2008 年,滨海新区 1507 家工业企业中,有科技活动企业 211 家(占14%),科技活动人员超过 2.8 万人(其中科学家与工程师接近 1.7 万人),R&D 支出近 54.43 亿元,开展科研项目 5405 项,项目实际经费支出 92.12 亿元。滨海新区制造业企业数量超过了新区企业总数的 95%,在科技活动人员、R&D 支出、R&D 人员全时当量、科技活动机构及项目等方面,均超过了新区总量的 80%(见表 17.5)。

**表 17.5　2008 年滨海新区工业创新投入情况**

| 类型 | 企业数量（家） | 有科技活动企业数（家） | 科技活动人员（人） | 科学家和工程师（人） | R&D支出（万元） | R&D人员全时当量（人/年） | 科技活动机构（家） | 科研项目（项） | 项目实际经费支出（万元） |
|---|---|---|---|---|---|---|---|---|---|
| 滨海新区制造业 | 1507 | 211 | 28153 | 16786 | 544255 | 11226 | 151 | 5405 | 921220 |
| 新区总量 | 1572 | 233 | 33081 | 20387 | 599210 | 13023.2 | 170 | 6388 | 1090970 |
| 所占比重（%） | 95.9 | 90.6 | 85.1 | 82.3 | 90.8 | 86.2 | 88.8 | 84.6 | 84.4 |

资料来源：根据《天津科技统计年鉴》（2009）相关数据整理。

## 二、创新产出

2010 年，滨海新区大、中型企业申请专利 3690 项，较上一年增长了 80.3%，但与浦东新区 4239 项的水平相比仍有一定的差距。在 2008 年，滨海新区制造业企业申请专利 1137 项，其中发明专利 538 项，拥有发明专利 1170 项，各项指标均占新区企业总量的 80% 以上（见表 17.6）。

**表 17.6　2008 年滨海新区制造业企业专利情况**

| 类型 | 专利申请数（发明专利） | 拥有发明专利数 |
|---|---|---|
| 滨海新区制造业 | 1137（538） | 1170 |
| 新区总量（按国民经济行业分组） | 1395（660） | 1379 |
| 所占比重（%） | 81.5（81.5） | 84.8 |

资料来源：根据《天津科技统计年鉴》（2009）相关数据整理。

### （一）初步成为高新技术的承接地和产业化基地

滨海新区深入实施"科教兴区"战略，初步构建起以战略性新兴产业为先导、高新技术产业为引领、优势支柱产业为支撑的现代工业格局。通过发展电子信息、先进制造、生物医药、新能源、新材料等重点高新技术领域，推动滨海新区形成区域高新技术产业集群，科技创新能力不断增强，在构筑高端化、高新化、高质化产业结构中发挥了积极的作用。目前在高性能计算机、新一代无线通信、物联网、新药创制、新能源汽车及动力电池、风力发电、半导体照明等代表科技创新和产业发展方向的前沿先进技术领域奠定了良好的发展基础，已经初步形成电子信息、先进制造、新能源新材料、生物医药、航空航天以及海洋技术六大高新技术产业领域。

高新技术产业总产值从 2005 年的 1679 亿元增长到 2009 年的 3733 亿元，占全市比重近 80%，占全区工业总产值的比重提高到 48%。初步建成 15 家国家级科技产业化基地，经认定的国家级高新技术企业 634 家，占全市比重达到 73%。新区多年来吸引聚集了摩托罗拉、三星、飞思卡尔、维斯塔斯、葛兰素史克、诺和诺德、中兴通讯、大唐电信、华旗资讯、空客等国内外知名科技企业和高端产业化项目，培育了一批以赛象科技、力神电池、曙光计算机、凯莱英等为代表的一批自主创新龙头企业。

### （二）加快平台建设推动传统产业的升级改造

为加快传统产业的升级改造，支持企业成为技术创新的主体，滨海新区利用中央财政专项补助资金重点支持天铁、渤化、金耀、钢铁、纺织、钢管等 10 个行业技术研发中心建设，目前天津钢铁集团有限公司技术研发中心、天铁集团板材产业技术开发中心和天津钢管集团股份有限公司技术中心、天津一轻产业技术发展研究院、天津金耀集团有限公司化学药物创新研发中心、天津天纺集团研究院、天津渤海化工研究院 7 个平台已经建成并通过验收，其余平台建设均取得了积极进展。据统计，在 7 个平台建设期间，带动天钢、天铁、钢管、一轻、金耀、天纺、渤化 7 个集团投入 110 亿元、研发新产品新工艺 917 项，有多项达到世界领先水平，申请专利 1875 项，其中发明专利 779 项。通过建设，天钢、钢管、天铁、一轻（海鸥手表集团公司技术中心）、渤化 5 家技术中心已升级为国家级企业技术中心。

## 三、创新特性

### （一）创新投入仍需加强，注重提高创新效率

创新型企业建设是实施国家技术创新工程的重要载体，示范带动广大企业

走创新发展之路。截至 2009 年底，科技部、国资委、全国总工会先后在国家层面确定三批共 469 家创新型试点企业①。在这 469 家创新型企业中，选取了387 家制造业企业与滨海新区规模以上工业企业进行比较（见表 17.7）。

**表 17.7　2008 年滨海新区规模以上与创新型企业的创新投入与产出比较**

| 类型 | 科技人员占员工数比重（%）② | 企业研发经费强度（%） | 千名研发人员拥有授权发明专利量（项）③ |
|---|---|---|---|
| 滨海新区规模以上工业企业* | 6.31 | 0.80 | 45.16* |
| 创新型企业（制造业） | 16.90 | 2.80 | 49.18 |

注：* 用滨海新区总体指标代替。

从创新投入情况来看，滨海新区规模以上工业企业科技人员占员工数的比重、企业研发经费强度远小于创新型企业样本，由此看来，企业创新投入仍需加强。在千名研发人员拥有授权发明专利量上与创新型企业样本平均水平仍有一定的差距，可见滨海新区需要在对核心技术和自主知识产权的掌控加以重视的同时，注重提高创新效率。

### （二）研发经费以试验发展为主，支柱产业的科技带动能力不强

滨海新区的研发支出以试验发展为主，约占总支出的 99%，这与滨海新区以研发转化基地为主的定位相适应。但是滨海新区部分支柱产业和高新技术产业 R&D 经费投入强度普遍较低。除纺织业（3.5%）和化学原料及化学制品制造业（2.8%）相对高一些，而通信设备、计算机及其他电子设备制造业R&D 经费比重仅为 0.7%，医药制造业仅为 1.4%，交通运输设备制造业，石油加工、炼焦及核燃料加工业仅为 0.2%，电气机械及器材制造业仅为0.3%。滨海新区 R&D 投入前 100 名的企业平均 R&D 投入强度为 1.3%；主营业务收入前 10 名企业的平均 R&D 投入强度仅为 0.9%。

---

① 2010 年 7 月，科技部、国资委、全国总工会选择确定了第四批 81 家创新型试点企业，本章未将其纳入统计范围。

② 因缺少滨海新区 R&D 人员数据，因此使用科技人员占员工数比重。

③ 千名研发人员拥有授权发明专利量是反映企业对核心技术和自主知识产权掌控情况和创新效率的重要指标。

### （三）规模以上企业的科技发展不均衡，对外技术依存度较高

滨海新区规模企业的 R&D 投入集中度非常高。2007 年新区 R&D 经费支出排名前 10 位的企业占全部企业的 70.7%，前 20 家企业占全部企业的 83.7%，前 50 名占全部企业的 94.5%，前 100 名占全部企业的近 98.9%（见表 17.8）。同时行业集中度高，2007 年均值排名位居前 10 位的 10 个行业，其企业数量占全部制造业的 59.5%，从业人员总数、工业增加值分别占制造业总量的 72.6%、86.8%。这 10 个行业各项科技活动指标所占比重更为突出，在全部新区规模以上企业中的比重均达到四成左右，在制造业中达到九成左右，特别是 R&D 经费，占到了整个制造业的 96%。可以看出滨海新区少数企业、产业占据主导地位，科技发展十分不均衡，主要原因是新区的企业 R&D 经费投入力度普遍较小，大企业 R&D 经费投入的规模较大，但强度并不高。

2007 年，滨海新区对外技术依存度达到 55%，高于全国平均水平。以大中型工业企业为例，滨海新区的对外技术依存度高达 63.3%，可见进一步提高自主创新能力是滨海新区工业发展的第一要务。

**表 17.8　2007 年滨海新区 R&D 支出排名靠前的企业投入集中度**　　单位：%

| 投入排名 | R&D 经费支出 | 科技经费支出 | R&D 人员 | 科技活动人员 | 工业增加值 |
|---|---|---|---|---|---|
| 前 10 家企业 | 70.7 | 33 | 37.4 | 34.9 | 29.2 |
| 前 20 家企业 | 83.7 | 60.5 | 49.1 | 45.8 | 32.5 |
| 前 50 家企业 | 94.5 | 75.8 | 79.4 | 64.9 | 57.9 |
| 前 100 家企业 | 98.9 | 81.8 | 94.5 | 77.3 | 59.9 |

### （四）国有控股企业是科技活动的主要贡献力量

滨海新区国有控股企业科技活动相对活跃。2007 年，国有控股企业 295 家，占企业总数的 18.4%，吸纳从业人员、工业总产值占全部规模企业相应指标的比重分别达到了 37.8% 和 39.8%。这些企业中，80 家有科技活动，占国有控股企业的 27.1%；59 家企业有 R&D 活动，占 20.0%；62 家企业有新产品开发活动，占 21.0%；46 家企业设有科技机构，占 15.6%；其各项比例都明显超过了天津市和滨海新区规模以上工业企业的平均表现。

如表 17.9 所示，国有控股企业科技投入产出占据半壁江山。国有控股企

业几乎所有的科技活动指标均占规模以上企业的一半多，表明了相比于经济规模和总体地位，滨海新区国有控股企业在科技活动指标上所占份额更为突出，国有控股企业相对其他类型企业对科技活动和研发活动的重视程度更高。

表 17.9　2007 年滨海新区国有控股企业科技活动情况

| 项目 | 企业数（家） | 科技活动人员（人） | R&D人员（人） | 科技活动经费（亿元） | R&D经费（亿元） | 新产品产值（亿元） | 专利申请数（项） | 科技项目数（项） | 科技项目经费（亿元） |
|---|---|---|---|---|---|---|---|---|---|
| 规模企业 | 1599 | 27935 | 11040 | 130.57 | 42.54 | 1725.5 | 935 | 1299 | 51.17 |
| 国有控股 | 295 | 15492 | 5942 | 54.13 | 22.30 | 620.6 | 510 | 856 | 37.32 |
| 所占比重（%） | 18.4 | 55.5 | 53.8 | 41.5 | 52.4 | 36 | 54.5 | 65.9 | 72.9 |

# 第三节　提升滨海新区工业创新能力的路径与对策

滨海新区工业创新能力的提升并非朝夕之事，而是需要一个持续不断的过程，适应建设现代制造业基地的要求，滨海新区的工业创新能力提升也应探索一条适合自身特色的发展之路。

## 一、提升滨海新区制造业创新能力的路径

### （一）依靠科技创新推动产业升级，发挥新区的龙头带动作用

通过推进创新主体能力的提升和加强创新机制建设，促进全社会科技资源高效配置和综合集成。重点引导和支持资金、人才、技术等创新资源向企业集聚，加大政府科技资源对企业的支持力度，加快建立以企业为主体、市场为导向、产学研相结合的技术创新体系，使企业真正成为研究开发投入、技术创新活动、创新成果应用的主体。增强科研院所和高校创新动力，鼓励大型企业加大研发投入，激发中小企业创新活力，推动建立企业、科研院所和高校共同参与的创新战略联盟，发挥企业家和科技领军人才在科技创新中的重要作用。鼓

励发展科技中介服务，提高服务企业能力。发挥滨海新区集聚辐射带动作用，形成区域创新中心，建设成为具有影响力的科技创新中心。面向国内、国际两个市场，发挥科技创新对产业结构优化升级的驱动作用，促进科技成果向现实生产力转化，推动经济发展更多依靠科技创新驱动。

发挥新区的龙头带动作用，以产业传导、技术扩散、合作开发为重点，与中心城区和各区县实现共同发展。加强与中心城区在产业发展、公共服务、基础设施建设等方面的分工合作，形成功能明确、优势互补的一体化发展格局。建立健全利益共享的合作机制，推进新区优势产业与区县配套产业的对接，促进产业项目向区县示范工业园区延伸。利用新区人才集中、研发转化机构聚集的优势，为区县提供技术和管理服务。鼓励新区各功能区与周边区县建立长期合作开发机制，带动区县发展。促进全社会科技资源高效配置和综合集成。

**（二）依托京津冀及环渤海地区的开放型创新网络建设**

开放型创新网络是在建立开放型经济体系和区域经济一体化的背景下提出的。滨海新区开放型创新网络建设立足滨海，依托京津冀及环渤海地区，强调以创新推动实现三大战略性转变：一是竞争力基础的转变，即从自然资源的密集消耗向知识资源的创造性应用转变；二是资源整合途径的转变，即从封闭环境下的区域性资源消耗向开放环境下的全球资源共享转变；三是创新模式的转变，从引进、模仿性创新向原始性创新、突破性创新模式转变[1]，从而促进区域开放型经济发展和区域经济一体化的实现，通过创新推进区域经济增长方式的转变以及实现可持续的经济发展。新区在建设开放型区域创新网络的过程中，通过促进协同创新来充分发挥创新要素和资源整合优化的外溢效应、协同效应，通过制度、体制改革与创新、产业创新、科技创新、产业组织创新、发展模式创新，促进京津冀及环渤海地区的崛起和改革创新实践，并带动中国北方经济的快速发展有着重要的战略意义。

**（三）以科技服务业为突破口和关键点，推动产业结构升级优化**

新区在高端化、高新化、高质化的项目引进和结构调整中，高新技术和现代制造业企业云集，为知识型生产性服务业提供了广阔的发展空间。以科研机构和技术平台为主要形态的科技服务业正是滨海新区发展生产性服务业的主要

① 陈劲、童亮：《联知创新——复杂产品系统创新的知识管理》，科学出版社 2008 年版。

着力点。新区科技服务业的发展，将以"科技的服务化、科技服务的市场化、科技服务的辐射化、科技服务的国际化"为努力方向。科技的服务化强调以技术和知识向社会提供服务，比如专业技术服务、技术推广、科技信息交流、科技培训、技术咨询、技术孵化、技术市场、知识产权服务、科技评估和科技鉴证。科技服务的市场化强调科技服务业在政府的支持和引导下，必须交由市场主导发展，让社会各产业蓬勃发展的需求成为科技服务业发展最强大的推动力。科技服务的辐射化强调新区的科技服务业在立足产业发展的基础上，继续提高服务质量，扩大服务规模，面向全国、服务全球。科技服务的国际化强调新区的科技服务业在立足国内的基础上，积极寻找和承接国外的先进前沿技术，吸引国际先进研发企业入驻。

## 二、提升滨海新区工业创新能力的对策

### （一）推动企业技术改造，促进科技型中小企业集群发展

一方面，制定支持企业技术改造的政策，加快应用新技术、新材料、新工艺、新装备改造提升传统产业，提高市场竞争能力。支持企业提高装备水平、优化生产流程，加快淘汰落后工艺技术和设备，提高能源资源综合利用水平。鼓励企业增强新产品开发能力，提高产品技术含量和附加值，加快产品升级换代。推动研发设计、生产流通、企业管理等环节信息化改造升级，推行先进质量管理，促进企业管理创新。另一方面，鼓励、促进科技型中小企业的集群发展，推进形成新兴产业集聚带，以及形成与高端研发集群相对接的产业创新集群。通过识别集群、了解集群内产业的特殊需要（如基础设施、劳动力需求、影响发展的核心技术瓶颈），出台针对性政策措施，并对影响集群发展的核心企业和技术进行重点投入。

### （二）深化科技体制改革，建立有利于实现创新驱动产业创新的组织保障机制

围绕激发创新活力，加大政策扶持和制度创新力度。在科技与金融结合、科技创新平台建设、科技成果转化、官产学研用结合、海内外科技资源聚集与整合等方面开展先行先试，加快建立适应市场化要求的科技运行、管理和创新体制。改革职务发明认定办法，创新股权激励机制。健全科技投融资体系，完善创业投资和引导机制，创新科技金融服务工具和方式，建立完善科技小巨人企业培育体系和成长机制，加快建立以企业为主体、市场为导向的自主创新体制架构。

### （三）制定促进科技服务业发展的战略规划、法律法规和政策体系

根据《国务院办公厅关于加快发展高技术服务业的指导意见》等相关文件精神，结合科技服务业自身发展的要求和条件以及新区的实际情况，制定出台促进新区科技服务业发展的实施意见和法规规章，扶持科技服务业发展，尽快形成扶持和发展科技服务业的政策体系，在财政支持、税收优惠、企业注册、融资、用地、服务采购等方面加大支持力度，鼓励和支持高等院校、科研院所和科技人员领办、创办科技服务机构。并加强科技服务机构市场准入标准的建设，强化资质管理、严格市场准入和退出，保障科技服务业的质量。

### （四）促进生产性服务业与先进制造业融合，构建社会化、网络化的创新服务体系

深化专业化分工，加快服务产品和服务模式创新，促进生产性服务业与先进制造业融合，推动生产性服务业加速发展。打造先进制造业和现代服务业基地。提升制造业核心竞争力。探索"精确制导"的政府扶持方式，建立从天使投资、风险投资、政策性融资到资本市场的科技投融资体系。筹建生物医药、纳米技术与材料、新能源、海洋科技等新兴产业投资基金，设立商业银行科技支行，探索科技债券、风险代偿金、知识产权质押等新型融资方式，推进科技型中小企业"打包贷款"、信用互保，不断拓宽企业融资渠道。完善滨海科技投融资服务平台，建立科技担保与再担保基金、科技企业信用征集与评价系统等。优化科技中介服务组织布局，完善科技中介服务体系。加强高水平科技中介服务机构建设与示范，提高生产力促进中心、大学科技园、科技企业孵化器、技术市场、技术转移机构等科技中介组织的服务功能和服务水平。建立和发展技术转移服务联盟，促进科技中介服务机构资源共享。

### （五）鼓励创新主体从事知识产权创造活动

强化科技创新的知识产权目标导向和管理。深化《国家知识产权战略纲要》实施，提升知识产权创造、运用、保护和管理能力。鼓励创新主体从事知识产权创造活动，取得以发明专利为代表的核心技术知识产权，支持通过专利合作条约（PCT）申请国际专利。引导企业采取知识产权转让、许可、质押等方式实现知识产权的市场价值。引导产学研各方联合推进重要技术标准的研究、制定和采用，支持企业以产业链为纽带形成标准联盟。搭建标准创制公共服务平台，支持企业主导或参与国际技术标准制定。

# 第十八章
## 滨海新区工业循环经济发展

　　"十二五"时期是滨海新区率先转变经济发展方式，努力成为贯彻落实科学发展观"排头兵"的关键时期，也是全面开发开放、实现功能定位的决战决胜时期。新的历史时期对滨海新区发展循环经济提出更高、更新的要求。为此，需要滨海新区准确把握循环经济发展形势，不断创新循环经济发展模式，使循环经济在广度和深度上实现跨越式发展。

## 第一节　国内外循环经济发展实践

　　所谓循环经济，本质上是一种生态经济，是可持续发展战略的经济体现，即以环境友好方式利用资源、保护环境和发展经济，逐步实现以最小的代价、更高的效率和效益，达到污染排放的减量化、资源化和无害化。循环经济与传统经济不同，传统经济以高投入、低产出、高污染为特征，表现为资源—产品—废物的经济增长方式，循环经济则强调资源的永续利用，努力做到生产和消费排放最小化、废物资源化和无害化，表现为资源—产品—再生资源的经济增长方式。

　　目前在美国、日本、德国等发达国家循环经济的发展方兴未艾，其发展极大地提高了这些国家的资源利用效率，缓解了资源短缺的压力，减轻了环境污染影响，产生了显著的经济效益、社会效益和生态效益。由于各国国情不同，发展循环经济选择的切入点也不尽相同。归纳起来，当今世界付诸实践的循环经济模式主要有以下三种：一是企业内部循环经济模式，它以清洁生产为导向，以单个企业内部物质和能量的微观循环作为主体的企业内部循环经济体系，以美国杜邦公司为典型模式。二是生态工业园区模式，即从产业层面，通过建立产业生态园区，实现整个体系向系统外的零排放，以丹麦卡伦堡工业园区为典型模式。三是社会层面的循环经济模式，是在社会层面通过废弃物的再生利用，实现消费过程中及其后的物质和能量循环，以日本的废旧电器、汽车、容器包装等回收利用体系为典型模式。

我国明确提出发展循环经济是在20世纪90年代中后期，大致可以分为三个阶段：第一阶段：初步实践阶段（1998～2003年）。90年代中后期我国将德国的"循环经济与废弃物管理"概念引入中国，并将"3R"原则确立为循环经济在实践层面的核心操作原则，开始初步实践。第二阶段：全面推进阶段（2004～2005年）。进入21世纪之后，我国正式启动国家循环经济试点工作，试点范围逐步扩展。第三阶段：循环经济加快发展阶段（2006年以来）。"十一五"期间，随着加快推进经济发展方式战略的实施，我国循环经济发展明显加快，成效突出。伴随着国家"十二五"规划的颁布实施，转变经济发展方式成为发展主线，循环经济将进入更为快速发展的轨道。

# 第二节　滨海新区的循环经济发展成就

天津滨海新区是国内较早发展循环经济的地区之一，在天津"十五"环保计划中就提出了"努力建立经济发展高增长、资源消耗低增长、环境污染负增长的发展模式，坚持以原料－产品－废物为特征的动脉产业和以废物－再生－产品为特征的静脉产业并重，促进经济增长方式、产业结构、城市布局和环境管理的转变"。经过多年的发展，滨海新区循环经济取得了重要的成就。

## 一、节能减排治污效应明显

### （一）节能降耗

"十一五"期间，按照国家《节能中长期专项规划》要求，实施了燃气工业锅炉改造、热电冷联产、余热余压利用、电机系统节能、能量系统优化等重点节能工程，完成市里下达的节能目标。采取"关、停、并、转"措施，加大了对高耗能、高污染、高排放等项目的治理力度。制定了重点行业节能减排分类指导意见以及政策、资金扶持具体措施，有力促进了新区的节能减排工作，能源消耗量和主要污染物排放量明显下降。

2010 年，滨海新区万元 GDP 能耗为 0.881 吨标准煤，化学需氧量和二氧化硫均完成"十一五"期间总量削减任务（见图 18.1）。滨海新区能源效率逐年提高，单位工业增加值能耗处于下降态势。2010 年，滨海新区万元工业增加值能耗为 0.958 吨标准煤，与此同时，滨海新区万元 GDP 新鲜水耗仅为 7.8 立方米，海水淡化及其应用规模不断扩大，日均海水淡化量约 20 万吨，在一定程度上缓解了滨海新区淡水资源短缺的现状。目前，滨海新区正把节能降耗作为扩内需、保增长、调结构的重要内容，针对钢铁、化工、纺织等重点耗能行业特点，制定可行措施，加大工作力度，实现结构节能、技术节能、管理节能的新突破。

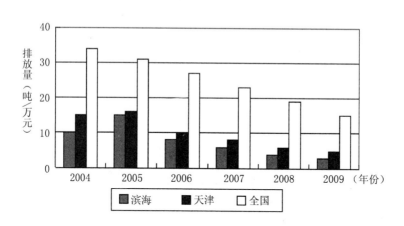

**图 18.1  单位工业增加值废水排放量**

资料来源：根据 2005~2010 年全国、天津市及滨海新区统计年鉴相关数据整理。

### （二）废水排放及治理

2010 年，滨海新区重点加强了对重点设施单位运行情况的监管，严格主要水污染物化学需氧量的排放，强化水污染物排放企业的运行管理，完成了工业治理项目，淘汰和关停落后产能和工艺。滨海新区以用水大户为重点，狠抓节水型企业建设，提高水的重复利用率。加大科技节水攻关和成果转化力度，注重技术引进，应用高新技术改造传统工艺和设备。强化工业节水管理，促进工业增长与水资源合理利用的协调发展。对地下水开采单位和计划管理单位实行管理平台监控。在电力、冶金、化工、纺织等高耗水行业，制定严于国家的取水定额标准，积极推广成套节水、蒸汽冷凝水回收再利用，水网络集成等先进技术。

如图 18.1 所示，滨海新区单位工业产值废水排放量只有全国单位工业产值废水排放量的 29.1％，是天津市单位工业产值废水排放量的 83％。滨海新区工业废水达标率接近 100％。

### （三）废气排放及治理

滨海新区在"十一五"期间，大力发展循环经济，加强环境污染综合整治，国家四种重点污染物，二氧化硫、烟尘、化学需氧量和氨氮排放量均有大幅度下降（见表 18.1）。

表 18.1　国家重点污染物排放指标　　　　　单位：吨

| 项目 | 2005 年 | 2008 年 | 2008 年比 2005 年增减量 | 2008 年比 2005 年增长率（％） |
|---|---|---|---|---|
| 二氧化硫排放量 | 108382.00 | 105824.48 | −2557.52 | −23.6 |
| 烟尘排放量 | 32000.00 | 20366.56 | −11633.4 | −36.355 |
| 化学需氧量排放量 | 52529.00 | 25755.13 | −26773.9 | −50.97 |
| 氨氮排放量 | 5961.00 | 3927.98 | −2033.02 | −34.105 |

资料来源：根据《天津滨海新区统计年鉴》2006 年、2009 年相关数据整理。

近年来，滨海新区工业快速发展，但工业生产导致的单位产值废气排放量基本保持稳定（见图 18.2），2007 年，万元工业产值废气排放量相当于全国水平的 37％，相当于天津市的 57％。滨海新区工业粉尘去除率明显上升（见图 18.3），2007 年已经达到 99.43％，2008 年达到 99.71％。

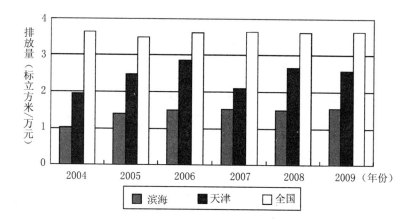

**图 18.2　单位工业产值废气排放量**

资料来源：根据 2005～2010 年全国、天津市及滨海新区统计年鉴相关数据整理。

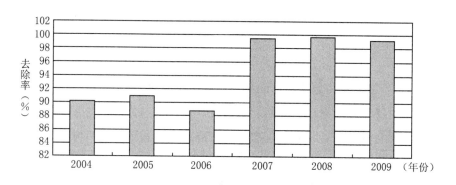

**图 18.3　滨海新区工业粉尘去除率**

资料来源：根据《滨海新区统计年鉴》（2005～2010）相关数据整理。

## 二、产业生态化水平不断提高

　　滨海新区作为国家级综合配套改革实验区，在发展循环经济，建设资源节约型和环境友好型社会方面也走在了全国前列。早在 20 世纪末，新区就引入了循环经济理念，按照"减量化、再利用、资源化"的原则，以节水、节能、节地、节材和综合利用为基础，从企业、园区和区域多个层面推进产业生态化发展。在企业层面，严格控制污染物排放，严格实行环境准入制度，加强环保监测，开展清洁生产审核，杜绝高耗能、高污染企业。积极推动企业生态化改造，出现了一批典型企业，其中北疆电厂已成为国家级循环经济试点单位。在园区层面，大力建设生态产业园区，天津经济技术开发区、空港产业区分别成为第一批、第二批国家级循环经济试点单位，空港物流加工区、高新技术产业开发区、大港工业区等功能区也在积极推进产业生态化发展，构建生态产业区。生态产业园区建设成效显著，第一批试点单位天津经济技术开发区生态产业园区已成为全国学习的典范，被称为"泰达模式"。

### 三、重点产业的循环经济产业链逐步形成

滨海新区围绕电子信息、石油化工、汽车等产业，打造了多条循环经济产业链。

#### （一）电子信息循环经济产业链

滨海新区以摩托罗拉等移动通信集团公司为龙头，集合其他相关企业，建立以手机产品为核心，包括元器件和辅助产品在内的横向耦合关系，引进电子线路板、手机电池及废弃物回收等补链项目，提高了电子信息产业的资源综合利用率。

#### （二）以石油炼制为源头的石油化工循环经济产业链

通过优化工艺，整合产品，建立了石化、海洋化工、一碳化工、能源综合利用等化工循环经济产业链，延伸塑料、化纤、橡胶和精细化工等产品链，达到了资源综合利用和污染物控制的目标。

#### （三）汽车产业的代谢循环经济产业链

依托一汽丰田和多家规模大、技术力量强的零部件生产企业，推行清洁生产，扩大废旧汽车回收，实现汽车废物回用，形成资源的闭环流动和循环利用。

#### （四）以北疆电厂为依托的电、水、盐等循环经济产业链

以北疆电厂为核心，集发电、海水淡化、浓海水制盐、盐化工、土地整理、废物资源利用为一体的循环经济型系统，成为国家发展循环经济的示范工程。另外，还有医药化工、食品饮料等多条循环经济产业链，形成了资源循环利用网络，并在此基础上构成了区域循环经济体系。

### 四、水资源及清洁能源使用水平不断提高

滨海新区在水资源使用方面，持续提高工业用水重复率，加大非常规水源

的开发力度，包括海水利用、污水回用、雨水利用和微咸水利用等，提高了水资源利用率，并以水循环促进循环经济发展。

清洁能源使用方面，围绕能源结构调整，新区制定了清洁能源使用鼓励政策，终端能源消费结构不断优化，原煤、原油等利用效率低、污染重的能源消费比例逐年递减，以天然气、地热能、风能、太阳能为代表的清洁能源使用量逐年增加，其中，天然气逐步代替石油气成为滨海新区的主要燃气来源。

## 五、再生资源产业发展势头良好

再生资源产业是循环经济的一个细分领域，目前滨海新区已有一些龙头企业开始崭露头角。以废铁、废钢回收加工、废车解体、有机废弃物回收处理为主业的丰田通商公司；以服务到位、技术先进为特点，以处理电子废弃物为主业的泰鼎公司；等等。这些再生资源企业紧随其主要客户入驻滨海新区，依靠紧密的上、下游关系，形成了稳固的原料和产品供应链条。

## 六、循环经济领域的科技创新能力不断增强

随着循环经济的深入发展，对循环经济技术的需求日益迫切，滨海新区的各类中长期科技规划中，节能、节水、资源综合利用、废物循环再生和污染物防治等循环经济科技项目所占的比重日益增大。近几年，滨海新区实施了多个循环经济重大科技工程项目，关键技术和共性技术取得新突破，并获得推广应用。循环经济的技术支撑作用不断增强，围绕资源综合利用，实施了建筑垃圾综合处理循环利用示范工程，实现了废机油循环再生新技术的开发和应用，突破了二氧化碳回收装置专用关键设备制造的关键技术难题；围绕新能源和可再生能源开发利用，实施了风力发电机组开发及产业化、动力电池研制及产业化、太阳能新技术开发及产业化、垃圾焚烧发电成套装备研制及产业化等自主创新项目，目前，太阳能综合利用关键技术获得突破，并已经开始技术输出，可显著提高建筑节能效果。南开大学、天津理工大学等高校还建立了循环经济创新基地和循环经济研究院，咨询服务机构的数量也不断增多，为循环经济的科技活动奠定了良好基础。

## 七、循环经济长效机制基本建立，相关政策法规日趋完善

近两年，滨海新区相继发布了《天津滨海新区节能降耗鼓励办法》、《滨海新区节能降耗重点鼓励项目名录》，通过财政资助及奖励等措施推动重点领域、重点行业、重点企业的节能降耗与循环经济的发展。依托"天津滨海新区公共基础设施和生态环境建设基金"，新区政府设立了每年 2000 万元的循环经济发展专项基金和 4000 万元的节能减排专项资金。开发区、保税区、高新区等功能区管委会分别设立了每年 1 亿元、3000 万元、1000 万元的循环经济和节能减排专项资金，用于支持循环经济、节能减排、环境保护等具有示范意义的重点项目。专项资金的设立较好地发挥了政府对社会投资的引导性作用，有效调动了企业发展循环经济的积极性。塘沽、汉沽、大港、开发区分别制定了循环经济实施方案或生态城区建设规划，有力地促进了循环经济的规范化发展。

天津市近年来加强了纵向和横向两个体系的循环经济政策法规、规章的制定工作，在纵向体系方面，下发了《天津市试点小城镇循环经济发展指导意见》和《天津市试点园区企业循环经济发展指导意见》等规范性文件，拟定了《天津市循环经济工业园区管理办法》，并将《天津市循环经济促进条例》纳入市政府立法计划。在横向体系方面，天津市有关部门根据经济社会发展情况的变化，及时对相关政策法规进行了修订完善。纵向和横向政策法规体系的有机交织和融合，为循环经济发展提供了法规政策保障，使循环经济发展被纳入规范化、法制化的轨道。

## 八、循环经济的投融资环境不断优化

近年来，滨海新区政府对循环经济的投资力度逐年递增。如新区依托"天津滨海新区公共基础设施和生态环境建设基金"，设立"滨海新区节能降耗、循环经济发展基金"，专项用于节能降耗、保护环境和发展循环经济。天津经济技术开发区管委会也于 2007 年 9 月设立每年预算 1 亿元的"泰达节能降耗、环境保护专项资金"，用于开发区开展节能降耗、环境保护工作。分批发布的《节能降耗、环境保护重点鼓励项目名录》按名录中确定的额度和方式对区内节能减排项目给予财政补贴。另外，2008 年开发区管委会与人民银行天津分行达成协议，将区内企业的环保信息纳入企业征信系统，商

业银行可将企业信用报告中的企业环保信息作为贷款审批的重要参考依据，严控环保不达标和高能耗企业的授信总量。目前，滨海新区大部分商业银行注重履行银行社会责任，主动融入并服务于节能环保事业的发展，采取的主要措施包括：对高耗能、高排放行业实行严格的信贷准入管理和风险控制；提高节能减排项目贷款的业务办理效率和金融服务水平等。目前，兴业银行与IFC开展的节能减排项目融资合作项目，已落户滨海新区。继北京环境交易所和上海环境能源交易所之后，天津排放权交易所已在滨海新区成立，其定位是利用市场化手段和金融创新方式促进节能减排工作，探索具有中国特色的节能减排市场机制。通过排放权交易平台，鼓励有能力节能减排的地区或企业在满足自身需求外，将剩余指标在交易市场上出售；而节能减排空间有限的地区或企业可通过在市场上购买配额，在保持经济发展的同时以最低的成本实现节能减排目标。

## 九、"点—线—面"相结合的循环经济发展架构基本形成

按照"企业小循环—园区中循环—区域大循环—国际超循环"的循环经济发展思路，坚持点—线—面相结合，多层次推动循环经济发展，培育了一批循环经济示范单位。

在企业层面，在多家企业开展循环经济试点示范工作，以清洁生产、生态设计为切入点，推动了小循环体系建设。目前，已有北疆电厂一个国家级循环经济示范试点和长芦盐场、天铁冶金、蓝星化工、凯威化工、联博化工、渤大硫酸、云海裕森、津康制药、裕川建材九个天津市循环经济试点。

在园区层面，以产业共生理念为指导，以循环经济产业链构建为主要载体，推动了园区中循环体系的建设。目前，已有开发区和临港经济区两大国家级循环经济示范园区和空港经济区一个市级循环经济示范园区，初步形成了电子信息、石油化工、汽车制造、冶金等七条循环经济产业链。此外，着眼于地区产业生态的全局性和互补性，不断引进和培育产业关联度高、资源能源利用率高的核心企业，推动了区域产业共生网络建设，新区传统产业、现代制造业和新兴产业，在发展循环经济的过程中呈现出相融共生的良好态势。

在社会层面，充分利用电视、报纸、网络等媒介，开展了多种形式的宣传教育活动，使循环经济理念深入人心。在政府机构、学校、医院等单位，在社

区、酒店、广场等公共场所开展专项节能减排宣传活动,为循环经济发展创造了正确的价值导向和良好的社会环境,推动了社会大循环体系的建设。

虽然"十一五"期间,滨海新区循环经济发展取得了很大成就,但是也必须清醒地看到在循环经济的发展过程中还存在一些问题,主要表现在:循环经济监督、管理机制和标准体系还不健全,评价考核体系尚未建立,有待加强和完善;循环经济的关键和共性技术创新能力与发展需求尚不相适应,生态产业链接技术、重化工业的节能减排技术、资源节约和替代技术、能源梯级利用技术等关键技术亟待突破;产业共生网络运营效率不高,循环经济产业链条稳定性有待加强,企业发展循环经济的积极性有待提高;信息交互平台还不完善,循环经济信息化程度比较低,影响了公众参与循环经济的积极性和主动性。"十二五"时期,要推动循环经济纵深发展,需要认真解决这些问题。

# 第三节　滨海新区工业循环经济发展的典型模式

通过示范试点建设,围绕现代制造业滨海新区已初步形成了以天津经济技术开发区为代表的综合性工业园区循环经济发展模式、以天津北疆电厂为代表的企业集团循环经济发展模式和以临港工业区为代表的港区联动循环经济发展模式,并逐步向天津全市及周边区域推广。

## 一、天津经济技术开发区——区域产业共生网络循环经济发展模式

天津经济技术开发区(泰达,TEDA)是滨海新区的重要组成部分,也是我国综合实力最强的开发区之一。2001 年,泰达被国家环保总局命名为"ISO14000 国家示范区",被联合国环境署列为第一批"中国工业园环境管理"试点园区;2004 年 4 月,泰达被国家环保总局等正式批准创建国家生态工业示范园区;2005 年 10 月,泰达被列为首批 9 个"国家循环经济试点"园区之一。

泰达秉承"3R"理念,构建以电子信息业、生物医药、汽车制造和食品饮料业四大制造业为主的产业共生网络。通过共建园区供水、供电、交

通、绿地等基础设施与废水、废渣及其他废弃物处理系统，鼓励企业生产与消费行为环境友好化，实现物尽其用战略，提升资源、再生资源的价值，促进循环经济发展。"十一五"以来，泰达万元 GDP 能耗指标为 0.22 吨标准煤，是全国平均水平 1.22 吨标准煤的 18％，万元 GDP 水耗为 8.78 吨标准煤，是全国平均 55.9 吨标准煤的 15.7％，形成了闻名全国的循环经济"泰达模式"（见图 18.4）。

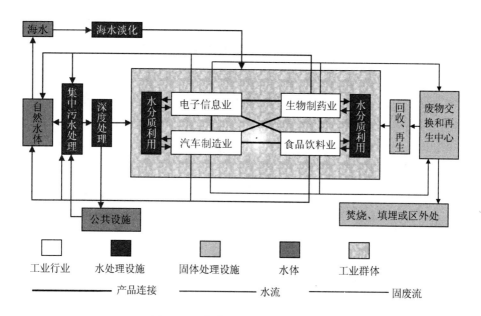

**图 18.4　泰达循环经济模式示意图**

资料来源：天津经济技术开发区循环经济试点实施方案。

　　泰达模式的重点内容包括以下四个方面：第一，企业实施环境友好行为。区内开展清洁生产活动的企业每年以 10～15 家的速度增长，重点"三高"企业积极探索"节能降耗"之路，从而有力地推动了泰达发展循环经济与建设生态工业园的实践步伐。第二，进行绿色招商，促进科技创新，调整产业结构优化升级。对入区企业实施严格的环保"一票否决"制度，从源头上杜绝高污染、高消耗、高危险企业的进入。培育科技创新主体，支持企业提高研发水平和自主创新能力，扶持和引导民营孵化器，提高开发区的自主创新能力。第三，实施"集团化、基地化、链条化"战略，优化产业布局。引进像摩托罗拉、丰田这样的大集团或行业"领头羊"项目，以龙头企业或项目带动产业集聚，提高园区企业与企业之间的产业关联度与依存度，实现了对资源的高效利用，并减少了污染排放，获得规模化的经济效益。第四，培育静脉产业，建立区域产业共生网络。泰达围绕支柱产业建设配套静脉产业，对关键的补链企业和重要的资源再生利用企业实施重点招商。

## 二、天津北疆电厂——企业集团循环经济发展模式

2005 年 10 月经国务院批准，天津北疆电厂正式列入"国家循环经济第一批试点单位"。北疆电厂采用"发电—海水淡化—浓海水制盐—土地节约整理—废物资源化再利用"模式，实现了"五位一体"的良性循环。该循环经济产业链条以发电为龙头，利用发电机组余热实现海水淡化，淡化后的浓海水用来制盐，制盐母液用来生产溴素、氯化钾、氯化镁、硫酸镁等化工产品，同时，将发电产生的粉煤灰等废弃物用于生产建筑材料，这个产业链条上的每一个环节所产生的废弃物都被下一个环节充分吸收利用，从而形成了海水、能源"吃干榨尽"，废水、废气、废渣、废热零排放的"资源—产品—废弃物—再生资源"的典型循环经济发展模式（见图 18.5）。

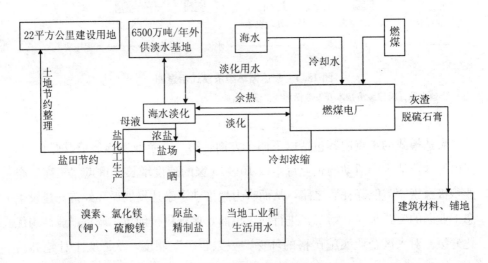

**图 18.5　北疆电厂循环经济模式示意图**

资料来源：北疆电厂循环经济试点实施方案。

## 三、天津临港经济区——港工联动新建园区循环经济发展模式

2007年11月，作为滨海新区八大功能区之一的天津临港工业区被列入国家第二批循环经济试点区域。临港工业区是围海造地而成的港口与工业一体化产业区，是"中国北方以重型装备制造为主导的生态型临港工业区"。临港模式的内容包括以下四个方面：一是将企业招商、产业发展、基础设施建设、科研基地建设、生活配套区建设与循环经济发展理念相融合，树立"规划先行，合理布局、科学发展"的区域循环经济发展典范。二是将港口战略资源与区内重工业生态化布局发展相结合，以港口优势带动和提升临港产业发展，推动临港产业的"一条龙"经营，延伸循环经济柔性产业链条，形成港口与工业一体化、港区联动的循环经济产业发展格局。三是以围海造陆模式整合港口资源，铸就深水航道，提升港口竞争力，综合利用工业固体废弃物和城市建筑垃圾，改善渤海湾海洋生态环境，打造以围海造陆为特色的区域循环经济发展新模式。四是改变传统"热、电、空分、仓储、污水处理"多头建设的公用工程建设模式，基本形成以热电联产为核心，将发电、供热、海水冷却、副产品提取、建材、污水处理等有机结合的公用工程岛资源能源集成共享网络体系（临港模式见图18.6）。

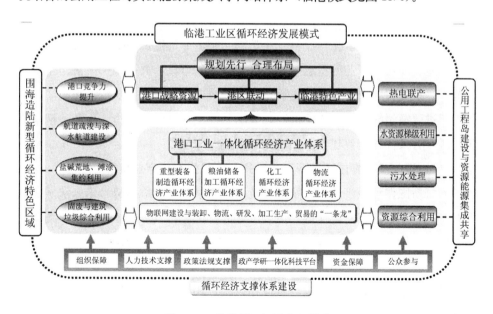

**图18.6　临港循环经济发展模式**

资料来源：《临港工业区循环经济试点实施方案》（修订版）。

# 第四节　滨海新区循环经济的发展趋势

发展循环经济是全球也是我国经济社会发展的大势所趋，滨海新区作为我国先进制造业基地和研发转化基地以及现代化宜居城市，更应顺应循环经济发展的潮流，积极探索一条适合自身特点的循环经济发展之路。

## 一、以产业生态化带动区域工业循环经济深入发展

产业生态化不是对原有经济发展规律和实践的替代，而是从资源环境角度出发，对传统经济发展模式的一种补充和完善。它是一个多主体、多层次的发展过程，其实践主体包括企业、园区、区域甚至更大的范围主体。依据滨海新区现有产业发展基础和未来发展定位，建立生态化产业体系是新区产业体系发展的重要特色。

### （一）以高耗能、高污染企业为重点，推进清洁生产细胞工程

以高耗能、高污染企业为重点，积极推进清洁生产细胞工程。对食品制造业、黑色金属冶炼及压延加工业、有色金属冶炼及压延加工业、石油加工业、炼焦及核燃料加工业、化学原料及化学制品制造业等能源消耗量大或者本身就是高耗能、高污染行业的重点企业依法推行强制审核，并逐步扩大清洁生产推行范围，积极引导农业生产、建筑工程等领域以及服务业企业依法实施清洁生产。通过政策引导和建立激励机制，鼓励其他企业自觉实行清洁生产，推动工业园区和有条件的企业建立 ISO14001 环境管理体系。

### （二）进一步完善循环经济产业链条，构建生态化产业集群

滨海新区循环经济越来越呈现出链条式、集群化发展态势，未来从发展趋势上将进一步构建配套产业链，促进产业集群生态化发展。第一，以市场前景好、科技含量高、产品关联度强的优势企业和优势产品为链核，以技术为联系、以资本为纽带、上下连接、多向联系，形成"一娘带多子"的地域生产系统。经过一个较长时期的分工与专业化过程，相互结成比较紧密的企业间业务共生关系。第二，深化纵向一体化产业链，构建生态化产业集群。以某个核心产业的废弃物或副产品利用为主的产业链延伸，将产业链的各个环节纳入同一

个经营体内，形成风险共担、利益共享、互惠互利、共同发展的经济利益共同体，促进产业链整体效率的提高。第三，创新"资源共享"模式，实施园区基础设施生态化。探索资源能源集约化供给的运行模式，通过源头减量、过程再用、末端资源化等方法促进基础设施生态化，提高园区资源能源的使用效率，减少污染排放。第四，创新"结构优化"模式，促进园区产业生态化。一是围绕主导行业发展静脉产业，优化园区物流关系，促进产业链优化；二是以摩托罗拉、三星、丰田、诺维信等大企业为核心实施绿色供应链管理，带动上下游相关企业开展节能减排和清洁生产等活动，促进产业链和产品链的优化；三是以"集团化、基地化、链条化"为策略，引进和培育产业关联度高、资源能源利用率高的核心企业，以行业龙头为节点，逐步构建生态产业链网。

**（三）注重与周边地区协调发展，发挥增长极产业生态化转型的"溢出"效应**

滨海新区作为中国经济发展的第三增长极，其发展必须把立足区域实际与拓展辐射范围结合起来。因此，滨海新区的产业生态化转型，不能仅仅立足于滨海新区自身，必须结合新区的功能定位，与周边地区的经济发展协调起来，在更大的区域范围内建设循环经济大系统。

## 二、滨海新区循环经济多元化社会支撑体系将进一步完善

在循环经济技术支撑体系方面，滨海新区将进一步加大引导性资金投入，带动企业循环经济技术创新与推广；培育产学研结合的循环经济共性关键技术研发载体；搭建循环经济技术交流和信息共享平台，发挥技术转移中心、科技咨询公司等技术服务机构的咨询作用，为缺乏技术创新能力的中小企业提供集信息、技术和融资于一体的综合服务，以满足中小企业对清洁生产、节能减排、资源节约等循环经济技术的需求。

在政策法规支撑体系方面，滨海新区循环经济的发展正处于理念倡导、局部试验、示范向全面实践推进的重要阶段，将进一步围绕实施《循环经济促进法》，制定和完善天津市及滨海新区配套的政策法规体系，进一步明确消费者、企业、各级政府在发展循环经济方面的责任和义务，明确地把生态环境作为资源纳入政府的公共管理范畴之内。滨海新区将构建促进循环经济发展的核心政策体系，建立和健全促进循环经济发展的基础政策体系，同时进一步完善相关循环经济的一系列制度安排，包括产业政策和市场准入制度、生态设计制度、

以生产者为主的责任延伸制度、循环经济标准与标志制度、废物的回收和市场交易制度以及绿色消费制度等。

在投融资支撑体系方面，滨海新区将进一步建立与市场机制相适应，与国家财政、金融和投资体制改革方向相一致的循环经济投融资体系，包括继续加大循环经济投入并优化投资结构，提供政策保障以引导社会资本投入循环经济，进一步开辟多元化的循环经济融资渠道，等等。

### 三、滨海新区循环经济空间布局趋向

#### （一）依托区位优势，滨海新区循环经济发展的辐射带动作用将进一步增强

滨海新区作为国家综合改革配套试验区，正朝着建设我国北方对外开放的门户、高水平现代制造业和研发转化基地、北方国际航运中心和国际物流中心等目标不断完善区域发展环境，未来滨海新区将需要把独特的区位优势、开发开放的龙头带动作用和先试先行的政策优势与循环经济发展有机结合起来，进一步突出第三增长极的辐射带动作用。从循环经济发展方面，通过废物交换、产品深加工、资本循环、技术创新、人才培养、信息共享等循环经济核心要素的流动，对周围地区产生扩散效应和服务功能。滨海新区循环经济的发展，将把握区域功能定位，不仅建立企业清洁生产的企业小循环、生态工业园区的园区中循环，同时还将构建与周边区域协调互动的城市大循环、发挥港口优势的国际超循环等多层次的循环经济体系。

#### （二）"双港"互动式制造业循环经济空间发展格局逐步显现

根据《天津市空间发展战略规划》，"双港"作为滨海新区产业循环经济发展的重点区域，将以港口优势带动和提升主导产业发展，推动航空航天、化工、汽车、现代冶金、制造、电子信息、生物医药等产业跨区域有机整合，将装卸、物流、研发、加工生产和对外贸易等环节集中为"一条龙"经营，形成产业间的"无缝式"对接，提高产品附加值和资源能源利用效率，实现各种经济资源和自然资源的流动聚合与合理配置，以产业链对接、副产品和废物综合利用为契合点，促进南港区与北港区之间物质流和能流的跨区域循环利用，构建起"双港"互动的滨海新区产业循环经济空间发展格局（见图18.7）。

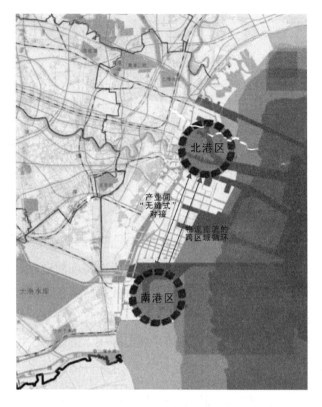

**图 18.7　"双港"互动循环经济发展格局**

**（三）跨区域的循环经济对接发展趋势进一步增强**

　　基于天津市工业布局规划和滨海新区土地高水平集约利用具体要求，以坐落于天津市静海县的国家级废旧电子信息产品回收拆解中心和国家级再生资源综合利用示范园区——天津市子牙循环经济产业园区为依托，滨海新区将探索"动脉"产业群落与"静脉"产业群落在物料、资金、土地等方面的共生与合作机制，实现以"原料—产品—废物"为特征的"动脉产业"与以"废物—再生—产品"为特征的"静脉产业"的高效对接，即实现滨海新区工业废弃物的综合利用，使再生资源以生产要素形式投入滨海新区产业发展，这将在一定程度上缓解产业发展的资源紧张，同时有效解决资源再生型企业的原料持续供应问题，促进天津市整个静脉产业的规模化发展。

# 第十九章
## 滨海新区制造业与服务业的双轮驱动

滨海新区作为天津市"双城双港"空间发展战略和规划的主要实现地之一，不再也不能只是一个制造业的聚集区，而应该实现制造业与服务业的双轮驱动，打造宜生产、宜创新、宜居、宜游的现代化新城。高端制造业是滨海新区立身之本，但随着其自身发展演变以及建设创新宜居型城市的需要，对构建以生产性服务业为中心的现代服务业体系提出客观而迫切的要求。

## 第一节  现代服务业及其国际国内发展趋势

服务业是一个既古老又新兴的行业，现代技术和需求的迅速变化，不断推动着现代服务业的迅猛发展。

### 一、现代服务业的内涵与特征

现代服务业是指在工业化较发达阶段产生，主要依托电子信息等高技术和现代管理理念、经营方式和组织形式而发展起来的，有别于商贸、住宿、餐饮、仓储、交通运输等传统服务业的服务部门，我国目前从产业统计口径上看，现代服务业以金融保险业、信息传输和计算机软件业、租赁和商务服务业、科研技术服务和地质勘查业、文化体育和娱乐业、房地产业等为代表。现代服务业具有一些明显的特征：信息技术成为现代服务业整合与创新的基本手段；企业集聚成为现代服务业协同发展的组织模式；跨国公司在现代服务业中的作用日益增强；知识要素成为现代服务业竞争力形成的重要基础；高度专业化分工成为现代服务业发展的根本动力；新兴业态不断涌现成为现代服务业开辟新市场的重要途径。

## 二、现代服务业的国际发展特征与趋势

在 20 世纪 80 年代以后迅猛扩张的全球分工体系中，发达国家将制造业，特别是劳动和资本密集型以及低技术密集型制造业大规模向发展中国家转移，却将制造业分工深化后衍生的大部分生产性服务业留在本国，完成从价值链中低端向高端攀升的过程。

### （一）现代服务业成为发达国家竞争力的重要来源

发达国家的产业结构调整早在 20 世纪 70 年代就已经开始，总体呈现出服务业的增长速度快于制造业，服务业中生产性服务业的增长速度快于消费性服务业的增长速度，现代服务业成为主要发达国家产出和就业的主要增长点以及竞争力的重要来源等发展特点。

以美国为例，进入后工业化阶段后，美国强大的科技创新能力以及对国外生产性服务需求市场的大力开拓都促进了其现代服务业的发展。美国现代服务业在所有产业中所占比重呈不断上升之势，截至 2009 年已经达到 GDP 的 33.58%，自 2000 年以后一直就是美国经济最重要的组成部分（详见表 19.1）。

表 19.1　美国各产业 GDP 占比（1950～2009 年）　　　　单位:%

| 年份 | 传统实体经济 | | | | | | 现代服务业 | | | 传统服务业 | | | | | 政府部门 |
|------|------|------|------|------|------|------|------|------|------|------|------|------|------|------|------|
| | 农业采矿公用 | 建筑 | 制造 | 运输仓储 | 信息产业 | 总计 | 金融房地产 | 职业服务 | 总计 | 教育医疗救助 | 娱乐休闲餐饮 | 其他服务 | 批发零售 | 总计 | |
| 1950 | 11.05 | 4.35 | 27.02 | 5.71 | 2.96 | 51.09 | 11.45 | 3.51 | 14.96 | 2.01 | 3.03 | 2.92 | 15.23 | 23.02 | 10.75 |
| 1960 | 7.98 | 4.40 | 25.35 | 4.41 | 3.25 | 45.39 | 14.18 | 4.29 | 18.47 | 2.70 | 2.80 | 2.96 | 14.51 | 22.97 | 13.17 |
| 1970 | 6.17 | 4.77 | 22.69 | 3.88 | 3.60 | 41.1 | 14.71 | 5.00 | 19.72 | 3.88 | 2.87 | 2.68 | 14.51 | 23.95 | 15.24 |
| 1980 | 7.67 | 4.72 | 20.02 | 3.68 | 3.89 | 39.98 | 16.03 | 6.21 | 22.23 | 4.81 | 2.98 | 2.46 | 13.79 | 24.03 | 13.75 |
| 1990 | 5.68 | 4.20 | 16.70 | 2.98 | 4.06 | 33.62 | 18.09 | 8.90 | 26.99 | 6.49 | 3.44 | 2.65 | 12.90 | 25.49 | 13.90 |
| 2000 | 3.80 | 4.70 | 14.23 | 3.03 | 4.20 | 29.95 | 20.07 | 11.22 | 31.30 | 6.83 | 3.83 | 2.79 | 13.10 | 26.54 | 12.21 |
| 2009 | 4.55 | 3.81 | 11.22 | 2.76 | 4.53 | 26.87 | 21.53 | 12.05 | 33.58 | 8.59 | 3.63 | 2.38 | 11.34 | 25.94 | 13.62 |

资料来源：美国国家经济分析局网站（http://www.bea.gov/industry/gdpbyind_data.htm）。

英国在过去 30 年间，现代服务业也一直是增长最快的行业。到 2007 年，金融、保险、信息服务、交通运输等服务业增加值占英国 GDP 比重已超过 25%，就业人口占全部就业人口的 32%[①]。

**（二）现代服务业已经成为全球直接投资的新领域**

从 20 世纪 90 年代开始，全球服务贸易的增长速度快于商品贸易的增长速度，其中现代服务业成为服务贸易的主要"商品"。这意味着生产性服务可以像制造业一样转移生产地，通过对外直接投资来部分地替代贸易，以获得更高的收益。因此，21 世纪以来，现代服务业的对外直接投资迅猛发展，金融、保险、软件、研发等从前的贸易性服务商品开始大规模地转化成为对外直接投资。2007 年，全球服务贸易额占世界贸易额比重上升到 26%，服务业对外直接投资占世界对外直接投资比重已达 70%，生产性服务业逐渐成为发达国家对外直接投资的新领域。

**（三）现代服务业的世界性空间集聚趋势更加明显**

总体上，现代服务业与制造业是相辅相成、相互依存的关系，因此，在现代服务业发展的早期，它与制造业在空间上具有较强的依赖关系。随着信息技术的发展，服务的可贸易性增强，现代服务业与制造业空间分离的趋势越来越明显，现代服务业越来越趋向美国纽约、英国伦敦等世界中心城市，以及日本东京、新加坡、中国香港等地域性中心城市。同时，在城市产业的空间分布上，制造业向郊外迁移，以信息业、金融、保险、房地产及房屋租赁业、专业科技服务业等为代表的现代服务业则在核心区高度集聚。随着现代服务业成为全球直接投资的重要领域，大型现代服务企业的跨国投资行为也异常活跃，而且呈现向世界主要中心城市集聚的态势，CBD 成为这种集聚活动的空间载体，现代服务业的集聚发展成为这些城市经济竞争力和活力的源泉。

**（四）服务外包成为现代服务业专业分工的新形式**

服务外包作为服务业国际转移的一种新形式被广泛运用于现代服务业领域。现代服务业领域的服务外包兴起促进了发达国家和发展中国家之间新的国际分工格局。美国、日本、欧洲凭借巨大的国内市场、发达的科技和创新能力以及数量众多的大型公司的优势，成为全球服务外包市场上重要的需求方，通

---

① 沈建明、刘晓清：《英国现代服务业考察报告》，《政策瞭望》2008 年第 6 期。

过科技与需求控制着服务外包业的发展。例如，美国是全球主要的软件生产和出口大国，国内软件公司占据了 2/3 以上的世界软件市场，目前其提供了大约 70% 的全球服务外包合同。印度、爱尔兰、东欧、巴西、墨西哥、中国等发展中国家凭借低廉的成本成为主要的承接地，构造出一个服务外包的国际分工网络，并培育起服务外包这一新型服务业态。例如，中国和印度的现代服务业占 GDP 的比重都稳步上升，2005 年所占比重分别为 19.2% 和 18.1%，2008 年所占比重则分别达到了 20.2% 和 19.9%。

### （五）现代服务业与制造业的互动更加频繁紧密

制造业的分工细化催生了现代服务业，现代服务业的发展产生的专业化分工和规模经济效应又引发制造业进一步剥离非核心业务环节，使得服务业和制造业的互动更加频繁紧密，主要表现在制造业的中间投入中服务业的占比增加。表 19.2 表示的是 OECD 中 9 个国家制造业对服务业依赖度的变化情况。除美国以外，其他国家依赖度的增长幅度都较大，尤其是英国，从 20 世纪 70 年代早期的 1.67% 增长到 20 世纪 90 年代中期的 16.71%。澳大利亚 20 世纪 90 年代中期与 70 年代早期相比，增长了 4.6 倍。其他国家也都增长了 1～2 倍。另外，制造业部门的功能日趋服务化，大型跨国制造企业纷纷向"制造＋服务"的一体化产品和服务供应商转型，如 GE 通过进入金融业为其客户提供贷款来拉动产品销售，HP 为客户提供从硬件到软件、从销售到咨询的全过程服务。

表 19.2　OECD 中 9 个国家制造业对生产性服务业的依赖度　　单位:%

| 时间 \ 国别 | 日本 | 加拿大 | 美国 | 法国 | 丹麦 | 澳大利亚 | 英国 | 荷兰 | 德国 |
|---|---|---|---|---|---|---|---|---|---|
| 20 世纪 70 年代早期 | 4.12 | 2.78 | 7.27 | 7.63 | 3.98 | 1.31 | 1.67 | 3.78 | — |
| 20 世纪 70 年代中期 | 5.58 | 3.22 | 5.03 | 8.93 | 4.9 | 1.14 | — | 4.29 | |
| 20 世纪 80 年代早期 | 4.8 | 4.77 | 6.03 | 10.45 | 5.14 | — | 3.04 | 5.1 | 8.76 |
| 20 世纪 80 年代中期 | 6.15 | 5.06 | 7.35 | 11.98 | 5.88 | 7.62 | 8.02 | 5.56 | 11.61 |
| 20 世纪 90 年代早期 | 6.67 | 4.18 | 9.03 | 13.86 | 6.43 | 6.03 | 11.02 | — | 13.38 |
| 20 世纪 90 年代中期 | 12.89 | 6.36 | 8.23 | 17.48 | 8.8 | 7.3 | 16.71 | 11.01 | 15.85 |

资料来源：OECD 投入产出表 1995 年版和 2002 年版。

## 三、中国现代服务业的发展特征与趋势

无论是我国还是国际通行的产业分类方法中都没有直接明确的一类就是现代服务业。通常认为生产性服务业是伴随产业分工细化逐渐衍生成长起来的，符合现代服务业的基本属性，是现代服务业的主体构成部分。根据 2002 年我国最新的《国民经济行业分类》办法，生产性服务业主要包括 F（交通运输、仓储和邮政业）、G（信息传输、计算机服务和软件业）、J（金融业）、L（租赁和商务服务业）、M（科学研究、技术服务和地质勘查业）以及 K（房地产业）中的一部分，即商务地产业。

### （一）现代服务业产业规模不断提升

在我国三次产业生产总值的变化中，服务业所占比重不断上升，分别由 2000 年的 39.0％增长为 2009 年的 43.3％，现代服务业在服务业中所占比重由 57.5％增长至 64.0％。除 2008 年现代服务业占比小幅下降外，整体呈现不断上升的趋势。通过现代服务业与服务业的增速的对比可知，现代服务业的增速（除 2008 年外）普遍高于服务业整体增速，现代服务业已成为服务业内增长最快的领域。

表 19.3　1978～2009 年现代服务业增加值变化情况

| 年份 | 现代服务业增加值（亿元） | 现代服务业增速（％） | 服务业增加值（亿元） | 服务业增速（％） | 现代服务业占服务业的比重（％） | 现代服务业占 GDP 的比重（％） | 服务业占 GDP 比重（％） |
|------|------|------|------|------|------|------|------|
| 2000 | 22248.2 | 15.5 | 38714.0 | 14.3 | 57.5 | 22.4 | 39.0 |
| 2001 | 25971.8 | 16.7 | 44361.6 | 14.6 | 58.5 | 23.7 | 40.5 |
| 2002 | 29685.9 | 14.3 | 49898.9 | 12.5 | 59.5 | 24.7 | 41.5 |
| 2003 | 33796.0 | 13.8 | 56004.7 | 12.2 | 60.3 | 24.9 | 41.3 |
| 2004 | 39138.3 | 15.8 | 64561.3 | 15.3 | 60.6 | 24.5 | 40.4 |
| 2005 | 46091.2 | 17.8 | 74919.3 | 16.0 | 61.5 | 24.9 | 40.5 |
| 2006 | 55048.6 | 19.4 | 88554.9 | 18.2 | 62.2 | 25.4 | 40.9 |
| 2007 | 70265.0 | 27.6 | 111351.9 | 25.7 | 63.1 | 26.4 | 41.8 |
| 2008 | 82179.1 | 17.0 | 131340.0 | 18.0 | 62.6 | 26.2 | 41.9 |
| 2009 | 94481.7 | 15.0 | 147642.1 | 12.4 | 64.0 | 27.7 | 43.3 |

资料来源：根据《中国统计年鉴》（2010）相关数据整理。

### （二）现代服务业吸收外资增速迅猛

20 世纪 80 年代以来，我国制造业一直是吸收外商直接投资的主要领域。近几年，随着服务业特别是现代服务业在全球直接投资比例的不断提高，我国现代服务业吸收外资的规模也在迅速扩张。2007 年信息传输、计算机服务和软件业实际利用外资 14.9 亿美元，比上一年增长 38.7%，科学研究、技术服务和地质勘查业实际利用外资 9.2 亿美元，比上一年增长 81.8%。而到了 2010 年，信息传输、计算机服务和软件业实际利用外资 24.9 亿美元，比上年增长 10.7%；房地产业实际利用外资 239.9 亿美元，比上年增长 42.8%；租赁和商务服务业实际利用外资 71.3 亿美元，比上年增长 17.3%[①]。

由于统计体系和统计数据的原因，我国现代服务业吸收外资的情况可能被低估，仅以这几年迅猛发展的服务外包业为例，2010 年中国服务外包业吸收外商直接投资突破 1000 亿美元，达到 1057.4 亿美元，同比增长 17.4%，创历史最高水平。

### （三）现代服务业的空间集聚初步显现

虽然从发展水平上看，我国与发达国家在现代服务业的发展方面还有很大差距，但仅从我国国内来看，北京、上海作为全国现代服务企业的主要聚集城市，已经产生了空间集聚效应，天津、深圳、大连、成都等作为现代服务业中某些细分行业的区域性中心城市，在物流、软件服务等领域也形成了一定的集聚发展之势。像制造业的产业集聚一样，我国的现代服务业集聚也具有较强的非市场化色彩，即政府通过构建各类园区，如 CBD、总部基地、软件与服务外包基地、物流园区等促进生产性服务企业的集聚。

### （四）政府加大对现代服务业的推动力度

早在 2007 年初国务院下发的《关于加快发展服务业的若干意见》中就把大力发展现代服务业，促进现代制造业与服务业互动发展作为优化服务业结构的重要突破口。在新近颁布实施的国家"十二五"规划中，也提出深化专业化分工，加快服务产品和服务模式创新，促进现代服务业与先进制造业融合，推动现代服务业加速发展。并在放宽市场准入、给予税收优惠等方面对现代服务

---

① 中华人民共和国国家统计局：《中华人民共和国 2010 年国民经济和社会发展统计公报》，2011 年 2 月，第 28 页。

业的发展予以大力支持。同时，各地方政府更是纷纷出台促进现代服务业加快发展的指导意见或实施意见，呈现出竞相发展的态势。

# 第二节　天津及滨海新区服务业的发展特征

近些年，天津市的产业结构升级主要表现为工业部门的相对快速扩张和产业体系自身的优化，同时一大批现代服务业项目的建设投产，极大地壮大了天津市现代服务业的规模，一定程度上缓解了制造业的快速扩张与服务业的相对滞后之间的矛盾。

## 一、产业基础优势明显，支撑服务业快速发展

制造业是服务业，特别是生产性服务业发展的前提和基础。天津是传统工业城市，制造业具有雄厚的基础，已经成为我国北方重要的现代制造基地。滨海新区依托天津市产业优势，目前已经形成了八大优势主导产业，成为国内最大的风电生产基地、北方最大的粮油加工基地、我国四大航空基地之一、国家级电子信息生产基地、国家生物产业基地、重要的石化基地等。伴随着滨海新区的开发开放，仍有许多大项目好项目向滨海新区集聚，这为服务业特别是生产性服务业的发展创造了良好的本地市场需求，反过来，又有力地支持了滨海经济又好又快的发展。

据统计，2011 年，滨海新区生产总值完成 6206.87 亿元，是 2006 年的3.13 倍，年均增速 23.2%，成为全国经济发展最为活跃的区域。其中第一产业增加值 8.82 亿元，是 2006 年的 1.22 倍，第二产业增加值 4273.89 亿元，是 2006 年的 3.16 倍，第三产业增加值 1924.15 亿元，是 2006 年的 3.09 倍，年均增速高达 22.2%。2011 年交通运输、仓储邮电业实现增加值 248.15 亿元，年均增长 19.6%；批发和零售业实现增加值 594.59 亿元，年均增长26.8%；住宿和餐饮业实现增加值 32.36 亿元，年均增长 11.1%；金融业实现增加值 178.86 亿元，年均增长 20.8%；房地产业实现增加值 133.66 亿元，年均增长 10.5%；以现代服务业为主的其他服务业实现增加值 736.54 亿元，增速高达 34.78%，成为服务业最重要的增长点，推动服务业整体质量和水平

的提升（详见表 19.4）。

表 19.4　2006 年、2011 年滨海新区三次产业构成及服务业构成变化

| 增加值 | 2006 年 | | 2011 年 | |
|---|---|---|---|---|
| | 总量（亿元） | 占 GDP 比重（%） | 总量（亿元） | 占 GDP 比重（%） |
| GDP | 1983.03 | — | 6206.87 | — |
| 第一产业 | 7.23 | 0.36 | 8.82 | 0.14 |
| 第二产业 | 1352.50 | 68.20 | 4273.89 | 68.86 |
| 第三产业 | 621.98 | 31.37 | 1924.15 | 31.00 |
| 服务业构成 | 总量（亿元） | 占第三产业比重（%） | 总量（亿元） | 占第三产业比重（%） |
| 交融运输、仓储邮电业 | 148.59 | 23.89 | 248.15 | 12.90 |
| 批发和零售业 | 241.91 | 38.89 | 594.59 | 30.90 |
| 住宿和餐饮业 | 14.93 | 2.40 | 32.36 | 1.68 |
| 金融业 | 13.75 | 2.21 | 178.86 | 9.30 |
| 房地产业 | 37.23 | 5.99 | 133.66 | 6.95 |
| 其他服务业（以生产性服务业为主） | 165.59 | 26.62 | 736.54 | 38.28 |

资料来源：滨海新区统计局。

## 二、产业发展潜力巨大，面临历史性发展机遇

滨海新区开发开放纳入国家总体发展战略布局，明确了滨海新区的功能定位，即努力建设成为我国北方对外开放的门户、高水平的现代制造业和研发转化基地、北方国际航运中心和国际物流中心。而且在确定滨海新区为全国综合配套改革试验区的方案中，鼓励金融改革和创新是一项重要的内容，这些对滨海新区现代服务业的发展都是很大的利好因素。特别是为科技创新设立的科技园区和承接高层次现代服务业的滨海中心商务区，从体制、机制和现实基础条件等方面为滨海新区现代服务业发展做了充足的准备，形成了一定规模的产业集聚能力和供给能力。

港口与机场优势明显，是天津发展现代服务业的一个重要有利条件。天津港现有泊位 154 个，万吨级泊位 99 个，泊位最高等级 30 万吨级，年设计吞吐能力 3.69 亿吨。2011 年，天津港货物吞吐量 45337.99 万吨，集装箱吞吐量 1158.76 万 TEU，天津机场完成旅客吞吐量 755.42 万人次，货邮吞吐量 18.29 万吨。港口与机场既为滨海新区提供了完善的交通体系，有利于制造业的发展，同时也为现代物流的发展奠定了基础。

目前滨海新区固定资产投资结构向第三产业倾斜，2011 年新区固定资产投资为 3702.12 亿元，增长 32.0%，其中第三产业 2357.35 亿元，较 2010 年增长 38.4%，三次产业比例为 0.5∶35.8∶63.7，第三产业比重高于第二产业 27.9 个百分点。第三产业投资的加大，进一步说明第三产业将在滨海新区未来经济的发展中起到越来越重要的作用，将会有力缓解现存第二、第三产业发展水平不够协调的局面。

## 三、区域布局政策引领，功能区发展特色突出

天津已经确立了现代服务业尤其是生产性服务业的发展目标，即建成立足中国北方、辐射东北亚、具有国际影响力的服务型大都市。具体来说，就是要建成与北方经济中心相适应的多元化、多功能、多层次的现代金融服务体系和全国金融改革创新基地，建成国际贸易中心、国际航运中心和国际物流中心，建成体现大都市繁荣繁华的现代商贸中心，建成国际化的科技服务、人才培育与技术创新基地。空间布局的基本思路是构建"两核两轴两带"的现代服务业布局结构。天津现代服务业各重点行业的布局已经初步明确，集聚区建设初具规模。

滨海新区服务业立足于各功能区，基于现有产业基础和市场环境初步形成各具特色的服务业集聚区。塘沽区充分发挥商业中心作用，精心打造商业集聚区，2011 年实现社会消费品零售总额 294.76 亿元，占新区全社会消费品总额的 33.4%。同时依托靠河傍海优势，大力发展旅游业、物流业、港口服务业，全年第三产业增加值占当地生产总值的近 80%。汉沽区依托区位资源优势，着力打造特色旅游业，发展蓝色观海风光游、白色制盐风情游、绿色生态农业游及红色酿酒工业游，并带动商贸、信息服务、房地产等服务业的发展，2011 年第三产业实现增加值 37.13 亿元，占当地生产总值的比重达到 41.2%。大

港区围绕与生态石化基地建设相匹配的服务业体系建设，重点发展商贸、餐饮、物流、高等教育等行业，2011 年第三产业实现增加值 99.59 亿元，占当地 GDP 的比重为 41.2%。开发区不断延长制造业产业链条，大力发展物流、研发、金融、信息、会展等高端服务业。开发建设物流园，推动加工贸易海关电子化联网，以滨海金融街为平台，拓展金融市场，同时加强以信息化带动工业化，提升服务业能级。2011 年第三产业实现增加值 439.54 亿元，占当地 GDP 的 23.0%，占新区第三产业的 22.8%，基本实现了第二、第三产业"双轮驱动"的发展目标。保税区以打造国内开放度最大和辐射功能最强的国际物流中心为核心，形成以物流、商贸、信息服务、中介服务、融资租赁等多点发展的服务业格局。2011 年实现社会消费品销售总额 269.91 亿元，占新区社会消费品销售总额的 30.6%，进出口货物总值 561.6 亿元，全年第三产业实现增加值 595.33 亿元，占本地 GDP 的 68.1%，占滨海新区第三产业的 30.9%。高新区以发展知识密集型客机服务业为重点，发展信息与软件服务业，孵化服务业，形成了国家软件出口基地（含国家 863 软件专业孵化器）、华苑软件园、天津火炬创业园等科技产业集群。2011 年第三产业增加值为 149.13 亿元，占本区 GDP 的 40.9%。另外，以"十大战役"为主的，重在提升新区服务业发展能级的新建功能区开发也正如火如荼地进行着。

## 四、科技研发资源丰富，发展服务业优势明显

天津拥有南开大学、天津大学等研究型重点院校、一大批科研院所和高技术企业的研发机构。科技服务业重点领域突出，工程设计领域拥有铁三院、水泥院、天辰化工设计院、第一航务工程勘察设计院、铁道部隧道设计总院等中央驻津科研院所。软件和服务外包领域，高新区华苑软件园（国家软件产业基地）、天津开发区、空港经济区等载体功能区发展势头良好，初步形成了天津特色和全国品牌。科技服务业集聚效应初显，以华苑产业园、南开区高教区和科贸街为主的科技服务业集聚区聚集了一大批科技服务型企业和高层次科技人才①。2011 年，新区专利申请量达 11855 件，授权 5649 件，分别比 2000 年增长了 17.32 倍和 9.64 倍，有效专利拥有量 11553 件。

---

① 天津市发展与改革委员会：《天津市现代服务业布局规划》，2010 年。

## 五、大项目好项目聚集，跨越式发展即将实现

滨海新区以项目建设促进经济发展方式转变，坚持以八大优势主导产业为重点，大力引进龙头项目，着力做大做长产业链，以实现服务业与制造业的互动发展。以"十大战役"为重点的开发开放攻坚战，引领滨海新区开发建设进入由点到面、由局部到整体的新阶段。"十大战役"共引进重大建设项目1224个，其中服务业项目335个，主要集中在中心商务区、中新生态城和滨海旅游区，主要项目包括：华大基因、惠普云计算中心等高科技项目；长城汽车、富士康生产基地、洛克菲勒国际金融中心、铁狮门金融广场等一大批品牌影响大、产业带动作用明显的龙头项目；中航直升机总部、康师傅方便面总部、中铁十三局集团总部、国美电器全国营运中心、华瑞集团能源总部基地等一大批大、中、小企业总部的落户；引进了奥特莱斯品牌店、SM城市广场、国际家纺城等一批商业高端项目；建成投产国家动漫产业园、世博天津馆等一批文化产业项目；引进国家级旅游产业园和一批主题公园。滨海新区初步实现了大项目好项目的竞相聚集、互促互动的局面，新区离向高科技、商务金融、总部经济、文化创意和旅游休闲方面实现跨越式发展目标已经不远。

以总部经济与楼宇经济为例，新区以综合性总部、功能型总部和中小企业总部为重点，逐步从"世界工厂"向"世界办公室"转变，截至2011年底，总部企业累计达到188家，43家商务楼宇投入使用，商务面积165万余平方米，入驻企业超过2500家，2011年税收收入超过60亿元，税收过亿元的楼宇达15座。另在开发区MSD、于家堡金融服务区、响螺湾商务区、空港经济区、中新生态城等区域有82座楼宇在建，总部经济和楼宇经济即将迎来跨越式的发展。

凭借滨海新区"先行先试"的政策支持和"十大改革"对体制机制障碍的破除，滨海新区服务业异彩纷呈，辐射领域不断拓展，许多高端服务业正在形成并成长壮大，对国内外相关资源的吸引作用也日益显现。

新兴金融业蓬勃发展。机构数量迅速增加，投融资体制改革成效显著。截至2011年底，股权投资基金及管理企业超过2000家，认缴资本额约4000亿元；融资租赁公司209家，业务量约占全国的25%、全市的90%左右，2011年实现营业收入313.09亿元，增长73.7%；天津股权交易所挂牌企业达到

128 家，市值 190 多亿元；天津滨海国际股权交易所挂牌企业达到 400 家；天津金融资产交易所入场交易项目达 1.6 万个，资产总额 7700 亿元，累计成交 3082 宗，成交额 568 亿元，挂牌项目成交比率超过 60％。

服务外包业走向高端。滨海服务外包产业园成功入选"2011 年中国服务外包园区十强"；"国家火炬计划软件产业基地"、"国家 863 软件专业孵化器"等国字号机构在滨海新区相继落成。截至 2011 年底，新区服务外包企业累计达 223 家，从业人员 40799 人，当年实现服务外包企业接包额 8.67 亿美元，服务外包业务接包合同执行额 5.56 亿美元，离岸服务外包接包额约为 3.5 亿美元，对本市离岸发包国家和地区增加到 31 个。

文化创意产业繁荣发展。2011 年，文化和创意产业完成增加值 286.58 亿元，比 2010 年增长 30.0％，占新区 GDP 的 4.6％；营业收入为 1022.04 亿元，利润 109.42 亿元。截至 2011 年底，新区拥有文化馆 3 个，组织文艺活动 258 场次，公共图书馆 6 个，总藏书量 254.04 万册。神界漫画、猛犸科技两个企业获得"国家文化产业示范基地"称号，神界漫画被文化部、财政部、国家税务局首批认定为 18 家全国重点动漫企业之一。

商品市场繁荣活跃。2011 年新区商品销售总额为 10832.36 亿元，是 2006 年的 8.22 倍，年均增长 52.4％；社会消费品零售总额 882.53 亿元，是 2006 年的 4.13 倍。改造建设六个交易市场，四条特色街，三条商品街以及开发区永旺购物中心、塘沽金元宝芙蓉商厦等十个商业设施。

近几年，滨海新区服务业已经取得长足发展，但是存在的问题亦不容忽视，只有明晰问题，采取具有针对性的措施，才能迎来服务业（尤其是现代服务业）的大发展、大繁荣，进而形成制造业与服务业双轮驱动的良好经济发展格局。目前，天津及滨海新区服务业面临的主要问题有：服务业规模有待提升，投资和引资力度亟须提高，服务业的总体发展既与北京、上海等发达地区有较大差距，又与自身制造业发展水平不相协调；内部结构亟待优化，传统服务业比重较大，现代服务业发展明显不足，现代服务业尚未形成集聚发展的态势。

# 第三节　滨海新区制造业与服务业互动发展的趋势

制造业是滨海新区经济发展的核心优势，随着制造业自身的转型升级，对服务业的发展也不断提出新的要求。优先发展服务于制造业的生产性服务业，是实现制造的服务化和服务型制造业的重要途径。促进制造与服务的融合发展是滨海新区制造业与服务业互动发展的主要方向。

## 一、制造与服务良性互动的发展模式初见雏形

近几年来，滨海新区以"十大战役"为载体，以"十大改革"为动力，加快经济发展方式转型，加速产业结构升级换代的频率，提升第三产业比例，逐渐转向以服务型经济为主导的产业结构。一方面，依托新区制造业优势，延长产业链条，发展为先进制造业服务的生产性服务企业，形成高效配套的服务体系，促进第二、第三产业的协同发展。另一方面，加快构建高增值、强辐射、广就业的现代服务业体系，多措并举大力发展适合新区特点的现代服务业，例如，以综合型总部、功能型总部和中小企业总部为重点，加快总部经济发展；整合旅游资源，发展精品项目；以高端外包业态和服务外包支撑体系为重点，建设服务外包集聚区；以专业性会展和品牌会展为重点，打造特色知名会展品牌；等等。

在促进制造与服务良性互动方面，可以采取的措施主要包括：以大企业大集团的品牌优势、资本优势和产业链优势为核心，吸引民营资本围绕重点领域，建立上、下游配套完善的现代服务产业体系；建立和完善服务外包示范区等各种载体，引导和支持研发设计、检测认证、营销策划、融资担保、商务代办、法律服务、信息中心等研发和服务机构集聚发展；引导建立行业协会，推动企业和科研机构及高校建立技术产业联盟，加快建设产、学、研、用、融相结合的产业公共服务体系；创造支持产业发展的配套教育环境，大力发展职业教育，建设集生产、教学、培训、科研为一体的教企合作示范基地；等等。这一系列举措是培育滨海新区现代服务业竞争力以及提升先进制造业竞争力的重要保障。

## 二、"十大战役"搭建服务业集聚发展新平台

为了打好滨海新区开发开放攻坚战，实现新区全面、协调和可持续的发展，滨海新区以功能区开发建设为载体，全面打响"十大战役"，形成滨海新区建设的高潮。"十大战役"的实施，将进一步强化滨海新区在政策、资金、土地、市场、人才和服务方面的优势，明显提升滨海新区基础设施建设水平，有效优化现代产业体系，增强辐射和服务功能，实现制造业与服务业的功能互补、相互促进。

"十大战役"发展重点涉及物流、文化创意、旅游、金融及会展等现代服务业，其开发建设将全面提升新区服务业的发展能级。其中与服务业发展紧密相关的主要有：加快滨海新区核心区建设，重点发展研发、设计、金融、物流、商务商贸、信息以及总部经济等现代服务业；加快响螺湾和于家堡中心商务区建设，定位于环渤海地区金融中心、国际贸易中心、信息服务中心、国际性文化娱乐中心，高品质的国际化生态宜居城区；加快东疆保税港区及其生活配套区建设，打造中国北方国际航运中心和国际物流中心的核心经济功能区、综合配套改革的先行先试区、口岸管理体制创新的试验区；加快北塘片区建设，将全力建设北塘国际会议产业区、中小企业总部区、北塘小镇、北塘特色旅游区等；加快西部片区建设，全力推进开发区西区、滨海高新区和空港加工区建设成为几百万平方米的总部经济区和生活服务区；加快中新生态城建设，全力完成国家动漫产业综合示范园和生态住宅建设；加快滨海旅游区建设，实现现代工业、商务和休闲旅游齐头并进；加快中心渔港建设，着力建设北方水产品加工集散中心和物流中心，建设北方游艇制造、展示、销售、维修和培训中心（见图 19.1）。这些高端服务业项目和平台的打造，直接带动现代服务业的快速发展和制造业的转型升级。

## 三、"十大改革"和政策试点助力现代服务业

滨海新区按照"全面统筹、突出重点、循序渐进"的原则，围绕"经济建设以发展高端制造业为重点，同步带动现代金融业、现代物流业和现代服务业的发展，提升现代都市型农业，努力实现三次产业在更高层次上全面协调可持续发展"的思路，出台了涵盖经济社会多个领域，涉及 10 大方面、26 个子项

图 19.1　滨海新区"十大战役"功能区示意图

的改革意见及方案，缓解了制约经济发展的深层次矛盾和根源性问题，使新区成为全市审批办事效率最高的地区。政府部门的改革创新为滨海新区现代服务业的发展扫除了制约其发展的体制机制障碍，已经并将继续助推滨海新区现代服务业的发展和繁荣。《天津北方国际航运中心核心功能区建设方案》的正式获批，使得核心载体东疆保税港区成为开展国际船舶登记制度、国际航运税收、航运金融和租赁业务四个方面的创新政策试点区。

　　以现代物流为例，新区依托区位、交通和产业优势，借助"十大战役"和创新试点的契机，改革创新，破除体制机制障碍，以港航物流服务系统为核心，以大宗商品交易为主要平台，以金融及信息服务为保障，构建"交易＋物流＋金融及信息服务""三位一体"的国际型港航物流体系，加快推进北方国际航运中心和物流中心的建设。在加快完善国际航运中心功能方面，依托海空港和海关特殊监管区政策优势，逐步完善集疏运、航运服务和航空服务体系，拓展集装箱外贸和内贸航线，增开航空航线，建立更加完善的航运网络。国际物流中心建设方面，加快疏通交通体系建设，降低过境运输成本，完善物流产业链条，拓展无水港，形成覆盖内陆腹地的保税物流体系，加快建设物流集聚区。同时，保证资金支持推进海港、空港、公路等基础设施建设。

## 四、生产性服务业引领现代服务业体系的构建

新区服务业的发展将继续得益于以工业为主导的生产性服务业发展，特别是物流业的发展，同时，新兴金融业、旅游业、文化创意产业、楼宇经济及会展业等现代服务业将继续繁荣发展，使得滨海新区的区域综合服务功能进一步增强。

新区充分发挥区位优势，加快建设以"两港、两高、三快"为主题的大交通体系，增强区域物流服务功能。同时，不断深化建设我国北方国际航运中心和国际物流中心为目标的体制改革，充分发挥创新政策试点优势。依托华北地区最大的奔驰物流园区和奔驰 VPC 项目，促进东疆进口汽车产业发展，同时促进配套产业及其他世界顶级品牌汽车项目的聚集。

新区充分利用金融改革创新的政策优势，加快新兴金融业的发展步伐，形成以银行、保险、证券等传统金融机构为依托，以融资租赁、股权基金、小额贷款公司、融资担保、国际保理、资本要素市场等新兴金融机构为发展方向的多层次、多元化、多功能的现代金融服务体系。新兴金融机构为实体经济搭建资金平台、拓宽投融资渠道，带动上、下游产业的发展，对全区经济发展提供了有力支撑。

会展业为产业上、下游衔接搭建平台。作为滨海新区重点发展的现代服务业，2011 年新区把办展方向盯在优势主导产业和重点区域开发建设，举办了中国国际生态城市论坛暨博览会、国际直升机博览会、制造业管理国际论坛、滨海国际创意设计展交会等，这些大型专业展会的成功举办，对推进新区优势产业的发展起到了积极促进作用。

未来一段时期，滨海新区将依托已有产业优势和制造业基础，逐步提升现代服务业产业规模和质量，即商贸规模继续扩大、物流业发展取得新突破、金融业发展态势良好、会展业规模逐渐壮大、服务外包业发展迅速、总部经济初步形成的局面，形成金融业、科技与信息服务业、现代物流业、商贸服务业和旅游业五大优势产业构成的现代服务业体系。

## 五、制造业与服务业领域的高端创新要素加速集聚

为了落实国家对滨海新区建设高水平现代制造业和研发转化基地的要求，加快建设高端产业集聚区和科技创新领航区，形成与功能定位相适应的现代工业体系，充分发挥区域龙头的辐射带动作用等，滨海新区紧紧抓住上升为国家战略、被批准为全国综合配套改革试验区的宝贵机遇，加快重大创新平台建设，科技基础设施将进一步改善，集聚国内外创新资源能力将显著增强。

滨海高新区瞄准国际一流科技园区目标，突出高端技术、高端服务和高技术创业孵化等创新链前端，重点发展新能源、生物健康产业、软件与高端信息制造、知识密集服务业、研发与设计等新一代产业和新型业态，增强研发转化基地建设的领航功能，建设成为融研发、生产、贸易、金融、市场、营销为一体的整合性城市区域，成为高端产业、高端人才和机构的集聚区。在高新技术和新兴战略产业集聚的空港经济区，随着空客、大火箭、直升机等项目的落户，作为配套的高端服务业加快集聚。如中航直升机不仅从事直升机的生产组装，而且还构建覆盖直升机产品顶层研发、总成、销售、客户支持及通航运营的整个产业链体系，以打造具有国际竞争力的中国直升机产业核心集聚基地。滨海科技创意产业园区形成了"天河一号"国家超算天津中心、惠普、腾讯等35家高科技企业组成的云计算产业联盟；滨海国家影视网络产业园聚集了福丰达、魔幻动力等一批在国内外颇具影响力的文化创意企业，形成了以高新技术为特色的创意产业群；服务外包领域先后引进东软集团、软通动力、药明康德、腾讯、微软、飞思卡尔、卡巴斯基等一批国内外知名服务外包企业，培育了南大强芯、南开创元、天地伟业数码等拥有自主品牌的优势企业。